ベーシックインカム Basic Income

分配する最小国家の可能性

立岩真也＋齊藤 拓
Shinya TATEIWA+Taku SAITO

青土社

ベーシックインカム

第3部　日本のBIをめぐる言説（齊藤拓）　283

ベーシックインカム　分配する最小国家の可能性

はじめに

本書は、『税を直す』（立岩・村上・橋口［2009］）に続き、世界にあるものの分け方について、具体的にはベーシックインカム（BI）というアイディアについて、考えるべきことをいくつか考えてみようとする。第1部は、立岩の『現代思想』での連載（おもに二〇〇九年九月号〜二〇一〇年三月号分から「政権交代」について書いた二〇〇九年一〇号の分等を省いた）がもとになっている。第2部は、第1部で検討されているヴァン・パリースの著作の訳者でもある齊藤が、その議論を紹介しつつ、自らの主張を展開している。第3部では、齊藤がBIについての近年の議論・言論を、齊藤の視点から紹介し解説し評している。

本書は「立命館大学グローバルCOEプログラム「生存学」創成拠点――障老病異と共に暮らす世界の創造」の成果でもあり、拠点のウェブサイト（http://www.arsvi.com）に関連情報がある。この本の書名で検索すると関連する項目が出てくる。例えばこの本の文献リストに対応するファイルがあり、そこから本を注文することもできる。

また視覚障害などで活字版が不便な人にこの本のテキスト・ファイルを提供する。立岩（TAE01303@nifty.ne.jp）まで連絡をください。

〔凡例〕

※　引用文中で〔…〕は中略を示す。「／」は原文の段落の変わり目を示す。

※　文献表示は、立岩の連載（立岩［2005-］）の表記が変則的である——例えば立岩［2005-（52）2010-3］の（52）は連載の第52回を示し、2010-3は二〇一〇年三月号を示す——他は、おおむね「ソシオロゴス方式」にしたがっている。本文及び注では、著者名［出版年（＝訳書の出版年）：頁］のように記され、当該の文献は巻末の文献表で知ることができる。また文献表では、当該の文献が本書のどこに出てくるかを、◇内の数字（頁を示す）によって知ることができる。

第1部　ＢＩは行けているか？

立岩真也

第1章　此の世の分け方

1　BI

ベーシックインカム（以下「ＢＩ」）が、どんな思い入れとどの程度の真面目さとともにであるのかはともかく——このことを含め、この間のこの主題を巡る言論・議論の状況については齊藤拓が第３部で紹介してくれる——主張されることがあり、いくらかの議論があるようだ。ここ数年、この言葉を聞いたことのある人がいくらかは増えてきた。

「ベーシック・インカムとは、（１）その人が進んで働く気がなくとも、（２）その人が裕福であるか貧しいかにかかわりなく、（３）その人が誰と一緒に住んでいようとも、（４）その人がその国のどこに住んでいようとも、社会の完全な成員すべてに対して政府から支払われる所得である。」

（Van Parijs［1995:35 = 2009:56］）

よい案だとまずは言ってもよい。ただそれは、私にとって新奇なものではなかった。こうしたアイディアはとくに最近現われたのでないことも、当たり前のことなのだが、確認しておく必要はある。つまり、どれほどの理屈が上乗せされていたかは別として、また金持ちにも一律にのなどといったことを考えていたかどうかはともかく、みなが暮らせるだけの所得保障をという主張は以前からずっとあったのであり、それをことさらに新しいものとして取り上げることは恥ずかしいことだと言うべきだろう。[★01]

誰でもが生きていられることが主張された。そしてまた「働かない権利」も主張された。例えば『天上天下「病」者反撃――地を這う「精神病」者運動』(「病」者の本出版委員会編［1995］)の表紙写真には「働かない権利を！」と書いてある垂れ幕が下がっている。すでにここに、この主張は当然に存在している。

ただ私は、それは「自由」による無条件性の肯定と同じではないとも考えている。「労働の義務」についてはは第5章で考えることになるのだが、それに対置される、あるいはそのように見える「無条件で」という主張がなされる時のその事情はどんなものだったかを考えると、それは普通に考えてもっともと思えるような状況に少なからぬ人が置かれてきた、そして今置かれているからだ。その時、誰でも、無条件に、生きる権利が認められることを聞く。よいと思う。それでこれは人々に受けているのだろう。

待望はまず一つ、これまで「社会保障」「社会福祉」の制度にかからない人、かからないと思っている人たちからある。この案は失業者、失業しそうな人、フリーター、その他の人たちに受けている。

そしてもう一つ、これまで生活保護等を使ってきたが、また使ったことがあったが、使いづらいことを実感してきた人たちがいて、その人たちもまた支持しているということがあるだろう。生活保護の受給申請等に際して、貯金のあるなしやら、家族との関係やら、就職活動の具合やらをこまごまと聞かれ、生活について指図されるのだが、それはかなわないと思っていた人たちがいる。そして、働きたくても働き口はない人たちがいて、すくなくとも現状では働きようがない、あるいはひどくよくない条件で働くしかないのに、働くように言われてしまうことがあった。そして、働けないのに働きたくないとされてしまう。肢体のどこかが動かず、それを動かして行なわれる仕事ができないことは、見ればだいたいわかる。しかし、とくに精神障害が絡んできたときに、できないのかできるのにしたくないのか、判然としないことはある。したくない、とも言えるのだろうが、しかし、そのしたくなさは自らにとっていかんともしがたいといったことがある。しかしそれでも、さしあたり今日は、無理すればなんとかなるもしれない。本人にもよくわからないこともある。そして人は嘘をつくことができるのも事実ではある。そして生活保護に関わるケースワーカーは生活保護をとらせたくない。本人はそう思ってなくても、上からそのように指図されている。だから、生活保護を使いたい人たちは、勘ぐられるし、疑われるし、指図されるし、そして拒否されたり止められたりする。そんなことがいくらもあったし、ある。それでその人たちが、どうのこうの言わずに所得保障を、と主張するのはまったくもっともなことであった。★02また、「働かない権利を！」と書いてある垂れ幕を下げるのもまったくもっともなことだった。

しかし、このような事情であればもっともなことだが、しかしもっと普通にさぼってしまう人がいたらどうなのか。そんな人たちにも所得保障はするのか。と考えると、ただ無条件の給付を肯定できるのだろうか。そんなことが気にはなる。というか、すぐにそのことを言われてしまうから、何か返す必要が出てくる。こうして考えねばならないことはある。そこで考えてみる。

だから本書は、すくなくともその第1部（そして第2部）は、その題から想像されるものとは異なり、BIを称揚し礼賛しようとするものでは「ない」。そのことを巡って考えねばならないと思うことを考えるためにある。その著者に対して、「またも迂遠な」、と思われるかもしれない。しかし著者である私はそのことが必要であると考えている。具体的には、多くの章で、第4節で紹介する本『ベーシック・

インカムの哲学——すべての人にリアルな自由を』（Van Parijs［1995＝2009］）の一部が検討される。冒頭の引用もその本にある文章である。しかしその行論を通して、ＢＩ、所得保障、社会保障……を考えていく上でどうしても考えるべきこと、確認するべきことの幾つかが考えられ、確認される。

2　此の世の分け方についての案

私は、もっと単純な平等を基本に据えてよいと考えている。それは『現代思想』での連載（立岩［2005-］）やその他のところでも述べてきた。

世の中にあるものを人の数で割るという世界の分け方がある。それを基本に置いて考えてよい。ただ、大切なのは、受け取りそれ自体というよりは、受けとってそれを使って得られる生活だから、そうして可能な生活の水準が、おおまかには、同じでよいとする。つまり人が置かれる場の差や身体の差に対応した分配がなされる。この意味での「平等」は、きわめて深刻で大きな要求というわけではない。しかしそれを否定する理由はない。それを基準にとってよい。

第二に、その上で、「労苦」には報いてよいとする。すると労働の労苦に応じた対価、結果としての収入の傾斜αをつけることは認められることになる。★03 一方で労働には楽しいところがあり、また様々な余得もあることは認めるとして、しかし、それはやはり苦労の多いものである。苦労しているのだから、それに応じて対価が支払われてよいとする。

第三に、労働・生産に対する「動機づけ」としての差異化された支給βも、それにどの程度の効果があるのかを見ながら、仕方のないこととして、認めることがある。★04

だから、いったん同じというところから始めた上で、二度傾斜が加わることを認めるということである。財の（人の必要の個体差を勘案した）人数割り＋労苦に応じた傾斜αを基本にし――この時点で人数割りにしたよりも少なく受けとる人たちが出てくるということである――、労働を得るため、「適材」を「適所」に得るためのさらに傾斜的な配分βを採用するのも仕方がないことがあるということになる。

そして市場で付く価格の差には、労苦の度合いがいくらかは反映されている。辛くて苦しい仕事、その仕事ができるようになるために手間のかかる仕事については、他と同じ条件では働き手が少なくなるから、市場でより多くが払われることがある。この場面では、市場で実際についている価格と、人数割り＋時間に応じた支払いの間に、まず正当な報酬があると考えてよいということになる。

ここでは、仮に人に必要なものが同じであるとして、簡単には、ＢＩ×人数＋労働に応じた追加支給分＝総生産ということになる。あるいは総生産÷人数でいったん一人分が出た後、労働に応じた部分を別にして、その分を人によっては加え、その分人によっては減らされるということになる。これは総生産から追加分を差し引き、それを人数で割ることになるから同じになる。仮に時間と人数と総生産は決まっているとして、ＢＩ――以下本書では多くの箇所で、給付される所得としてのＢＩよりも広く、各自がまず有すべき水準の所得の意で用いる――と労賃は互いの値によって変わってくる。

労苦に応ずる対価としてどれほどがよいか、それを正確に測ることはできない。というか、これは基本的には事実によって決まるものではない。人々が決定しそして選好したとするものにすれば、それは市場での需給関係、交渉力等が関わってくるのだから、αよりある部分では大きくなる。そして一部では小さくなる。私たちはそれをそのままに受け入れないとしたのである。

もちろん労苦を――そしてその楽しさやおもしろさも――正確に測れる基準も手段も存在しない。また時にはそれを測ることをするべきでない。一つに、近似値とも言えないのだが、労働時間を目安とするという方法はある。まず、それが単純であることは利点ではある。ただもちろん、よくない部分があることを認める。これは労働の密度や困難さ、技術を習得するための手間の違い等々を考慮していない。また、労働時間を引き延ばす人も出てくるだろうとも言われる。同じ仕事であっても、同じ時間を異なった密度で働く人はいる。時間あたりが同じなら楽をしようとするかもしれない。ただそのようにいかにも起こりがちで実際に起こることについては、既に様々な対応策も、その個々のよしあしは別として、ある。そして実際にも、そんなおおまかな方法で決められていることが多いのも事実である。そして、実際に働く（働けるようになる）ための準備に手間のかかる仕事があるのも事実だが、だがそれもそれとして対応できないわけでもない。例えば学校に長い期間行かねばならないのであれば、それに関わる費用を自らが負担せずにすむようにすることもできる。

その上でも加算がなされてよいことはある。それは、政治的に決定されること、されてよいこともあるが、市場で決まる部分もある。きつい仕事には需要が少ないから、他の――重要な――要因を省けば、そんな仕事についてはその分多くを受け取れるようになっているとする。とすると、この部分に関していえば、一律の時間単価と市場で決まる価格の間に適切な価格があるということになる。時間あたりという不正確な基準を補正する要素ももつことになる。こうして市場で生じている上乗せのある部分は認めてよいということになる。

なによりこの基準は、事態を基本的にどのように判断するのかを見る際のものである。そこから現実を評価すると、労働の濃度や辛さを加えたとしても、すくなくとも現在において格差が大きすぎることは確実に言える。だから、差を小さくする方に動いた方がよい。そのように言うことができる。こうして、難点の数々を十分に承知しつつ、ごくおおまかに、時間をあてにするとしよう。すると、追加分を総労働時間で割ると平均的な時間当たりの賃金が出てくる。それを一つの基準と考えよう。

するとＢＩ×人数＋一定額×人々の総労働時間＝総生産という単純な式になる。ただしここでは話を簡単にするため（にだけ）必要に応じた部分への対応は措いてある。そして、何を支払われてよい労働とするのかという大きな問題も――これを定めないことには、計算ができないのだが――措いておく。さて、どれだけを労苦に応じた部分として取り出すのか。また一律の部分とするのか。具体的にはいかほどになるのか。当然一方が他方を制約する。そしていずれについても、なにか客観的な基準があるわけではない。それでもすこし試算のまねのようなことをしてみよう。

まず、ＢＩはすくなくとも十分に生活できる水準ということになる。すると今ＢＩとして言われているらしい額は、多くの場合にはそれに達しない額のようだ。例えば月五万円で、四人家族だと月二〇万円だからなんとかなるだろうといった話もあるらしい。子どもに支給するかどうかというのは一つの論点だが――成人に限ってよいという主張もある――、出すとしてもよいだろう。それにしても、その分を加えて、ようやくなんとかなりそうな額にするというのは、ＢＩ論者が標榜する中立性――人が集まって暮らすのか、一人で暮らすのか、それは自由であるというのもその一部をなす――にも反する。★05 そのことを格別な根拠とするまでもなく、もちろん、一人でやっていける額に設定されるべきである。

架空の計算はあくまで架空の計算でしかないが、それでも仮に、一つやってみるとしよう。一億人がいて所謂国民総所得（ＧＮＩ、ほぼＧＮＰ＝国民総生産に同じ）が年に四〇〇兆円の社会があるとしよう（日本国は二〇〇七年に約五一六兆）――無償労働分を含めればもちろんもっとずっと増える。そこでは八〇〇〇万人の人が年平均一五〇〇時間働いているとしよう――前の数字と対応させれば有償労働としてということになるが、それでよいとしているわけではない。労働一時間あたり——後述する、かなり限定された部分に使用するために徴収される税の分を含めて——一五〇〇円はまずは妥当なところだと考えるとしよう。[★06] すると一八〇兆。個々人の差異に対応する支出分を——ただここでは、まずは、基本的に福祉や医療に関わるものとし、年齢等に応じた支出の違いはさしあたり含めないで——七六兆ほどとっておくとしよう（日本国の二〇〇五年の医療費は二八兆、年金等は除く福祉その他一三兆）。すると四〇〇－（一八〇＋七六）で残りが一四四兆。所謂社会サービスの費用の支払いなしで、他方現在他の名目で徴収されている税の分として支払う部分は含めて、そしてこの場合は子どもも得られる人に含められて、一人年に一四四万円、月一二万になる。年に二〇〇〇時間働く人は、四四四万になる。[★07]

わるくない、と思う人もいるかもしれない。もちろんこうなるのは、つまりそれぞれの費目に余裕があるように見えるのは、（労働時間に対応する以外の）所得格差をまったくなしにしてみているからである。結果、分配前の低所得者が得るものは増える。他方に、もちろん、所得が減る人たちはいる。実際にはずっと多く得ている人たちがたくさんいるから、その分をそのままにしておけば、他のそれぞれの項目は減っていく。そして、前段に記したことがそのままに実現するだろうと考えていないし、またするべきであるとも考えていない。このことはさきに述べた。その上で、今述べてきたところによれば、それは、基本的には、支持されるのだった。

ＢＩを増やせば時間あたりの報酬が減り、時間当たりを増やせばＢＩが減るから、そこに難しい問題が起こるように思われるのだが、今見た限りではそう深刻なことにはならないようだ。そして様々の項目について、一意に定めることはできないが、それはそれでかまわない。現実に存在する格差は、まず正当としうる格差 α よりもずっと、また仕方なく認める格差 β よりも、大きい。その差を小さくすることが要請される。それには幾つかの方法がある。その一つが累進的な徴税を行なうことである（立岩［2009g］）。このことを主張すると、生産が停滞する等々の批判がすぐになされるし、その可能性のすべてをこちらも否定するわけではない。ただ、多くの場合、批判にもそれほど確かな根拠はない。差を縮小していっても格別に深刻な支障を来たすことはないと考えられる。あるいは、行なってみないとわからないところがある。だから、できるところから徐々に変えていって様子を見ればよいということになる。

そしてまた再分配以外何もできないわけではない。第3章で生産財の所有と労働の分配・分割について述べるが、それに加えて、受け取りにおける差異を少なくできることもある。これは市場への過度の介入を招くことになるだろうか。ただ、例えば社会サービスとしてなされる仕事のかなり多くについては、その報酬は政治的に決まっている、あるいは決めることができる。他の多くの仕事にしても、ある人々が思うほど市場原理で報酬の価格は決まっていない。周囲の市場価格をまったく無視するわけにもいかないとしても、様々な場面で労働への対価自体を調整していくことができる。

このように基本的には考えればよいとした上で、私はまず、現行の制度を是正し、拡充していくことがよいと考える。以上はそもそも基本的な方向を示すものであり、このようにも考えられるとしたら現状をどう評価してよいかを示すものであり、そのまま具体的な制度を指示するものではない。現在のこととしてなされるべきことがなされるべきである。

1）税制の改革、それを財源とする、2）現存の所得保障の拡充、3）社会サービスの拡充を求める。ここでは2）について。とくに、さしあたって、当面のこととして、また実現可能なこととして、具体的にするべきことは、一つに、日本では生活保護としてある公的扶助の制度を拡充し使えるものにすることである。それは現に存在する制度であり、そしてその水準として、まずは、なんとか暮らせる額にはなっている。ＢＩがその今の水準よりも低い水準のものとして想定されるのであれば、そちらではなく公的扶助を広げることを支持する。その受給者がすぐに数倍になってよい。

この制度の現実の大きな問題は補足率の低さである。選別がなされるためでもあるが、それ以前に、申請主義がとられていて、申請しない人が多くいるためである。そこで、申請を待たず、自動的に給付するようにすればよい。もちろん、収入を得ている人も、収入が基準額を下回る人（現行制度では世帯）に対して自動的に給付すればよい。そして、次も現行の制度を改変してのことになるが、労働に応じた付加を行なうのがよい。現行の制度では、生活保護の基準額までの収入は「収入認定」され全額差し引かれ、その差額だけが生活保護費として支給され、実質的な所得は生活保護を受給している限り変わらないのだが、ここまで考えたところでは、労働に応じた増額が認められることになる。

徴収については『税を直す』等で記した。社会サービスの供給のあり方についても何度か述べている。これら全般について繰り返しになるが、全体として、格差を減らす方向であればよい。定額の給付の場合でも徴収の仕方によっては、また比例的な徴収でも支出の仕方によっては、その方向に向かわせることはできる。ただそのようにはあまり考えられていないようだ。むしろ、ＢＩを導入することによって他のものがいらなくなる、結果、安くすむという論がある。いらないものがいらなくなるのはよい。しかしいるものがなくなったり削られたらよくない。次に、いるものの代わりになるならよいか。例えばＢＩが支給されることによって雇用が開かれる「可能性」はある。しかしそれは確実なことではないし、また今言われているらしい五万円といった額で起こることでもない。

3　あるかもしれない違い

このような考え方から支持される仕組みと、ＢＩの仕組みとはどのように同じでどのように違うのか。前者では、具体的な額、傾斜の度合いは、様々な確定しがたい要因によって変わってくるからはっきりしないが、基本的な方向ははっきりしている。他方ＢＩという案の方は、それを主張する人によって、人の思惑によって、発想と枠組み自体が変わってくる。ＢＩの不断の最大化が目指されることもあり、その場合には私たちの案とそう違わないのかもしれない。（検討するヴァン・パリースの主張は基本的には近いものである。）しかし他方で、ときに「最低限」を給付するからそれ以外のことはしない、そのことに文句は言わせないという、手切れ金のようなものとして機能させようということもある。するとだいぶ違ってくる。だから、様々なことは、何をよしとするかによって、そしてどのような財源によってどれだけの水準のものを想定するのかによって、まるで変わってくる。私は、基本的な立場からも、無理のない歳入・歳出のためにも、例えば累進的な課税は必要であり正当化されると考える。そのように考えないのであれば、立場はまったく異なり、道は大きく分かれる。このことがあまり正面から論じられないように見えるのはなぜだろうか。定額の徴収で定額の給付ではまったく意味がないのは自明だが、定率の徴収を主張するとして、それはなぜか。「最低限」「基本」が大切なのであって、「格差」については重視しないということだろうか。しかし「基本」を本当に十分に重視するとしたら、それをどのように実現させるかは大切なところである。　ごく基本的な部分も含め、すくなくとも以下について考える必要がある。言うべきことがある。

（１）正当化について。生産者による取得という図式を認めた上で、実際に生産者とされる者はたいして生産に貢献していないのだから、その分については分配に回してよいという筋道の論があることを見る。それに対して私は、基本的にこの図式を最初に置く必要がないと考えてきた。このことを第2章で述べる。

（2）政治が関係する分配政策としてはBIだけでいくのか、それがよいのかである。私は生産財の分配、労働の分配、そして所得の分配と、三つを組み合わせるのがよいと考える。今度の私たちの税の本は、それだけを読むと、所得の（再）分配だけを支持し主張しているかのように受けとられるかもしれないので、そんなことはないと、序の2「繰り返しすぐにできることを述べる」――立岩［2008c］にすこし変更を加えて収録した――でも述べた。[★08]

続けて述べたことはわずかであり――もうすこし詳しくは立岩［2006b］に収録されている文章で述べている――、論じるべきことは様々あり、論じることの実践的・政策的意義もある。労働運動・労働政策は原則なしにして、BIだけで行こうという主張――それは、現行の労働運動・労働政策に対しても（必然的に、ではないが、多くの場合）批判的・否定的なものになる――をどう評定するか。例えば、『税を直す』の執筆者の一人で独立系の（小さな）労働組合の運動について調査研究し、またその活動に実際に関わってもいる橋口昌治（橋口［2007］［2008］［2009a］［2009b］［2009c］等）は同意できないだろう。となると、その間？にいる私はどのように考えて言うことになるか。第3章で述べる。

（3）どんな人にも一律にという「無条件性」について。私は一律の給付、「全員に同額を」という仕組みが是非とも必要であるとは考えない。誰に対しても金持ちに対しても一律の給付が必須であると主張するのであれば、ここで分かれる。BIの利点として言われるのはスティグマの回避と手続きの簡素さである。だが、スティグマの回避――これも日本では一九八〇年代に社会保障・社会福祉の「普遍主義」が提唱された時にずいぶんと言われた――を無条件性の正当化の根拠とするべきでないと考える。

また個別には対応の仕方はある。手続きの簡素さについては、ＢＩが他と比べて格段に効率的であるとは言えないと考える。必要な手続きはなくすことはできないしまたなくすべきでもない。そして必要性に応じた簡素なものを作ることはできる。第4章で述べる。

（4）これも無条件性に関わるのだが「労働の義務」について。「働かない権利」という主張は、文脈によってはもっともな主張ではある。ただ、「自由」という標語のもとに主張される場合には、そのままに受け入れるべきではない。私は労働の義務はあるとした上で、しかし実際に義務を課す必要はない、さらに現状では課すべきではないと主張することになる。このことを第5章で述べる。

（5）もう一つは、人と人の間の違いへの対応について。個々人の差異への対応は必要である。それが切り下げられるのであれば反対する。

このことについての私（たち）の立場はすっきりしたものである。この社会（市場経済の社会）において生じる差異は――むろんそこで現実には依怙贔屓、偏見等も含む様々な力が働き、小さな差異が大きく増幅されることはいくらでもあるのだが――身体の力能（労働力商品としての価値）の差異に対応し、どうしても生じてしまう。それを市場の内部で解消しようとしてもそこには限界があり、うまくいかない。そこで政治的（再）分配も要請される。また、同じ暮らしをするのに（例えば介助・介護が必要で）資源を他の人よりも多く必要とする人たちがいる。すくなくともその超過分については社会的に支出されるべきである。分配の局面に限れば基本はそれで終わりであり、この差への対応が社会的分配がなされるべき根本的な理由でもある――人々がまったく同じ能力を有するのであれば、社会的分配の必要は少なくなるが、そんなことはありえない。その他の場面で身体に関わってその人が被る幸不幸については、不幸を生じさせる行ないが法的に禁止され強制によって規制されるべき場合もあり、それは適切でないとしても指弾されてよい場合もある。その結果不幸が完全になくなることはけっしてないのだが、それには仕方のないところがある。

では一律のBIという考え方から、個々人の境遇の差異への対応は肯定されるのか、肯定されるとしたらどの程度肯定されるのか。BI論者の皆が肯定的というわけではないようだ。全員に一律ということにこだわるなら、人の差異に応じた給付にあまり積極的になれないということだろうか。また、ある人たちには多く給付することになれば、その分、BIは減ることにもなるからそれは歓迎されないということもあるかもしれない。ただ、いくらかでも考えるなら、それはおかしなことではあるから、やはり対応はせざるをえないと思われる。そこで、例えばヴァン・パリースはその著書（Van Parijs［1995＝2009］）の第3章「非優越的多様性（Undominated Diversity）」で彼の案を提示している。ただそこでの議論は私には不可解と思える部分がある。このことについて検討し述べることにどれほどの意義があるのかわからないところがあるのだが、それでも、第6章で考えてみる。

こうして、とくに（2）一つでなく三つの場で分配がなされてとよいと主張し、（5）人々の間の差異に対応するべきだと主張することによって、私の案はだんだんと複雑なものになるのではあり、それは「分配する最小国家」（立岩［1998］）という看板に偽りがあるということになるのかもしれない。しかし一つ、看板より中身が大切だと思うから、それでよいと考えている。もう一つ、そんなに偽ってない、十分に簡素な仕組みとして実現できると考えている。

そしてこれらはいずれも理論的な主題であるが、まったく現実的な問題でもある。

まず、所得政策と労働政策のどちらかを、あるいは両方を、どのようにするかしないかというのはまったく今現在の問題である。「セーフティネット」という言葉はずいぶん前からあるにはある。どうにもならない人についてはなんとかなるようにしようと言われる。そして加えて、とりわけ育てること、育つことについてはあまりけちにならないようにしようということになっている。生活保護の母子加算の復活や高校の授業料の軽減や無償化である。そして労働政策としては職業訓練の類である。いずれもわるいことではない。しかし総体・全体としては、的を外しているように思われる。そのことをどのように言うか。

それよりもBIはすっきりしていて、それが一つの魅力にはなっている。ただここはよく考えておいた方がよい。他を断念させるためものとして、手切れ金としてBIが機能する可能性がある。それはよくないと思う。もし十分な所得保障が実現されているとするなら、そこにおいて最低賃金の規定といった労働政策は不要であるといった主張にもまた聞くべきところはある。だが実際にはそんな所得保障制度は存在しない。であるのに、既にあるかのようにして、労働政策の無効を言い立てるとしたら、それは間違っている。前者の政策の方が後者の政策よりもよい政策であるという主張にもっともなところがあるとして、前者がない時、後者が不要であるとは言えない。

4 『ベーシック・インカムの哲学』

翻訳の作業が始まって五年ほどかかってようやく二〇〇九年の六月に刊行された本にヴァン・パリース『ベーシック・インカムの哲学――すべての人にリアルな自由を』（Van Parijs［1995 = 2009］）がある。原著は一九九五年に出されたもので、その題はReal Freedom for All-What (if Anything) Can Justify Capitalism? 私の勤め先の教員の後藤玲子と、その勤め先の大学院で博士号を取得した――そして本書の第2部・第3部を担当している――齊藤拓が訳した。この著書とその著者に対する思いの深い齊藤がまず訳し、それを後藤が点検し修正を指示したという作られた方でできた本である。

この本はこの主題について代表的な著作であるとされる。著者はＢＩＥＮ（Basic Income Earth Network）の創設者の一人であり、現在はその国際委員会（international board）で座長を務めているという。ただ、社会運動として簡明な主張としてなされるＢＩと、この本とがどのように結ばれているのか。私はこの本やその著者の「受容」のされ方を具体的に知らず、よくわからない。本文は、経済学そして／あるいは（米英系の）政治哲学の書きものや思考法にいくらか慣れていないと、読むのに難儀するかもしれない――私は難儀している。ただ各章の最初に、要するにその章に何が書いてあるのか、何を言いたいのかがQ&A、というか、筆者が質問され、それに答えていくという会話の形式で記されているので、それでまずだいたいのところはわかるようになっている。そして、齊藤による長い解説（齊藤［2009b］、それよりさらに長くヴァン・パリースを論じた博士論文として齊藤［2009c］、他に齊藤［2006］［2008a］［2009a］、そして本書第２部・第３部）があり、後藤によるそれより短い解説（後藤［2009］）があって、これらは、この書物の本体に書いてあることの全部を解説しているわけではないが、よくわかるよくできた解説になっている。

ざっと読んでみて、この著者と似たことを考えてきたなと思う部分と、そうして言いたいことは了解するが私は（あえて）違う言い方をすることにしたのだなと思う部分と、かなり強い違和感を感じる部分とがある。そのことについて考えておくことに意義があると思うから、書いてみる。

以前にも『現代思想』の連載（立岩［2005-］）で幾度かこの本に触れている。それは、本の内容を紹介したというより、その本の著者が私の勤め先に講演でやってくる（やってきた）こと、その折に作ったメモ（立岩［2006a］）をこちらのサイトに載せた（今も掲載されている）ことのお知らせのようなも

のだったのだが、三つ気になることがあってそれを書いたと述べた。★09

一つには、前節の（2）であげた、BIという所得保障策（＋第3章に記される差異への対応）だけでいくのか、それ以外の分配も認めるのかという問題である。それ以外とは生産財の所有形態の変更と労働の場の編成の変更である。ヴァン・パリースは基本的にそれ一本で行くのがよいという立場であり、とくに労働政策としてなされているものについては否定的であり、そしてそれには相応の理由も付されている。この部分については齊藤の解説でも紹介されており、齊藤はその主張に共感している（齊藤［2009b:412-413 etc.］）。他方、私は三つを組み合わせるのがよいという立場をとる。

一つは、前節の（4）にあげた「労働の義務」についてだった。BIは無条件給付であるという。働けずに働かないのではなく、働けて働き口もあってしかし働かない人にも給付が与えられることになる。あまり強くそのことを言わない人もいるが、ヴァン・パリースはBI主義者の中でははっきりとそれを主張する。どうしてか。「自由」が何よりも大切にされるべきであるという立場からそれが正当化されるのか。ここでその人が何を大切にするかについては、自由であるとされ、余暇を強く選好する人がいてもそれはそれで認められるべきであるとされる。これだけであればずいぶんと単純な話でもある。しかしそれだけでは終わらないはずである。

一つは、前節で（5）としてあげた（むろん知的能力も含む）身体の差に関わって社会に生ずる差異への対応について。この本では第3章「非優越的多様性」がこの主題に関係するのだが、訳書が出てあらためて読んでみてもやはりよくわからないところが残る。徒労の予感もするのだが、第6章で考えてみようと思う。まず、同じぐらいの暮らしを送っていくのに同じぐらいがあればよいという前提が成り立つのであれば同じ給付ですむが、実際にはそうではない。身体とそれが置かれる環境の差異によって、同じ暮らしを送ろうとしても、必要なものは違ってくる。例えば身体が動かなければ人手その他がより多くいる。だから多くを必要とする人はその分多く得られるようにするのがよい。それが当然だと私は考える。ヴァン・パリースもそのようには考える。

彼は、同じだけのBIを得ている「二人の人間［…］のうちの一方が、肉体的にも精神的にも、他方の人ができるすべての事に加えてそれよりはるかに多くの事をできるとしたら、その二人は彼らが欲するであろう事をする実質的自由を同じだけ享受している、などと誰が言えるだろうか?」（Van Parijs［1995 = 2009:97］）と述べて、「弱者」に対する対応がもちろん必要であると述べて、論を展開していく。ただ、一律のBIでは人と人の間の差異に対応することができずよくないのではないかという疑問に応えようとするその本の第3章「非優越的多様性」の論の運びは、私が考えるものとまったく別のものになっている。そこに展開される議論は不思議で奇妙に私には思える。そしてそれは、いくらかはヴァン・パリースの個性によるところもあるだろうがそれだけでなく、この数十年、おもには政治哲学の領域でなされてきた議論の枠組に規定されたものであり、さらに、第2章で検討する、生産と所有に関わるより強固な信仰、強固であるがゆえに自覚されることのない「癖」が関わっていると考える。とすれば、それを検討することもたんなる徒労ではない、かもしれない。

注

★01　「十数年前、後に一冊の本（安積他［1990→1995］）となる障害者の生活・社会運動に関わる調査をしている時、聞き取り調査の前後の雑談で、政府は「政策」を立案し、その政策について予算を使う必要はないのだ、ただ、個々人に対する配分さえすればよいのだ、その方がよほどましな暮らしができるという話を聞いたことがある。福祉国家の（少なくとも一つの）問題が、社会に方向を与え、生に内容を与えることであるなら、これらのことが検討されるべきだと思う。だから、「大きい政府」か「小さい政府」かという問題設定は途方もなく粗雑である。私達は「再分配しかしない最小国家」や「冷たい福祉国家」を構想することができる。それは以上の検討から導かれる基本的な方向でもある。リバタリアン達の思考したことをこうした視角から吟味してもよいだろうと思う。」（立岩［1997:347］）

これは直接にはBIのことではなく、政府に集まる金の使い方に関わる主張の紹介ではある。ただ同じ時、その同じ人は、税の全体を人の数で割ってしまえばよいのだと言ったはずだ。それは税の全体を人の数で割るということだったが、しかしそのようにだけ考える必要もなく、世界の財の全体を分けてもよいのだ。そして、そのことを言われた後、それではかえって困るはずで——単純な方が美しいという感性の人には残念ながら——多く必要な人には多くをという仕組みを取らざるをえないはずだ（↓本書第5章）と思ったか、あるいはその人に言ったかしたと思う。

★02　注1にあげた一九九〇年の本で共著者だった安積遊歩（純子）は最近の著書（安積［2009］）でBIを支持している。

「ベーシック・インカムとは、私の直感的な理解によれば、生きているというその一点において、その人に保護されるべき基本的な所得である。

たとえば私は、前述のとおり、長いあいだ生活保護を受給していた。この受給には生活困窮者という条件があるので、その条件をクリアしていさえすれば、だれでも堂々ともらってよいはずだ。しかし、残念なことに、そこには数かずの偏見がある。その偏見をなくすために闘ったり、条件撤廃を求めたりすることを考えると、ベーシック・インカムの考え方はよりシンプルだ。

人間はやりたいことをやって生きていけるはず、と私は信じている。つまり、仕事も、みんながやりたい仕事につけるはずだし、ついていいのに、「お金をもらうのだから、イヤな仕事でもがまんしてやらなければならない」と思わされている人があまりに多い。

また、どんなに好きな仕事であっても、長時間やり続けていたら、イヤになるだろう。イギリスの哲学者バートランド・ラッセルは、世界中の人がそれぞれ自分のしたい仕事を一日四時間すれば、世界が平等で平和に暮らしていけるはずだ、と言っている。それだけの労働で、全世界の人口をまかなうにじゅうぶんな食料やサービスを生み出せるというのだ。

この社会のなかで多くの人たちが感じている生きにくさ・非情さは、分配の不公平からきているのではないか。それをキックするのが、ベーシック・インカムの考え方だと思う。

もし、生まれてきた段階でだれもが一定の所得を保障され、そのことを子ども自身がきちんと知らされて認識していれば、虐待する親のもとにずっと留まりたいと思う子はいないだろう。もっとも、親のほうも、子どもを食べさせなければならないという強力なプレッシャーから解放されるわけだから、虐待自体もなくなるだろう。

食べるためには働かなければならない切迫感は、ベーシック・インカムの実現によって劇的に変化するにちがいない。」(安積［2009:86-88］)

吉田［2010］で、生活保護を受給している一人の精神障害者がどのようにそれを受け止め行動しているのかが記述されている。
★03 その負荷が各人について大きく違わないような仕事については、それを直接に人々の間に割り振る(皆が同じだけする)という策――ここにおいて負担の公平は保たれることになる――も、ないではない。町内会での公園の掃除等はそのようにして行なわれることもある。だが、この大きな社会でそれを仕事の全体について行なうことは不可能でもあり、また、望ましいことでもない。そうひとまずは言えるのだが、それだけか。第5章の注5(144―145頁)で(本書第3部でも言及されると聞く)堀田義太郎等の論文をあげてそのことにすこしふれている。「分業の廃絶」という主張があった。むろん多くの人が、無理で無謀なことだと思うだろう。しかし、すくなくともその「含意」は考えてよい。また、常に、どこでも不可能なのかと考えてもよい。
「ベーシックインカムは賃金労働と分業を前提としている限りにおいて、社会主義の分配の改良版にとどまると言わざるをえない。たしかに、市民手当・参加所得などと区別される、資本のコミュニズムとしてのベーシックインカム構想はよりマシな再分配を説得するための戦術として重要である（フランスのＲＭＩ［参入最低限所得］の経験を参照）。しかし、それだけでは、資本の社会主義に回収されてしまう。」（小泉［2006:187］、他の箇所では小泉［2006:140-143］）

この部分の引用の後、次のように続けた。

「私は賃金労働も分業も認めようと思う――ただし、この書に記されているように、「市民手当」「参加所得」といった類の「活動」に人を割り振るという類の分業政策は肯定しないから、その点ではまったく立場が異なるというわけではない――ので、批判をするとすれば、別のことを言うことになる。」（立岩［2005-(11) 2006-8］）

この乱暴な書物についての書評から。

「左翼がいないわけではないのだが、それらは多く、大きな話はあまりせず、様々な現場で抵抗を続ける、倫理的で、すこし苦しい感じのものだ。それはたいへん大切だと思う。けれども、国家の廃棄とか分業の廃絶とか、そのような話もまた大切だと思う。私は、考えて、前者も後者も、必要であったり許容範囲であったりと考えるのだけれども、しかしわざわざそんなことを考えてきたのも、私たちの前に出されたそのアイディアを基本的によいものだと受け取って、だからこそ考えないと、と思ってきたからだ。だから、私のような穏健な人間にとっても、廃棄とか廃絶とかそんなことをはなから想像さえできていないように見えてしまう論が多いのは悲しい。言うべきは言ってもらった方がよい。」（立岩［2006c］）

『現代思想』連載で関係する回としては「夢想を回顧すること」（立岩［2005-(23) 2007-8］）

★04　これは――所有の規則のいかんと別に――人が自らの心身の使い具合を一定制御でき、それを交渉の手段として用いることができるという事実と、得られるものを多くし失われるものを少なくしようという選好がある場合に、労働の提供と引き替えに、より多くを得るための交渉を行ない獲得することができることによる（立岩［1997:43-50(chap.2,sec.3-2)］）。

★05　ＢＩは、家計を単位として支給されるものでなく、基本的に個人単位で支給される。そのことはよしとしよう。ただ集まって住む形態の方が費用がかからないなら、一人あたり同額出る制度は、集まって住む人に有利であり、単身者に対してそうでないことが考えられる。もちろんこのことについては、費用を安くしようと集住することは自由であり、妨げられるものではないと言われるに違いない。実際そう言われる。それも受け入れるとしよう。しかし、これもやはりどれだけがBIが得られるのかによる。少なくしか得られないなら、集まって住まざるをえないという人が出てくる。またそこから抜けられない人が出てくる。

夫が稼いでいた金で暮らしていた妻が、BIを受けとることによって別れやすくなるといったことはあるだろう。しかしそれもBIの水準による。設定される額では一人で暮らせないといった場合はもちろんだが、大きく生活水準が変わるといった場合にも、そう行動は変わらないかもしれない。第二の場合については、さきと同様、それは個人の選択の結果だからそれでよいとされるか。

BIをこの額に設定すれば家族をもつ者が増えるだろうとか、子どもに支給するようにすれば少子化対策になると語る人たちもいるようだ。「正統な」BI支持者は人の生き方をとやかく言わない個人主義者であり、それはその道を外れた使用法とされるのかもしれない。ただそんなもくろみをもつ人もいるようではあり、BIの基準の設定によっては、特定の生活の形態の方に傾くことにもなる。

ではこうした「もくろみ」のあるBIの主張を、個人の価値や行為の自由を支持する「真正」のBIの主張の側から批判すればよいだろうか。そうした批判は可能ではあり、おおむね妥当である。十分なBIの水準が達成されれば、より広い幅の選択が可能なようにはなるだろう。基本的には生活の形態を選べる方がよい、そのために一人で暮らせる所得が確保されているのがよいという主張は支持するとしよう。ただそれは、生活にあらゆる形態が等価に尊重されるべきであるということまでは意味しない。この意味での中立性をどこまでも貫こうとしてもそれは無理であり、またそれは必要なことでもない。例えば、年齢にまったく関係なく同額を支給することがなにをもたらすのか、それはどのような理由によって受け入れられるのかまた受け入れられないのかを考えてみるとよい。それは中立と言えるだろうか。また中立であるとして、それはよいことであるか。そして、本文にも記したように、常に一律の額を支給することによって、選択が可能になり容易になるというわけではないことも明らかである。本書では第6章での議論がこのことに関係する。

★06　上野との対談（上野・立岩［2009］）では、ケアの仕事について、時給一五〇〇円、二〇〇〇円といった数字が示されている。ＢＩの存在を想定した額ではない。

★07　子どもに払うかどうかについては分かれる。「一般的には市民権保持者と成人であることが条件とされる。また、現金の定期的な給付であるとも言い切れない」。（齊藤［2006:123］）

そしてここでは保育や教育に関わる経費は別途計上されてはいない。一つには、子どもへの分のＢＩから払うという方法がある。その場合には子どもの受け取りは少なくなるかもしれない。あるいは別途の予算でということもありうる。その場合はＢＩの額はいくらか少なくなる。そして子どもについての減額あるいは子どもには払わないことが正当とされるかもしれない。

次に子どもの分を払うとして誰に払うのかである。子ども本人が受けとるのが正解ということになるだろうが、実際には難しい場合はあるだろう。とすると親か。しかしそこにはまた問題も生じうる。親の支配が続くことになる。となると、払うことにしても問題は簡単には解消されない。

本書では家族や扶養といった重要な問題にまったくふれていない。本章注5で、稼ぎ手である夫から払われていた分がＢＩとして妻が受けとれるようになるといったことを述べた。しかし、夫は依然として妻に払うことはできる。それでも、ＢＩのあることの意味合いはなくならないのだが、そして夫がどれだけ税を払うのかといったことにも関係するのだが、それがどれほどよいことであるかである。

★08　「市場はそれなりに便利なものだから、あった方がよい。すると、その上で、するべきことできることは三つである。一つは生産財（知識・技術…を含む）の所有形態の変更である。一つには労働の分割（ワーク・シェアリング）など、労働の場での調整である。一つには所得の分配である。この三つめのものを実現する一つの具体的な方法がこの文章の最初に述べたことになる。

一番目・二番目については、市場の円滑な作動を妨げるから、しない方がよいと言う人がいる。それもわからないではないが、その上でもやはり私は行なった方がよいと考える。理由は幾つかあるが［…］」（立岩

［2009g:27］）

★09　「ベーシックインカムの理論的正当化を試みた著作（Parijs［1997］）のあるヴァン・パリースの講演が立命館大学（京都・衣笠キャンパス）で［二〇〇六年］七月七日にある。詳細については立命館大学大学院先端総合学術研究科あるいは私のホームページをご覧いただきたい。」（立岩［2005-(10) 2006-7］）

「ヴァン・パリースが、福岡で開催された国際政治学会の大会に招待されたついでに、七月七日に立命館大学にやってきたので、彼が書いていることについていくつか疑問をまとめることになった。そもそも、そんなことがあったために予定を変更したのだった。しかし、結局、その前段で、似ているところもあり、また違うところもあるようである議論をすこし紹介して、今回は紙数が尽きることになった。そのときに作った文章はホームページに掲載しているからそれをご覧いただければと思う。論点は大きくは三つある。

一つは、政治が関係する分配政策としてはＢＩだけでいくのか、それがよいのかである。私は生産財の分配、労働の分配、そして所得の分配と三本立てがよいと考えている（立岩［2002b］［2004a］［2005c］）。どちらがよいのか。

一つは、「労働の義務」についてである。「働かない権利」という主張は、最初の部分に記したように、また小倉や加納が撤退の主張において述べたように、わかる話ではある。またリベラルな立場から「生き方の自由」という標語のもとに主張される。ならばそういうことにしておいてよいのか。

もう一つは、一律のＢＩという考え方からは、個々人の境遇の差異への対応は肯定されるのか、肯定されるとしたらどの程度肯定されるのかという問題である。私はそれこそが肯定されるべきだと考えるのだが、ＢＩ論者はそうでもないようだ。そしてこのことに関わってヴァン・パリースは不可解、と私には思える、議論をしている。」（立岩［2005-(11) 2006-8］。またここで言及されたのは、Van Parijs［1995 = 2009］、「病」者の本出版委員会編［1995］、小倉・大橋編［1991］。最後の本について、この文章の続きを次の注で長々と引用している。）

「基本所得（ベーシックインカム）（昨年十二月号の特集では堅田・山森［2006］）に関連して［…］私は所得の分配とともに生産財と労働の分配があってよいと考える。

他に、一人ひとりの違いに対応して保障は一律であるべきではないということが一つ。この主題はVan Parijs［1995 = 2009］でも論じられているが、その論には奇妙なところがある。立岩［2006d］でこのことにすこしふれた。

そして、いま記したことも含め、社会的分配は、個別主義から逃れることはできないし、逃れるべきでもなく、逃れられるふりをするべきでもないというのが一点。

そしてもう一つ加えると、やっかいな問題として、私的扶助・扶養、贈与という契機にどう対するかがある。」（立岩［2005-(17) 2007-2］）

「この連載でも幾度か知らせたのだが、二〇〇六年にヴァン・パリースが来日したことがあり――二〇一〇年にも同じ立命館大学で催しが予定されている――、その時に作って話したメモ（立岩［2006a］）がある。これから述べることは基本的にその線上のものである。」（立岩［2005-(49) 2009-12］）

この第二回のワークショップは二〇一〇年一月二五日に開催された。

★10　本書で取り上げる論といささか毛色の違うものの言い方もある――じつはさほどでもないところもあると思っているのだが。小倉・大橋編［1991］での小倉の提起があり、この本を『現代思想』連載の第11回「撤退そして基本所得という案」（立岩［2005-(11) 2006-8］）で取り上げすこし検討した。

当初、家事労働や性分業について考えるはずで始めたその連載――たしかにそのはじめの十回ほどはそれに関わることを書き連ねたのであり、いずれ必ずまとめるつもりではあるが、まとめるためにも、他の様々を考えねばならないということなり、今に至ってしまっている――の、ちょうど、もとの主題から離れ始めるその境あたりに位置づくこの回を、当初本書の「補」のような場所に置くことを考えたのだが、それもうまくないようであり、この注の中に「引用」として押し込むことにしてしまった。

小倉の論には必ずしも整理されていない幾つかの契機が存在しているように思える。人間の活動はすべて労働だ（労働になってしまっている）と言う。同時に、労働に重みを置くことをやめようという方向がある。すべてが労働になってしまっているという事実認識と、すべての人が所得・賃金を得られるべきだという主張とはどうつながっているのか。

　前者は、一つに、第2章4節で見るように、だから評価されるべきであり、さらに支払われるべきであるという方向にも行きうる。そして実際、そのような含みも感じられる部分はある。そしてその方向に向かうなら、その議論は、なかなかうまくはいかないはずである。第2章で述べることはその一部であり、一部でしかなく、他に考えるべき言うべきことはいくらもあり、そしてそれは、労働力の「再生産労働」として捉えられる家事労働・性分業について考えることにもつながっていく。加えれば、時代診断として「ますます」生活がすべて労働になっているという主張を説得的に展開するのは難しいはずである。言おうと思えば、睡眠すること食事することと等々も含め、「すべて」が「再生産労働」であったし、それは今も昔も変わらないと言うこともできる。それは一つに、「それでどう」という話にもなる。また、「ますます」という「変化」をどのように言えるのかということにもなる。

　関連してずいぶん前に書いたものとして立岩［1994］がある。そこではおもにフェミニズムのある流れに対する批判が主になっている。ただ、予告しておけば、私はその上で、にもかかわらず、そこで言われたことから掬い取れるものがあるはずだと考えており、そして本書のこの章の記述も、基本的にその線を行くものであることも理解されうるものと考えている。それは、一つには次に述べる「拘束」という契機だが、もう一つはこの章ではαとして記した契機に連なる。そこにあるのは、金になっていないにせよ、さらには他人のためになっていないにせよ、生きるのに力を尽くしている人たちがおり、それは、他の仕事が報われてよいこととまったく異なったことではないという認識であり、その認識は正当なものであると私は思う。直接には、わずかに、第5章5節での記述が関係する。本書の主題を考える上できわめて重要であるにもかかわらずこれからまったく論じることのない家族・家事労働・性分業といった主題について、ごく短い文章として立岩［2006e］が、もうすこし長い文章として立岩［2003b］がある。

　ただ、小倉の論の基本線は、これも労働だから、さらに貢献しているから、その労働を評価し、それに支払うべきであるという方向に向かうのではない。そのもう一つについて。それはまずは単純なことである。つまり男が金を持っている。他にも金を持っている者が、金を出す出さないを采配できる者が、力を持っている。そして行使している。そのことによって人は、随分な時間を奪われ、気も使わねばならず、生活を支配されている。だから、そちらに持たせず、今まで持たなかった者達が持つようになればその支配から逃れることができるだろうというのである。それは一つに、男からであり、一つに、「資本」からということになる。この筋の話については、第3章5節とそこに付した注ですこし関連することを述べ、別の人の文章を——他にも同様なものはとてもたくさんあるだろう——引用している。そこでも述べることだが、また本章注5に記したことにも関係するが、実際に逃れられるのかはBＩの水準などに依存する——もちろん小倉の場合には逃れられるだけの十分な水準を想定しているのだが。この話は、どんな場にいようと、市場で稼ぎがあろうとなかろうと「自由」に生きられるとよいという話とそう大きくは違わない。また本文で、まずは無条件で、誰でも等しく、と考えてもよいのだと述べことに連なるものである。違うように見えるとすれば、一つには、「資本」といった言葉が、かなり短い時間の間に、ある場では使われなくなったので、なにか違うように思えるということがある。一つには、今回はその部分を引用しなかったのだが、その本では加納実紀代がしている労働市場からの「総撤退」といった——実際には金は夫に稼がせようというぐらいのことなのだが——派手な主張がなされることがあるために、やはり違うように思えるということなのだろう。ただ「総撤退」は無理だとなれば、「交渉力」が今よりは強くなるだろうという穏当な話になる（なってしまう）。

以上の長い前置きの後で、さらに長く——この注の終わりまで引用する。BＩなどと言うといかにもすぐに寄せられそうな反問が、やはりここでも江原由美子によってなされていることを見てもらうためでもある。

「・個人賃金制という案

まず、以下、十五年ほど前に出された本で論じられたことを紹介する。ある人は、そんなことは知っていると言うだろう。しかし聞いたこともないという人もいるかもしれない。

小倉利丸・大橋由香子編『働く／働かないフェミニズム——家事労働と賃労働の呪縛?!』（小倉・大橋[1991]）という本があった。そこで小倉が「個人賃金制」を主張している。

今では新本で入手できないこの本全体の構成については私のホームページを見ていただくことにして略すが、三部構成の第一部の後半、小倉と江原由美子との対談がある（江原・小倉［1991］）。その前に小倉の「問題提起」（小倉［1991a］）が置かれ、対談の後に小倉の「補足」（小倉［1991b］）、その後この補足に対する「コメント」（江原［1991］）がある。

「個人賃金制というのは、失業していようが、いわゆる労働ができない状態にあろうが、個人が生きていくうえで必要な所得を保障する制度です。つまり個人賃金制は現在の家族賃金制を否定するわけで、個人を単位として〈労働力〉再生産が可能な所得を得るということをベースに〝賃金〟を考える。」（小倉の発言、江原・小倉［1991:73］）

「個人賃金制は、労働倫理が変るための制度的大前提です。失業者も障害者も平等に所得の保障を与えられることによって、労働と所得の特権的な結びつきを否定するということです。失業者は何もしていないのではないし、障害者も効率性に犠牲にされる必要はない。彼らは彼らなりの〝生き方〟をして何かをしているわけです。その何かを、いわゆる労働を価値判断の尺度として評価することをやめること、少なくとも所得のうえではすべての人々に平等に生存の権利を保障するということです。」（小倉の発言、江原・小倉［1991:74-75］）

「個人賃金制の主張は、「消費生活に関して諸個人は平等である」ことを前提とする。したがって、性別や職業による賃金格差も認めないし、失業者であることや障害者であることによる所得格差もみとめないという前提をたてることになる。性に基づく賃金格差は、家族賃金制とそこでの男性中心の所得構造と結びついており、それが資本主義的な家父長制をささえるものとなっている。したがって、こうした男性に大きくシフトした所得分配を改めることが必要になる。」（小倉［1991b:112-113］）

小倉は個人賃金制の主張を一九八〇年代からしているのだが、この本が出される前の年に出された『搾取される身体性――労働神話からの離脱』（小倉［1990］）は、マルクスの労働論の検討が大きな部分を占め、その中には「個人賃金制」という言葉は見当たらない。ただ、アンドレ・ゴルツの労働論を論ずるところに「社会的賃金」について次のような記述がある。

「そもそも、家族賃金制という理念が、同時に、資本主義における賃労働そのものの安定的な基礎を形成していた。ところが、〈労働力〉再生産を支える仕掛けとしての家族賃金制を解体し、「個人が自らの生存に必要な所得」として「社会的賃金」を受け取るとすれば、家族の扶養分もふくめて基準化されていた成人男性の賃金水準は大きく削られねばならない。このことは、貨幣的権力によって支えられている資本主義的な家父長制と資本主義的な家族制度を根底から揺るがすことになるだろう。」（小倉［1990:228-229］）

そして、個人賃金制を言おうとする時の基本的な社会認識はその本に示されている。あらゆる行為が労働になっている、なってしまっていることが言われる。

「消費過程も〈労働力〉再生産という視座からみれば明らかに労働過程であった。消費過程とは労働の隠された構造なのである。家事・育児は女性の天職という外観を与えられた「労働」、つまり歴史的に拘束されたカテゴリーに配分された行為なのである。また、賃労働者の「自由時間」もそれが翌日の労働を予定した「レクリエーション」である限りにおいて、それは〈労働力〉の自己再生産行為でしかない。資本主義では、自由や快楽も労働に繋ぎ止められているかぎりにおいて許容されるのである。」（小倉［1990:79］）

同じことは、『働く／働かない／フェミニズム』でも言われる。

「私は、資本主義のもとでは〈労働力〉再生産のサイクルに組み込まれる限りであらゆる行為は実は「労働」へと変容しているのだ、ということを強調してきた。賃労働だけが労働なわけでもなく、家事労働も余暇もレジャーも〈労働力〉再生産労働なのだ、というのが私の考え方である。」（小倉［1991b:108］）

・みなが労働者であるという主張

すべてが労働になってしまっているという事実認識と、すべての人が所得・賃金を得られるべきだという主張とはどうつながっているのか。その前に、労働と所得との関係について、ありうる考え、また実際にある考えをいくつか見ておこう。労働と所得とを切り離すという考え方それ自体も、労働と所得との関係についての、労働についての考え方でもある。多様な議論がありえ、また実際にあった。そしてフェミニズムからの提起もこのような主張と無縁ではない。だから、すこし見ておいてよいだろう。

普遍的な所得保障を主張しようとする場合、労働と所得保障とを切り離すという方向で言っていくのが一つある。基本所得の考え方は、基本的にはそのようなものである。

ただ、切り離さない方向もある。それでは普遍的な所得保障にならないではないかと思われるはずだが、もとに戻ってしまうではないかと思われるはずだが、必ずしもそうではない。労働の概念を拡張し、ほとんどあらゆるものを労働に含めてしまうことによって、普遍的な給付を正当化するという理路をとることもできる。あらゆることが労働であり、あらゆる人が労働者だから、そのあらゆる人に対する賃金を払うようにするのがよいといった話にもっていくのである。すべてが労働なのだと、だから——とすぐ先に見るように、小倉は言わないのだが——すべての人が賃金を、と言う。それにも幾つかある。

一つには、貢献している、だから貢献されている側からもらってきてよいのだという論である。「家事労働に賃金を」という主張にもそんなところがある。ただ、そういう論の組み立てがよいのかという疑問もまた感じられるはずだと、さきに述べたのでもあった。このように拡張しても、それでも掬われない部分はあるのではないかと思われるのだ。家事労働もしない人もいるだろう、と。それでも、消費しているという点においては、人は生きている限りは消費しているのだから、その意味で生産者に貢献しているのだから、すべての人が含められるのではないか。しかし、消費しているからその分について賃金をという話は成り立たないように、普通には、思われる。(しかし、この普通でないように思われる話は、そのままの言い方ではないにせよ、そしてどの程度普通でないかがどこまで自覚されているのかがときにわからないのだが、わりあいよくなされることがある。例えば、あの人たちは「雇用を生み出している」、だからじつは貢献している、というように。ここでは消費に応じて賃金を、とは主張されないとしても、経済に貢献しているのだから、存在し生存する価値はあるなどと言われる。こうした主張については、また別途考える。)

そしてもう一つ、どうも「資本」に貢献しているわけではないようではあるが、何かには貢献しているのだと、有益であることを別様に規定し、だから例えば「社会」がそれに支払ってよいのだという主張もありうる。

「「重度障害児」との接触が、既存の激しい競争社会や生産効率主義の社会の非人間性をかえりみさせてくれ、本当の人間らしい暮らしとは何かを希求させてくれることもある。［…］新たな有用性、つまり、本当の人間らしさにとっての有用性」（竹内［1993:170］）

竹内章郎は、だからそれに金を出せなどと述べているわけではない。けれども、そんな話につながらないことはない。貢献に対する直接の払いというのでないにしても、その人は有意義な人であるのだと、だからその人の生存・生活は保障されるべきだという話にである。竹内のさきの文章を引用した後、私は次のようにつなげた。「わからないではない。しかしこのように論を進めていく方向とは別の方に私は考えていこうと思う。」（立岩［2004a:308］）そのように思うのは、つまり他人から認められるような理由があるから、あるいはそれが見つかったから、その人が肯定されるという理路を取るのはよくないだろうと思うからである。

さらにもう一つ、（人に尻を拭かせるのに）「尻を持ち上げることが労働だ」とか「尻を拭かせるのが労働だ」とか「生きているのが労働だ」とかそんな言い方もある。これは金を得られる労働も労苦で（も）ある（がゆえに金もまた払われる）のだとすれば、自分たちもまた苦労はしているのだと、力を費消しているのだと、まずそのことを言っている。やはり、「だから賃金を」、とは言わないかもしれない。ただ、働いている人たちは苦労しているのだから金をもらえているのだ、もらって当然なのだという論に対して、ならば自分たちだってそうだ、生きていくのに苦労はしているのだと、力を使っているのであり、その力を出すための食物や金がいるのだという話にはなる。

ただもちろん、こうした論に対しても、苦労していると言わなければ金をもらえないのか、そんな窮屈なのはいやだと応じることはできる。実際、ほぼ同じ場所から、労働の否定という主張もまた出てくるのではある。

私自身は、人の活動や存在からなにかよいところを取り出して、「だから」、とつなげることは、基本的にはしない方がよいだろうと考えている。とすると、基本所得という案は、労働と所得とを切り離して考える考え方であるから、私もその立場であるということになるか。そしてこのごろでは、所得保障と労働とを切り離す「ベーシックインカム」と、両者を接続させる「ワークフェア」という対比で政策の方向が語られることもある。私の立場は後者の路線とはまったく異なる。では前者を主張するか。それほど簡単にはいかないだろうと思って、この稿を書いている。そしてもう一つ、さきほどの貢献や労苦を言う論のすべてを捨てたらよいのか。そうも思わない。これらについても考えを進める必要があるのだが、その前に、小倉の論に戻って、彼が何を言っているのか、そして何を言われたのかを見ておく。

・個人賃金制の構想

小倉は、普通の意味での労働、賃労働だけでなくすべてが労働であり、資本制に奉仕している、貢献していると言うのだが、「だから」、例えば雇用主から資本家からそれに応じて受け取ってよい、という論の進め方はしない。彼は九〇年の著作において、やがて彼自身も加わった翻訳が刊行されることになるネグリの『マルクスを超えるマルクス――『経済学批判要綱』研究』(Negri［1978 = 2003］)を取り上げ、その中でイタリアのアウトノミア運動にもすこし言及し(小倉［1990:109］)、そのすぐ後にポール・ラフォルグの『怠ける権利』(Lafargue［1880 = 1972→2008］)について述べる。

いまの社会において労働として現われているものを拒絶しなければならない。すると体制は変わるからでもある。消費活動をも含むいまの社会における労働が人々にとってよくないものであるからでもある。そして、よくないものをよくするには体制が変わらなければならないからでもある。

そのことと、「個人賃金制」はどう関係するか。江原から「その身体搾取の体制から解放されるためには、一体どうすればいいのか？　資本主義でなくなればいいんですか？」と問われて、小倉は「基本的には資本主義の否定が必要です。でも」と続け、「制度的には個人賃金制を要求していくという方向があります。」と言う(江原・小倉［1991:72-73］)。

つまり、基本的には、すべてが労働になってしまっているような状態をやめるために、すくなくとも少なくするために、個人賃金制にするとよいと言っている。そして、それは、さきの九〇年の著作からの引用箇所でも言われていたことだが、家父長制、性別分業、家事労働のあり方にも深く関わることだと言われる。

「家族賃金制の確立によって、賃労働、家事労働、「自由の行使」という〈労働力〉再生産のサイクルは、男性の貨幣的権力を軸にして維持される制度的な保障を与えられることになった。［…］／この〈労働力〉再生産サイクルを解体するためには、なによりも家族賃金制を個人賃金制に変えること［…］男性の賃金水準を大幅にカットし、それを女性に再分配することであり、同時に家事労働に対しても、報酬を準備させることである」（小倉［1991a:65］）

まずこの現実の認識をどう評価するかについて、既にいくらかのことは述べてきたのだが、それを繰り返すことはここではおこう。その制度はどんな制度か。それはあまり明らかではない。

「個人賃金制の主張は、「消費生活に関して諸個人は平等である」ことを前提とする。したがって、性別や職業による賃金格差も認めないし、失業者であることや障害者であることによる所得格差もみとめないという前提をたてることになる。」（小倉［1991b:112］）

人である限りにおいて、原則的には、同じ水準の所得が認められるべきだという主張に読める。そしてそれは、現在の（消費も含めた）労働のあり方から脱して別のところに行けるようにというのと並ぶ、そして相互に関係する、個人賃金制があるべきもう一つの理由でもある。「個人賃金——働こうが働くまいが生きるのにはカネがいる！——要求」（小倉［1988 → 1991:253］）。今のようでない、労働と男に従属せずにすむ生の質を獲得するために、今のようでしかない質をもたらしている体制を変えるために、個人賃金制は要請されるのだが、同時に、またその前提として、一人ひとりが生きられるための資源が、つまりは金が分配されるべきだと言うのである。

これはもちろん、「基本」所得（だけ）を万人に保障しようという主張よりも、より強い平等主義的な分配を主張しているということである。ただ、さきの引用では「家事労働に対しても、報酬を準備させることである」ともあり、みなが同じだけ、無条件にという主張を通すのであれば、家事労働への報酬を言う必要もないはずなのだから、この部分は余計であるか、あるいは主張が定まっていないということである。

そして、自らが、その具体像を描けていないことも述べている。

「個人賃金制という提起は具体的に考えれば、実現可能性を棚に上げてもスキだらけである。いろいろな個別のケースを考えていくと無理な場面も出てくる。」（小倉［1991b:113］）

全体としては十分に威勢がよくはあるのだが、すこし弱気なところもある。失業者も賃金を得られることは言うし、「怠ける権利」についても言うが、意図して働かない人も個人賃金を受け取ることは必ずしも明示されていない。比べると最初にあげたヴァン・パリースは、基本所得の定義の最初のところで、「その人が進んで働く気がなくとも」とはっきり述べていて——ことのよしあしをここで言いたいのではないのだが——その方がすっきりしていて、「ラディカル」であるようにも思える。

そして他方で、すっきりさせればそういう主張になるだろうとすれば、それはそれで批判されることにもなる。対談の相手の江原は小倉の主張に一貫して懐疑的・批判的であるのだが、そこには基本所得などと言うと、まっさきに言われそうな話も含まれている。

「本当にだれもが同じ賃金にすることができた時には、努力しようとか、もっと苦労しようとかする人がいなくなっちゃうじゃないですか？　だれも「働かない」んじゃないの？」（江原の発言、江原・小倉［1991:76］）

「小倉さんは［…］「個人賃金制」をとれば問題は解決する。「労働の強制」をもたらす経済的要因は取り除かれた。だからそういう社会ではもはやだれも「労働の強制」を受けない。男性も女性も、賃労働も家事労働も「強制」されないのだ。だから解放されたのだという。／私は小倉さんの提起する「個人賃金制」の実現可能性はほとんどないと考える。また、それがもたらす生産力の低下や官僚機構の肥大化等、「意図せざる効果」は、非常に重大なものであると思う。」（江原［1991:116］）

まずはそうも言いたくはなるだろうというところではある。そして、それに対して小倉は、さきに記したように強く反論できているわけでもない。ただ、個人賃金制という主張がここにあること、そしてそれは、この社会における労働からのあり方からの撤退、脱出というもくろみとともに提起されていること、そしてそれはまた、家族単位の経済とその中での力関係、性別分業、性差別のあり方の変革を目指すものでもあることは確認された。そしてここでは小倉の論だけを取り出したのだが、彼にそのように言わせた状況や言説・主張がこの国の内外にあったこと、これらもまた——できれば、後でこれらについての記述を補足したいのだが——押さえておいてよいことである。」（立岩［2005-(11) 2006-8］）

第2章　何が支持するのか

1　「資産としての職」という理解

「資産としての職」(Jobs as Assets) という把握がある。『ベーシック・インカムの哲学』(Van Parijs [1995 = 2009]) の第4章は「ジョブ資産」(Jobs as Assets) と題されている。さきに紹介した二つの解説でもそれは取り上げられ、肯定的に、とくに齊藤によって肯定的に評価される。

まず第4章冒頭の問答のところから。ヴァン・パリースは贈与分については人々のものであるという。

「寄付または遺産として残されるもののすべてが一〇〇パーセントで課税され、全成員に平等に分配されるということです。」(Van Parijs [1995 = 2009:147])

しかしこれだけではたいしたことはない、分配されるものは少ないことを認める。しかしそれで終わりではないと言う。

「注目すべき重要な事実は、われわれの経済構造のあり方からして、資産 (asset) の最も重要なカテゴリーは、人々が賦与されているジョブだということです。ジョブは労働と便益のパッケージです。むろん、ジョブが資産として見なされるには、それが供給不足でなければなりません。［…］近年の失業に関するミクロ経済学の発展が明らかにしたメカニズムによって、あらゆる人々が同等の技能を持ち、さらに完全競争の下に置かれていたとしても、ジョブの不足は構造的に生じます。ジョブが過少状態にあるかぎり、ジョブに就いている人々は、ベーシック・インカムの正当な水準を押し上げるために、課税されるのが妥当であるようなレント［rent］を不当に得ていることになるのです。」（Van Parijs［1995 = 2009:147-148］）

「所有」という主題で依頼された短文から。

「いま生産されているものは、生産技術等々これまでの人々の営為の蓄積によって可能になっているものであり、一人ひとりの生産者とされる人はなにほどのこともしていないのだと、そして働いている人は、そうした過去からの生産の蓄積が付着した「職」を、他の人を排除して特権的に、得ることができているのであると言われる。そして、働かない人、働く気のない人も含めたすべての人に「ベーシック・インカム」を、という主張がなされる。」（立岩［2009e:100］）★01

齊藤による解説から。

「「資産としてのジョブ」論は、一言すれば、人々は「ジョブ」という地位を占有することによって社会的財産（の一部）を専有appropriationしているという説明である。「人々が社会的協業関係に全く依存することなしに彼ら自身の才能のみによって生産しうるものは彼らのものとして残さねばならないが、それ以外の部分、すなわち、社会的協業関係の便益は万人にシェアされてよいことになる。現代社会において、この社会的協業による便益が生産全体の殆どを占めることは明らかである。」（齊藤［2009a:423］）

「広大な土地や自然資源を所有する企業に雇用されている労働者は、その資源自体を使用・用益したり、そこからの収益を（給与として）専有したりするために、「ジョブ」という地位を占有しているのである。企業に勤める研究者甲氏は、それだけでは何の訳にも立たない知識やスキルを持っているが、彼がそれを有効活用できるのは、研究装置や施設といった物理的資本を所有する企業組織のなかに「ジョブ」という地位を有しているからである。また、ある企業で営業を担当しているサラリーマン乙氏が他者の営業担当者よりも多くの売り上げをあげているとして、その売り上げすべてが乙氏の「貢献」であるはずはなく、大部分がその企業の培ってきた営業ノウハウや業界内でその企業が占める位置に因るだろう。また、大したスキルを必要とせず、漫然とルーチンワークをこなしているだけで安定した収入を得ている非熟練労働者丙氏でさえも、長年にわたる経営学の成果によって可能となった労務管理ノウハウによって便益を受けているのである。このようなノウハウは誰もが無料に近い値段で知ることはできるが、それを活用するには生産手段や労働者をまとめる組織を所有している必要があるし、それによって得られた産出増大分の一部を専有するにはその生産手段を所有している組織に属している必要がある。このように「ジョブ」というものは自然資源を直接的に使用・用益したり、自然資源の使用に際してその使用効率を高める知識・技術を活用したり、社会や組織の効率的な運営を可能とする編成方法やそのノウハウを活用したりするための地位なのである。その地位は、それを実際には占有できなかった［…］個人Bが占有していたとしても、個人Bは個人Aや個人Cと大して変わらない貢献を社会的財産に対してなすことが可能であったかもしれない。その地位を得られた個人の「その」労働が生産全体に対してなした貢献はすべてその個人のものであり、その貢献に対する報酬もその個人のみに帰するべきであるかのように映ってしまうのは、われわれの現行の分配のあり方がそうなっているからにすぎない。」（齊藤［2009b:427-428］）

紹介の中にも幾つかの要素が含まれている。そしてその力点は少しずつ違っているようにも思う。そしてその中のすくなくとも一つは、私にとっては馴染み深いものだ。つまり、その人が生産したと言うが、どれだけそのように言うことができるか。そこには過去から現在に至る、様々な人々の営為があり、蓄積された知識や技術がある。とすれば、その生産物をその人が取れるということにはならないだろうというのである。そしてさらに、時間という要素が入っている。生産物には過去が堆積している。とすればたんに現在の協業の成果――この場合には現在働いている人たちでしかるべく分ければよいということになるかもしれない――というだけのことではないというのだ。そしてさらに、ある人たちが別の人たちを押しのけてその職を得ている、だからその人たちは支払ってよいのだという論点がある。押しのけていることはたしかにありそうだ。だとしてそれはBIにとって必須なのか。こうしたことが問われる。ここではその基本的な把握を、そしてその一部に組み込まれる時間という契機について検討する。こうした論をどう扱うか、私はそこから始めて考えてきたところがある（立岩［1997］）。そのことについて再度確認してみたい。

　ある人がたしかに働いているとして、そして生産がなされ、生産物が生産されたとして、その生産物はその人の力・労働だけによって生産されたものだろうかと問う。このように問われれば、そんなことはないと、誰もが答えざるをえない。だとして、その話をどこにつなげていくか。どれだけを自分で作ったのか、だからそれはあなたのものではないという、このわかりやすい理路を、わかりやすいがゆえに説得的ではあると思いながらも、私は採らなかった。どうして採らなかったのか。

2　どれだけを私が作ったかという理路

　人はものを生産する。生産するが、それは過去から現在の、とくに過去の様々によって可能になっている。すくなくとも過去の貢献の部分は、すべての人のものであり、一人ひとりに分けられてよいではないか。まずこう主張するとしよう。しかし、そう言うと、その蓄積、例えば生産に必要な知識の大部分は公開されているのだから、一人ひとりがそれらを活用して生産すればよいのであって、それは財を分配することには結びつかないと反論されるかもしれない。だが、それらの知識等々は、現実には「職(Jobs)」――これは自営業等も含み広い意味で使われる――の遂行の一部として活用されることによって初めて生産に結びついている。そしてよい職につける人もいれば、そうでない人もいる。職につけない人もいる。よい職についた――ということは他の人々もその職から排除し、その職を独占した――人は、本来自分のものといえない資産の部分を活用して多くを得ている。ならばその分を税として戻させて、それをＢＩの財源にしよう。第４章では――そしてその本の全体としても――実際にはずいぶん込み入った話がなされているのだが、以上のように解説することもできる。

私は、それに新しい部分もあるとも思うのだが、大きくは、この種の論はこれまで幾度もなされてきたことも思った。つまり、その論は、生産者による生産物の取得という図式を認めた上で、その図式から――そこから従来正当なものとされているものと異なり、今の社会に存在するものとは異なる――財の配置を正当化しようという論の一つと受けとることができる。

もっともこの本やこの章にはこの図式は明示的にはない。はっきりした筋で解説をしているのは、「ジョブ資産」という把握を高く評価する訳者の齊藤である。ただ、それはヴァン・パリース自身の立場ではあるようだ。依拠する文献としてVan Parijs［1996］をあげている箇所で次のように記される。

「人々が社会的協業関係に全く依存することなしに彼ら自身の才能のみによって生産しうるものは彼らのものとして残さねばならないが、それ以外の部分、すなわち、社会的協業関係の便益は万人にシェアされてよいことになる。現代社会において、この社会的協業による便益が生産全体の殆どを占めることは明らかである。」（齊藤［2009b:416］）

また本の中には――その直後には、さきにあげたありうる反論、つまり、その過去の遺産はすべての人に平等に与えられていると言われるだろうという記述が続くのだが――次のような箇所がある。

「初歩的な料理のレシピから精緻な産業ソフトウェアまで、われわれの生活の物質的標準の大部分――すなわち、われわれの富の大部分――がわれわれの技術によって可能になっていることは十分に明らかである。もしわれわれが、人類が相続したあらゆる技術の価値を、人類が相続したあらゆる資本の価値に加えることができるなら、各人のベーシック・インカムをファイナンスするために利用可能となる資源の量は飛躍的に増大するのではないだろうか?」(Van Parijs［1995 = 2009: 169］)

3 その道を行かなかったこと

その人が作ったものはその人のものと認めた上で、どれだけのものをその人が作ったのか、それを問う。そう言われて考えなおしてみると、たしかにそんなものはそう多くはない。このように進む論があることを知っていた。その意味ではヴァン・パリースの論も格別に珍しいものとは思わなかった。ただ、従来のものとはすこし違うところもあると思った。

そして大筋でこのような論の道を行くのと、その道を取らないのと、二つある。前者について既にいくつかの種類があり、多くが語られてきた。私はそこから出発して、そこから出発してよいのかとこれまで考えてきたところがある。そして、前者が説得術としてなかなかに有効なものであることはわかっていたけれども、その上で後者を選んだ。

拙著ではロックから延々と引き継がれている生産者による生産物の取得という主張について、それを批判するその論点が五つ挙げられている。

「多くの論者が生産・制御→所有という主張をしている。だが少しでも考えるなら、これは随分おかしな論理である。

1）誰もが、一見してこれを随分乱暴な議論だと思うはずである。基本的にこの論理は、結果に対する貢献によってその結果の取得を正当化する論理である。しかし、この世にあるもののどれだけを私達が作っただろうか。[…]

4)[…]少なくとも一つ確かなことは、身体そのものは私自身が作り出したものではないということである。私が作り出したものはこの世に何もないのだとさえ言える。それにしても、手足なら制御することもできよう。しかし、私の身体の内部器官は私が作り出したものでも制御できるものでもない。だから、この主張によって身体の所有を正当化することはできない。すなわちこれは、制御されないもの(身体、そして能力の少なくともある部分、…)については、かえってその私的所有(処分)を、さらにそれが自身のもとに置かれること自体さえも、否定してしまうことになる。以上では因果関係における因果関係の度合い、「貢献」の度合いが問題にされる。貢献(度)についての疑問が当然生ずるということである。人間はこの世界があることにどれだけ貢献しているのか。ただ、このこと[…]より、ここで指摘したいのは次である。

5)とても単純で、より基本的な問題がある。この主張は、それ自体で完結する一つの主張・信念としてしか存在することができない。「自分が制御するものは自分のものである」という原理は、それ以上遡れない信念としてある。それ自体を根拠づけられない原理なのである。[…]その制御されるもの、生産されるものがどうしてその人のものになるのか。この「ゆえに」が根拠づけられない。」(立岩[1997:34-36])

自分が作ったと言えるものがどれだけあるのかという論点を最初に置いて、それに関わることを四つ述べて、自分の取り分は多くはないはずだと記している。生産物の生産者による取得という論理をとったとしても、この論理そのものによって、その生産物のすべてを取ることができると考えるのは、誰が考えても無理がある。

ただ、そのことを記した後、基本的な論としては別のことを言うと述べている。生産者が生産物を取るという規範命題そのものを採用しないことができると考え、そのことを言っている。[★02]

その道をとる人は多くはないと思う。社会的分配を支持する多くの論者においては、前者が採用されている。そこにどんな事情があるのか。

一つに、このような理路をとる方が理解されやすいということがある。規範的な理論は、一つには人々に対する説得の論でもある。より説得的な方がよいということであれば、それに乗って議論を展開するのはよいことであるようにも思える。それは人々がそのように信じているから、説得するのに役に立つということである。私もこのことを考えると迷うところはあった。ただ、このようなわかりやすい話は、他の人にしてもらえばよいと思った。その人たちも、違う理路を辿ってではあるが、おおまかには同じ方向を向いている。社会的分配の拡大を支持している。立ち位置が違うと、とるべき政策の具体像もまた変わってくることがあるから、いつもいつまでも仲良くというわけにはいかないとしても、ほぼいっしょにやっていくこともできる。各人様々な言い方で言ってもらい、読む人には、自分の気にいったものを採用してもらえばよいとも思った。

ただ私自身はこのわかりやすい理路をとらなかった。それは、この私たちの社会がそれをわかりやすいものとして受け入れているからでもあった。そしてそこには限界もあると考えたからだった。以下まず、その理路のいくつかを見る。その上で、ヴァン・パリースの論を検討する。そして私が別の道をとったことについて述べる。

4 生産の理解の変更という道

ヴァン・パリースの議論には古いところと新しいところと両方がある。基本は新しいものではない。まず、図式そのものはまったく古典的なものである。次に、この貢献を利用して、あるいは逆手にとってものを言うという言い方は過去にいろいろとあった。

まず第一に、古典的なものとしてあったのは「搾取」という主張である——これはヴァン・パリース本では第6章で論じられている。実際に生産に貢献しているのは労働者である。しかしその貢献が正当に算定されておらず、労働者は資本家に上前をはねられている。だからそれを取り戻さねばならない。こういう主張があった。

それは単純にすぎる搾取の理解なのかもしれない。しかし、おおまかにはそのように人々に受けとられ、たしかにその通りだ、だから体制を変えようという大きな動きにもなった。これがすっかり無効になったと考えることはないと、『現代思想』連載の第9回でも述べた[★03]。ただ、生産に対する貢献の度合いという路線を維持するのであれば、これは一つ、なにをもって貢献というかという議論に巻き込まれる。資本家もたしかに資本を提供して貢献はしている。もう一つ、労働者の間にも、また労働者と労働者でない人の間にも差はある。このことを含めるとどうなるか。その間の格差は正当とされることになるがそれでよいか。実際には、圧倒的に多い、同じぐらいに働くことができ実際同じぐらい働いている人たちがいて、その人たち対資本家という図式でことが語られたから、このことはあまり意識されることはなかったし、意識する必要もなかったとは言えるだろう。だが、それでもこの問題は存在しはする。

ただ第二に、既にこの主張の中でも「共同性」が重視され強調されてはいた。労働者たちの主張が個人主義的な主張であったことはなかった。私（による生産）に対置して、共同・協働（の生産）が言われた。労働組合の運動は、例えばスト破りを許さないものであった。また労働の現場においても、個人個人が取り出され、その成果が個別に評価され、競争させられることを拒絶したりすることもあった。それは、個人の自由を強調する人たちによって非難されることにもなった。ただ、誰かが切り下げに応じるなら、それに全体が合わせられてしまう。一人抜けを許さずに闘うという路線は合理的なものではあった。またそこには、例えば怪我をした者の生活を助けたり、働き手を失った家族を支えたりしたこともあった。それは労働の現場に存在した心情であったり、また運動の戦法であったり、またその両方が混じった現実であった。それが社会理論の中に組み込まれることもあった。

ただ、その上で、やはりその集合性の中に組み込まれない人たちはいるだろう。一つひとつの企業を越えて、もっと大きくまとまった集合性においてもそのことは起こる。労働者でない人はここに、基本、入らない。またそれは、組織に護られない人たちを不利な場においてしまうことがあり、また「職」を特権的なものにしてしまう要因にもなっているという——ヴァン・パリースの本でも言われる——指摘には当たっているところがある。

そして、職場の中にあって個々の労働者の差異を無視することにしても、その差異は見ようと思えば見える。協働においては人々の働きが混合されそして成果が現れるのだから、一人ひとりの貢献を取り出すことが困難であることはその通りであるとして、しかしそのことは、差異がないこと、差異がまったく見えないことを意味するものではない。そして、その上でもなお協働性・共同性を主張するのであれば、それは一人ひとりの個別の差がないあるいは見えないという事実をもとにしてなされることではなく、別の原理がそこにあることを意味しているはずなのである。★04

以上は、反体制的でありながら、基本的に生産と労働を肯定する。だがやがて人間たちの労働、生産活動がいくらかは懐疑されるようになる。すると、第三に、生産における自然の貢献があらためて言われることになる。この世にあるのは自然物と人（の働き）である。

前節に引用した拙著の「この世にあるもののどれだけを私達が作っただろうか」の続きは以下のようになっている。

「例えば、私は川から水を汲んできた。私は牛から乳を絞った。確かに私にとってその水や牛乳が利用可能になるためにはそうした行為が必要だった。しかし、その水や牛乳があることに私はいったいどれほどの貢献をしたか。もちろん、このことはその「製品」がもっと「手のかかった」ものであっても言いうることである。」（立岩［1997:34］）

ロックの場合には、予め、世界は（まず神のものとされた上で）人間たちのものであるとされるから、自然の貢献自体は認められたとしても、生産物は人に分けられることになる。では人間たちのものと決めてかからないとどうなるか。「人間の傲慢」を反省することになり、「自然に還す」ことが支持されることにはなるが、還しようのないものもたくさんある。結局、「自然への感謝を忘れない」というぐらいのことにしかならないかもしれない。『ベーシック・インカムの哲学』の訳者解説には次のような文章がある。

「〈現実の生産〉と〈人間の労働のみによる生産〉の差を自然の貢献に帰される生産であると規定

したら、これらは万人シェアの対象とされる。しかも、〈人間の労働のみによる生産〉がほとんどありえないとしたら、万人にシェアされるべき社会的財産は非常に大きなものになる。ロックの論法は生産の相当な部分の万人シェアを妨げるものではない。」（齊藤［2009b:414］）

自然の貢献分については万人に分けられるという。ただ必ずそうなるかどうかは考えてもよいだろう。空気や太陽光その他については、既に人間たちは、ほぼ等しく、支払ったりせずに、受けとってもいる。次に、自然の恵みは生産において決定的な部分を占めるのだが、その上で何がしかは人が働いて、ものが生産される。その場合、その活動に参加しない人も取れると言えるか、言えるとしてそれはどれだけになるのか。論点は残ると言う人はいるだろう。

そして第四が、「貢献」の意味を別様に捉えるというものである。生産や労働の意味の問い直しという流れの中にあるという点では、第三のものとの共通性がある。そしてここでは、自然でなく人の営みの意味を捉えなおすことがなされる。役に立っていないと思われることが、よく考えてみると、またまわりまわって、役に立っているなどと言われる。ヴァン・パリースの原著の表紙は海でサーフィンするサーファーの写真になっているのだが、一日中サーフィンをしている人も、実は人を楽しませているのだといったことが言われる。★05 さらに、まったくなにかをしているようには見えないような人であっても、その人に接することによって、人々は人生の意味などを考えたりすることがあって、それも人々に対する貢献をしているのだと言われたりする。そのように言われれば、そうかもしれないと思う人もいるだろう。しかしそうは思わない、思えないと言う人もいるだろう。なにより、そうして周囲からこれは意味がある、意義を有すると——これまでを思いなおした結果——思われることによって肯定され承認されることがよいことであるのか。私はそれがよいことであると思わないから、こうした筋の論をとることをしないでおこうと思った。★06

5 死者の遺したもの

以上、生産者による生産物の取得という図式に乗りつつ、労働・生産・貢献の意味・範囲を変更しようという四種類の議論を見てきた。★07 ヴァン・パリースの論を五番目のもの——あるいは無償の行ないとしてなされてきた家事労働を別様に評価しようという主張を五番目のものとすれば、六番目のもの——することもできる。そしてその重要なところは、職に注目したところにあるというより、まず「時間」を加えたこと、死者の行為の堆積を議論の中に組み入れたことであると私は考える。現在ここに存在していて働いている(また働いていない/働けない)人もいるが、それよりはるかに多く、過去の人たちの営みがあり、その遺産があるはずだ。

このこともまたこれまで言われなかったわけではないと思う。ただこれまでの議論の基本は、現在における人々の協業・分業の方にあって、それを捉え返すことによって、そこにいる人の貢献を計算しなおし、それを高め、その人が得られるものを多くしようというのだった。ただその拡大の営みにはいささか無理がありそうだった。

それに対して、ここでは生産物は(考えなおされ、生産者・貢献者と指定しなおされた)生産者・貢献者に渡されるのではない。同時に、さきにも引用したように、ヴァン・パリースは生産者による生産物の取得を基本的には肯定している。となると、それが生産者に渡らないのは、その生産者が(既に)存在しない場合であることになる。論理的な要請としてそうならざるをえないはずである。

この、時間・死という壁は事実的な制約である。人がまだ生きている場合もあるだろう。ある人がある技術を開発した。そしてそれは一〇〇万人の仕事の効率を二倍にしたとしよう。するとその人は、その一〇〇万人の生産物について半分を得られるということにならないか。その人がもう亡くなっているなら本人に渡しようがないとして、もし生きているならそういうことにもなりうる。

ただたしかにそんな場合は少ない。しかし、なにか方法があるかもしれない。生産者による生産物の取得という図式のもとでは、長持ちするものを作った人たちは、本来は、多くを未来の世代からの受け取りを含めて受け取れるはずである。だがその時にその人たちは生きているから受け取れないというのだった。けれども、時間が経過し人間は死んでしまうことによって、受けとれなくなるのはよくないことであって、なにか受けとれるようにする工夫をするべきだということにならないだろうか。

まず自分は受けとれないとしても、自分が指定する人が受けとるようにすることはできないか。これはもちろん相続を認めるか否かという問題でもある。『ベーシック・インカムの哲学』の第4章では相続分は分配される分ということになっていて、その上で、それがそうたいした嵩にならないことが確認され、それではたいしたことができない、ではBIは無理か、そんなことはない、現在の生産、「職」を可能にしているものを見ればよい、というように話は進む。最初にまず相続は否定されている。その人が生を終えた時点で、その人の生産物は共有のものとされる。しかし、今度の本の注でもすこし述べたことだが★08、相続に対する態度はリバタリアンの間でも分かれるはずである。一つに、労働による成果の取得しか認めないという立場がある。相続を受ける側が受けとるものは、自分が働いて得たものではないから、受けとる権利はない。リバタリアンの一部はそのような立場をとる。税制を巡る議論でも、そういった立場をとる人たちがいくらかはいた。

この立場をとるとして、相続を禁止すれば生前贈与が増える。それを捕捉し、そこから徴収せねばならなくなる。また理論的にも、立場を一貫させれば、贈与の禁止は遺産相続についてだけでなくあらゆる贈与に及ぶことになる。人は財を、相手の労働に対する対価としてしか渡すことができないということになる。現実には家族内など贈与の部分は大きく、その大部分は扶養のためとして問題にされることはないかもしれない。だが、それで適切と認められる部分以外は徴収されることになる。その徴収は、ヴァン・パリースも述べるように、なかなかに困難である。

こうした現実的な困難もあるのだが、それはここでは措く。理論的にはどうか。生産物の取得は権利であるとしよう。近代社会における所有権とは、自由な処分権であり、取得したものをどう処分するかは自由だということになる。廃棄することも贈与することもできる。とすると相続を制約することはできないということになるはずだ。すると、その成果の処分については各自に委ねるべきであるということになる。だから贈与・相続分がその人のものでないとされることは、生産者による生産物の取得を認める人たちにとって、当然のことではない。

さらに、本人が将来から受けとることは不可能だろうか。自分の貢献によって将来の人々に与えるものがある。労働による取得という原理には、その取得を制限する理由はない。例えば、ある技術についての権利をその人が得ているとしよう。現実には特許権が効力を有する期間は限られているのだが、この期間を限定する根拠は、生産物の生産者による取得という原理自体からは与えられない。そこでその生産者・発案者は、そこから得られるだろう収入を得る権利を自分の死後も生きる個人、あるいは法人に売却する。売却というかたちで、将来の利益を得ることには問題はない。他方の、金を払ってその権利を取得する側はどうか。その人あるいは組織は、自分で稼いだ金でその権利を取得する。それは生産

青土社
刊行案内
No.80　Spring 2010

- 小社の最新刊は月刊誌「ユリイカ」「現代思想」の巻末新刊案内をご覧ください。
- ご注文はなるべくお近くの書店にてお願いいたします。
- 小社に直接ご注文の場合は、下記へお電話でお問い合わせ下さい。
- 定価表示はすべて税込です。

東京都千代田区神田神保町1-29市瀬ビル
〒101-0051　TEL03-3294-7829
http://www.seidosha.co.jp

映画の授業
映画美学校の教室から
●黒沢清ほか
世界映画の最前線にいる作家、技術者が一堂に会し、映画の構想から仕上げまでを解説。¥2520

「近代の超克」とは何か
●子安宣邦
昭和の戦争に随伴した難問を読み解き、日本とアジアの関係に新たな視座を開く。¥2310

魂の労働
ネオ・リベラリズムの権力論
●渋谷望
リストラ・賃上げ・雇用不安。競争社会が孕む矛盾を剔出し、新たな労働論をうち立てる。¥2310

新しい貧困
労働、消費主義、ニュープア
●Z・バウマン／伊藤茂訳
貧困はいかにしてつくられるか？社会学の権威が示す現代社会の恐るべきシステム。¥2520

リーマン予想は解決するのか？
絶対数学の戦略
●黒川信重＋小島寛之
沸き立つ数学界の最前線をめぐる白熱の対話。21世紀数学の要、F1スキームとは何か？ ¥1890

＊は新装版

インド神話	●V・イオンズ	¥2520
北欧神話	●H・R・E・デイヴィッドソン	¥2520
エジプト神話	●V・イオンズ	¥1890
ユダヤの神話伝説	●D・ゴールドスタイン	¥2730
ペルー・インカの神話	●H・オズボーン	¥2520
マヤ・アステカの神話	●I・ニコルソン	¥2730
ローマ神話	●S・ペローン	¥2447
オリエント神話	●J・グレイ	¥2940
アメリカ・インディアン神話	●C・バーランド	¥2310
ゲルマン神話 上・下	●R・テッツナー	上¥2520 下¥2940
北欧神話物語	●K・クロスリィ-ホランド	¥2520

の成果の使用ということであるとされる。そして自らが得たその商品から得られる利益を取得する。これも問題があるとはされない。もしこうしたことが認められるのであれば、死ぬ人もまた死ぬ前に将来から得られることになるのではないか。こうして、生の有限性ゆえに、死後に残されたものを人々にという案にも限界があるように思われる。

すると、さらに言われるのは次のようなことだ。立派な発明をした人にしても、それ以前に様々があって、そのおかげでそれを発明することができた。またその才能にしても、様々に過去から継受したものによって作られた。親がいたり、社会があったりする。親には親の親がいる。そうしていけばきりがないことになる。その意味で、それはその人に固有のものではないというのである。

しかしそうやって、その人の生産とその能力に関わる要因を取り除いていって、いったい何がその人に固有のものとして残るのか。残るとして、それをどうやって区分けし、また測るのか。それは困難であるか不可能であるように思える。実際に社会でなされてきたことは、せいぜい「機会の平等」と呼ばれるものを用意すること、そしてそれを用意した以上は、あとは個々人のことであるとして手を引くことだった。しかしまじめに考えればそうはならない。個々人の差異を帰結するその原因や要因が具体的にはわからないこともあるだろう。しかしだからそれが本人に帰されることにはならない。そうして考えていったら、その人固有のものなどそうは見当たらないことになりそうだ。

これを、生産者による生産物の取得という原則を取ったら、その意外な結果として別の出口に出てしまったということであると考えたらよいのか、それともそう考えることはないのか。「みなさんのおかげです」というもののいいは、私の生産物の私による所得という図式を肯定しているのかそうでないのか。この問いは後に残しておく。

6　なぜ違う道を行ったか

なぜ私はこの立場を取らなかったのか。私有の原理から出発しつつ、その原理を忠実に辿っていくとかえって共有部分がたくさんある。このことさえ言えばそれでよいという考え方はある。その共有・共用が認められるなら、その量としては十分なものになる可能性もある。しかしそうであったとしても、それを最初にもってくるべき必然性はなく、また、基本は別のところに置くべきであり、その場から見るならば、この規範は——かりに共有部分が多いことが言えたとしても——基本的な原理に否定的に作用するから認める必要はない。そのように私は考えた。

第一に、生産者による生産物の取得とは、実は生産者はあなたでないからあなたはたいして取れないのだということの説得のための手段というより、そのままに正しいこととして信じられていることである。信じられていることを逆手にとって別の方向にもっていくという手はたしかにあって、それはいくらか有効ではあるが、この図式を前提に置いてそこから言う限り、この図式自体は肯定されることにもなる。それは、各人の自由も認めるという立場をとる人も採用する立場である。たんに人を説得するための手段というより、「学」を仕事とするその人たちにおいて、またその学の全体において、基底的なものとして、懐疑されることなく置かれている。それが不思議だった。生産者による生産物の取得とは、それ以上遡れない信仰なのであって、それを前提にしなければならないわけではない。この自明なことが自明であるとはされていないのが不思議だった。まず、それを信じねばならない理由を問うことは意味のあることだと思った。生産者による取得という主張を肯定するところから始める必要はない。このように言うことは、まず論理的に可能である。多くの人がこの前提を採用しており、そのことを疑っていないのであれば、そのことを指摘することができるし、言っておいた方がよいと考えた。これがさきに引用した拙著の文章の第五番目に記したことだった。

第二に、より積極的に、それがもっとも基底的な価値とは考えられないと思い、そのことを言おうとしてきた。自分で作り出すという条件を厳しくとるなら現実にはありえなさそうな前提だが、思考実験として、その人が本当の因果の出発点であると考えることにする。その人は創造主のような人であって、真にその人だけの力によって何かが、人々の生活に必須なにかが作り上げられたとする。この場合には、その人に独占的な無制限の権利が認められるだろうか。認められない、その権利は制限されるとしよう。では制限されうると考えるのはなぜだろうか。それは、先にあげた、自分で作ったように言っているがしかしそれは実はそうではないからという理由ではない。たしかに仮の、現実にはありえないことではあるとしても、その人（たちが）が独力で生産した場合を考えているからである。とすると、生産者による生産物の独占を認めない根拠、寄与に対する報償を認めるにせよそれを限定すべきだと考える根拠は、別にあるということである。★09

また、さきに見たように、かなり「貢献」を無理して拡張しても、結局は貢献しているとは認められず、この図式のもとでは、得られない人が残ることになる。それでよいのか。よくないと考えるとしよう。また、そもそもなぜそんな拡張をしようとしているのかと問うてもよい。拡張自体が目的ではないのではないか。貢献者による貢献分の取得という図式で得られないことがおかしなことであると考えているから拡張しようとしたのではないか。

以上は現実に存在する私たちの「倫理的判断」を捉えてのことだった。人々がこう思っているのではということだった。それを、人が思うから支持されるとかされないとかいったことと別に、原理として立てることもできる。そしてその上で、その原理が人々に支持されているということである。

要因をあげていけばいろいろと言えるだろうし、結局、なにがどれだけと仕分けられるものでもないが、才能の差異はある。そして次に、やはり区分できるものでもないが、その差異が関わりながらも、あるいはほとんど存在しないといってもよいような事情で、市場においては大きな差がつく。過去から蓄積された財産に人は自分の労働を加えて生産物を得るのだが、その差異は大きい。例えば、人々が開発してきた通信手段があり、そのことによって一人の人間の声が世界中に届き、それぞれが支払うものは多くないにしても、それらを集めれば膨大なものになるものがある。他方に、自分が身体を動かしてそれで育ったものを売るといった場合がある。このように「資産」を有効に使える人とそうでない人とがいる。しかしそれはそれだけのことであって、自らの才能によろうが外的資産のせいであろうが、より多くとる権利は本来はないとする。人々はそれを等しく、あるいは必要に応じて得ることができる。このことを最初に言ってしまった方がはっきりとする。

労苦は報われてよいという価値がある。また、よいことをした人は称えられ報償を与えられてよいという価値もある。これらは多くの人が認めるだろう価値のはずだ。その理由は何かと問われれば、一つに、人々において辛いこととよいことが、また、あるいはそれら総合をしたものが、いくらかは公平に――「いくらかは」というのは、人々における正負を正確に測定することもできないし、また人為によって正確に均衡させることも不可能であるからである――配分される方がよいといった価値があるといったところになろうが、それがなぜ正しいかと問われても、その後は、同語反復に近いことしか言えないはずである。ただ、それを多くの人は大切なこと、認めてよいこととして考えている。それを認めることにしよう。しかしそれは、生産者による生産物の取得を認めることと同じではない。同じであると考えるならそれは違う。そのことも言ってきた。

そして以上を認識することは、そのようには財が動かない市場についても、実効性と関係のない確認ではない。産出とされるものが産出者に帰属することが当然と思われている社会と、そうでない社会と、異なる。多くを生産したものが多くを得ることが当然のことであると思われている社会にあっては、社会的分配に対する同意が得にくくなる。また、「労働インセンティブ」としての報酬についてもより大きな差異化が求められることになる。大きな成果にはより多くの対価が得られて当然ということになる。しかしこのことが信じられていないのであれば、違ってくる。

こうして、生産者による生産物の取得を前提におかねばならないのではない。その原理より、人々の生がそれぞれに可能であることの方が大切であり、またそのことを多くの人々は支持しているようでもある。そしてその原理が信じられていないことの方が、現実に生をより容易にするのでもある。だから私は、生産者による生産物の取得という図式を最初からとらない方がよいと考えてきたのだ。ヴァン・パリースのいくらかは新しいこの図式の変奏を知った上でもその考えは変わらない。

7　なお使うとすれば

ただ、私を作っているものの成分はほとんど私が作ったものではないという了解は、私が作ったものは私のものだという図式を肯定しているのかそうでないのか。この問いは残っているのだった。

生産者が取得するという構図、貢献した者が称賛され利を得るという構図を、そのように思いたくもある人々の心情の事実を記述するものとしてまず捉えた上で、それを諫め否定するために使われるものと捉えることはできるかもしれない。その場合、この構図は——標準的・一般的にはそのようには使われていないのだが――その構図のもとに正当化されそうなものを否定するために存在し、用いられることになる。

ならばよいだろうか。人々は生産者・貢献者による取得が正しいと思っている。その事実を前提にした上で、それを引き取った上で、実はあなたの思うように考えて言ったら、かえってあなたが思うようには行かないのだ、むしろ逆のことが起こるのだと言って説得することができる。

まず、それはたしかにかなり使えるように思える。私も、あなたがそう思っているとして、そこから、かえって、という言い方もしてきた。ただ、それに対して、それを言ったらなんでもそうなる、と返されるかもしれない。それは因果の起点を求めるような話になってしまうと。そうすればその起点はどこまでも時間を遡り空間に広がっていく。そんな水準で言いたいのではなく、実際、生きていて働いている人間の営みがその人間に帰属しているという日常の事実を捉えて言っているのだと言われるかもしれない。ここでは決着しないように思われる。

そこで私は、一つに、さきに述べたように、「仮に」創造主のように、あるものを最初から作り出した存在があるとして、ではそのとき、そのものはその存在に帰属するか、そんなことはないだろうと、やはり、「逆手にとる」というのとは別の道筋で言いたいと思ってきた。

そしてもう一つ、私が作ったのだから私に、という「当然の感覚」がどこから来るのか、それを考えてみようと言おうと思う。そこには、その生産の結果に伴って、また結果の手前で、自分が時間を費やし、身体を使い気を配ってきたのだという事実があるだろう、それを無視するべきでないということであればそれはわかる、それには応ずると言う。そこで第1章で示したような労苦に応じた対価のあり方を認めると言う。すると、誰が関わっているかという提起も、同様に捉えることができるはずだ。「おかげなんだから」という言い方を私たちがし、それにいくらかは納得する時にも、その「今のあなたがある」ことに対して、あなたでなく他人たちが実はそれを形成してきたことというより、その形成にあたってその人たちは様々に苦労して様々をなしてきたのだから——すくなくとも現実に今あなたが取得したものについて、たしかにそこには本人の労苦も注がれたことを認め、それには応じるとしつつ、その大きな部分についてあなたが権利を主張することはできないのだ——という部分がずいぶんと含まれていると解することができるはずである。であれば、前節にも述べた立場からは、まず、生産であろうと、生産のための労苦であろうと、その度合いに比例して取る——努力もできない人は何も取れない——という構図を基本的なところでは採用しないとしたその上で、次に、公平という基準から——これは労働の義務について考える第5章で述べることでもあるのだが——利益と労苦とを合わせたあるいは前者から後者を差し引いたものがあまり違わない方がよいとは言えるのだから、あなたの産物についての権利はいくらか弱められることにはなる。そのように用いることできる。

それでもまだ私は、貢献原理（から正当化されるとされるもの）を否定するために貢献原理を採用するということの含意を考えつくせてないようにも感じる。ただ、今のところ言えるのは以上のようなことである。

★注

01　次のように続いている。ただし十分な記述になってはいない。

「私は、生産者と職について言われていることはもっともだと考える。彼の主張もわるくないと思う。ただ、このもっともな了解「から」社会的分配を主張することは——このような論の運びが私たちの社会において一定の力をもつことを認めつつ——しないでおこうと思ってきた。「生産者による所有」という図式を基本に置かないところから論を立てた方がよいと考えてきたからだ。世界のほとんどすべてが既にこの世にはいない人たちによって作られたものであることを認めたとしても、その残りの部分については「貢献」の差はやはりある。となると、その差に対応じた所有という話にやはり戻されるのではないか。しかし他方、この社会にあって、ヴァン・パリースのような論の運びに説得力があることもわかってはいた。するとどうしたものか。二つの方向の論をなんらの形で組み合わせていけばよいのか。このように考えていくことになる。

心配なのは、この本にこんな論点があることにどれだけの人が気づくだろうかということだ。気づかれないとしたら、それもやはり、所有についての思考の不在・貧困を指し示しているということになる。」（立岩［2009e:100］）

★02　私の論自体が、ロック流の論を認めた上で進められていると理解されてしまっているところがある。しかし、幾度か注意を促したことだが、そのようには述べていない。そしてもう一つの誤解は、私が身体に対する権利（身体の「私的所有権」と言ってもかまわない）を認めていないというものだ。そんなことはない。私はその権利を認めている。述べたのは、むしろ標準的な論理——私が制御するものが私のものになる——からは身体への権利（身体の所有）を言えないのであって、そのことを言うには別のことを言う必要があるということである（立岩［1997:chap 2,4］）。

「しばしば誤解されるのだが［…］「身体はその人のものである（身体に対する権利はその人にある）とは言えないのだから、その産物もまたその人のものではない」と述べているとされる。それが肯定的に紹介されたり、あるいは批判的に言及されたりする。そして批判する人は、身体はその人のものであるという感覚はまったく自然で強固なものであるから、そのことを否定するのはおかしい、したがって、リバタリアンによる所有権の主張に対する批判は当たらない、リバタリアンの方が正しい、といった言い方をすることになる。

しかし私は述べているとされていることを述べていない。」（立岩［2005b→2006b:232］）

★03 「第一に、分配の原理の基本に搾取をもってくる必要はない。一つに、分配の基準は規範的なものでしかないのであって、それは事実の水準とは別に立てられるし立てられるしかないものであるからである。一つに、分配は労働の成果や成果を生み出す能力と基本的には別の基準でなされるべきであると考えるからである。少なくとも通俗的に解するなら、ここにあるのは生産者による生産物の取得という図式であり、それは私たちの社会にある所有の規則に乗ったものであり、それそのものが基本的には吟味され批判されるべきだというのが私の立場である。

第二に、この言葉がある事態を記述するものでものであるとして、直感的に、これはずいぶん危ういもののように思われる。[…]本来は労働者の生産物とだけ言えるだろうかという疑問は当然出てくるし、また寄与分・貢献分をどう決めるのかという厄介な問題に行き当たり[…]おおよそなにか一義的な解など出てきそうにないように思われる。[…]

その上で第三に、この言葉にはまったく意味がないのか。そうは考えない。この言葉が多くの人々にとって魅力的だったし今でもそうであるのは、やはり、自分たちはこんなに汗水流して苦労して働いているのに、楽して得している輩がいるという現実を捉えたからである。また、自らにあってよいはずのものが奪われてしまい、自らが痩せ枯渇してしまっているという事実を捉えてきたからである。それは不当なことだとはやはり言えるはずであり、言うべきでもあるはずだ。」(立岩[2005-(9) 2006-6])

『みすず』の「二〇〇八年読書アンケート」で吉原直毅『労働搾取の厚生理論序説』(吉原[2008])を取り上げ、以下のように述べた。「ここではまだ何事かが積極的に言われているわけではない。また、著者が進もうという道がはたしてどこまで行ける道なのかについては留保するとしよう。数式もたくさん載っている。しかし、書かれて刊行されるべきはこのような本だと思う。幾つか、確認されるべきことが確認される。「搾取」について、なにかの客観的事実を述べていると考えることはないこと、だから、それをそうした事実を記述する概念だとした上で、この概念が無効であると言うこともないこと、最初から規範的含意を含んだ概念と考えるなら、この語が持っている直観的な説得力を保持し、使っていけるものになりうること。」(立岩[2009a])

★04 「複雑な分業系のもとで各個人の貢献分を正確に測ることはできないとしても、少なくとも同一の職務について、相対的にできる／できないは見える。さらに、生産という目的に向けられた共同・協働である限り、むしろ透明な関係においてこそ、各人の貢献度はよりはっきりする。確かに協働系のもとでは、「みんな」が作るのである。しかしそのことは個別性を否定しない。

私はたくさん作っているのに受け取りが少ない、ピンハネされているというのが古典的な批判だった。その後、私が作っているのではなくみんなが作っている、私はみんなに作られているという主張がなされた。だがこれも「生産」が準拠点になっている点では同じであり、それゆえの限界がある。それは重い障害がある人を参照点におくとはっきりする。ここから、見るべきは生産に関わる契機とは別の契機であることが示唆される。」（立岩［1997:332］）

★05 BIを検討する福間にそうした主張がある。

「われわれの社会におけるほとんどすべての活動は貢献的活動であると見なすことができ、それゆえ人びとの間で多くの場合互恵性は常に成立している［…］。何らかの経済的利益を直接もたらす行為のみを貢献的活動と見なすのではなく、この活動を広く解釈するならば、日がな一日海岸でサーフィンに興じている人であっても貢献的活動を行なっていると言える。なぜなら、そのようなサーファーを見物するためにビーチに来る観光客もいるかもしれず、それゆえかれの活動は（間接的、もしくは非意図的にではあるが）、その土地の観光産業に一役買っていることになるからである。また非経済的な政治家の活動も貢献的活動であるならば、積極的に政治参加している人びとも貢献的活動をしていることになろう。」（福間［2007b:166］）

★06 第1章注10（37—46頁）で小倉利丸の論について記した『現代思想』連載の第11回からとても長く引用した。その「労働の概念を拡張し、ほとんどあらゆるものを労働に含めてしまうことによって、普遍的な給付を正当化するという理路をとることもできる。」から、「私自身は、人の活動や存在からなにかよいところを取り出して、「だから」、とつなげることは、基本的にはしない方がよいだろうと考えている。」までの部分がここに述べたことに対応している。

★07 近いところでは、後藤玲子が、ロールズの「何人も、他の人々の助けにならないかぎり、階級的出自や自然的能力など、深く、しつこい影響力をもち、本人の功績とは無関係な偶然性から便益を受けてはならない」(Rawls [1974:246]) を引いて、「ロールズのこのフレーズは、功績に応じた分配を認めているかのように見せかけながら、ベニスの商人のボローニアのような切込みで、功績にもとづかない資源移転を擁護する。」(後藤 [2010]) と述べる。この論文は二〇〇九年六月の福祉社会学会の大会でのシンポジウムを受けて書かれた。もう一名の報告者は天田城介(論文は天田 [2010])。そのシンポジウムの企画に関わった私が二人の報告・論文を受けて書いた文章は立岩 [2010b]。

★08 相続税についての「議論の筋道は幾つかありうる。一方に、努力や労働に収入が対応することが望ましいとする人たちにとっては、相続による収入は正当なものとされず、むしろ労働意欲を減ずるものだとされる。それに対して、次世代に相続しようと勤労に励むといったこともなくはないから、そのことを言う人もいる。

リバタリアンは二通りに分かれるはずである。生産者による取得という原則から外れているとして相続税については正当とする考え方がありうる。そして相続税だけを一〇〇%徴収し、各人の出発点を等しくし、あとは徴税は不要だと主張することはありうる。他方、いったん取得されたものについての取得者の権利を絶対化する立場からは、贈与を制限することはできないともされうる。

また、遺産贈与は遺産を残す者を世話するといった貢献への報酬である、また貢献に対する動機付けになると言う人もいるだろう。だが、そうした側面があることを事実としては認めながら、では遺産を残せない人はどうなるのか、むしろ「社会化」した方が合理的であり、正当であるという反論があるだろうし、私もそれを支持する。

そしてこうした正当性に関わる議論とともに、どの程度の徴税が実行可能かも問題になる。ただ、相続税が強化されれば生前贈与が盛んになるだろう。贈与税で対応するとして、贈与の把捉は他の収入の把捉より難しいかもしれない。となると生前の各種課税をうまく組み合わせた方がよいともされる。」(立岩 [2009g:35-36])

★09 「例えば、多くの人の生存に関わる製品を開発した人がいたとしよう。このとき、その製品がどうしても必要な人たちは、その開発者が提示する条件をすべて受け入れなければならないだろうか。この問いに対して、そうではない、少なくともその利益は制限されてよいと考えるとしよう。そしてそう考えた人たちは、さきに、貢献には報いがあってよいと思った人であるとしよう。とすると、まず明らかなのは、寄与したらそれに応じた見返りがあってよいという感覚があることは、生産物に対する独占的な権利［…］があるとすることと同じでないことである。生産物の私有権を不可侵の権利、最優先の権利とは考えていないということである。

なぜ認めないのか。存在と存在の自由の立場からは受け入れ難い帰結が生じてしまうことがあり、その帰結を認めないからである。」（立岩［2004a:68］）

第3章　所得（再）分配に限る必要はないこと

1　他にも分ける場がある

所得の分配はよい、ＢＩはよいとして、分配として行なわれるべきことを所得の分配に限定するとしたら、それはなぜか。

私自身は、所得の（再）分配だけでよいという案にかなり共感するところがある。それは一つに、この社会にずっとあってきた「機会の平等」だけを言ってすませる流れとは異なるものであるからだ。労働能力を身につけるための条件を等しく提供すれば、人は同じにできるようになるはずであると言ったり、その上で生ずる差があるとすればそれは努力の差であり、個人の責任であるからそれ以上のことをする必要はないとされる。しかしそんなことはない、結果（を得るための手段としての財）が直接に提供されてよいと考える。そして、生産と労働（の主体であること）を格別なものとして持ち上げない方がよいと考える。すると、この簡素な案はよいものだと思える。

しかしその上でなお、「生産財の分配」「労働の分配」そして「所得の分配」の三つの分配がともに必要であり、有効であると考え、それを支持することのできる理由があると考える。

まず、生産から消費につながる全過程について、その各々について、またその組み合わせについて、何ができるか、その可能性の全体を見ておく必要がある。まず生産に際して必要なものを――分け方はいろいろとあるが、人でないものと人とに――分けるなら、生産財と人の労働があって、生産がなされる。そしてそれが消費される。それぞれについて何ができるか、するべきか、すべきでないか、その可能性と限界を考えるのが社会科学の仕事であるはずだ。『現代思想』の連載（立岩［2005-］）では労働のことを考えようとしているのだが、そのためにも全体の中に労働を位置づける必要がある。そこで連載・第18～22回「労働を得る必要と方法について」「技術について」「人の数について」「人の数と生産の嵩について」「生産・消費について」（立岩［2005(18)-(22) 2007.3～7］）もあった。

そして、生産の編成、生産財の所有のあり方として何が望ましいのかという問題は、まったく古典的な問題であり、膨大な量の言説がこの領域についてあったはずである。にもかかわらず、議論が尽くされているように思われない。それには様々な事情があったはずである。まず、私有・対・国有（公有）という数ある可能性のうちの一つだけが選択肢集合の全部であるかのようにされ、そして後者がうまくいかないことが言われた。そしてそれは、かなりの程度当たっていたのでもあった。するとその時点で、生産、生産財を巡る議論は――むろん、主流ではない形態に未練のある人たちもいたから、併行して、またその後、共同組合的なものを追求するといった動きは後にも続いたものの、基本的には――終わったかのようにされてしまったのである。

そしてその終わりの前から既に主張され存在していた仕組みとしての「再分配」がほぼ唯一のものとして残されることになった。そのように見えた。そこで、しばらく分配は所得の再分配としてもっぱら考えられてきた。しかしそのようでしかありえないのではない。どの場所を問題にするのかは開かれている。さしあたり私が言えると思いできると思うのは、以下に示すように、さほど大きなことではない。

ただ、もっと大きなことを考えて言いたい人もいてよいだろう。すくなくとも考える対象としてそれはあるということである。

所得の再分配に限らない方がよいと考える理由は、大きくは二つある。一つは、生産によって得られるもの、その多寡に関わる。つまり再分配だけでは、得られてよいほど、そして安定的に、得られない、だから別の方法も採用したらよいのではないかというのである。一つは、生産・労働への参加・参画自体から得られるものがあるなら、そしてそれを得たいという人がいるなら、得てよいだろうということである。これは労働・生産において得られるものの全体を二つに割ったその二つであるから、大きくは以上に尽きる。そして前者については、幾つかに分けることができる。幾度か述べてきたことではあるが、[★01]もうすこし言葉を足して説明する。

2　他でも分けてよい理由

(1) 再分配とその具体的内容は政治的決定に依存し、人々の選好に左右される。私たちは再分配の機構が機械的に作動する機構であるべきことを主張する。それが実現されるのが望ましい。だが、それでも分配は根本的な不安定性から逃れることはできない。実現されたとしても、納税者・有権者の意向が変わることによって、政治的決定に影響力を行使できる人たちによって、達成されている水準が変更され、切り下げられてしまうかもしれない。

その要因の大きな一つは(2)に述べることであるが、より基本的には、これが政治的決定によって決定され、人々の利害・意識によって規定されることにある。もちろん、生産財の所有形態も、また労働政策のあり方も、他の様々なことも、この社会においては政治的に決定されるのであり、変更されうる。また、政治という回路を通らない場合でも、人々の意識・価値・利害に左右される。だから可変的であり不安定であるという点では同じであるとも言える。そしてこのことから逃れることは不可能であり、また、社会のことは人々によって決められるべきであるという立場に立てば、逃れるべきでないということにもなる。

この場合に、仕事や仕事のための手段をもっていることは有利ではある。とくに、技術や知識はその人（たち）自身に蓄積されていくものであり、それを習得すれば、それはその人から離れることのない資産となり、失われることはない。「手に職をつける」という言葉はそのような状況で使われる言葉でもある。生産できない人が生産する人に「依存」することは当然のことであり、気にしなければよいと言うのはまったく正しい。だが、現実には、様々を保有する側が力関係において優位に立ち、その恣意を通そうとすることがある。それを防ぐことが第一になされるべきことではあるのだが、実際には難しいこともある。可能であり、また容易であるのなら、自らが生産し労働できるようにした方がよいというまったく古風な案には依然としてもっともなところがある。

もちろん、BIを使ってそうした「もとで」を得ることができることはあるから、このことはBIだけによってことを進めるべきであるという主張を最初から排除するものではない。★02 ただ、生活に必須なものについて誰かに独占的な権利が認められているなら、その独占者はその供給と引き換えに世界の大方を所有することもできるかもしれない。これはとくに技術の所有について考える時、そう極端な仮定ではない。生産財の独占をそのままにして所得の分配を行なっても限界のある場合がある。こうした場合には、所得保障以外の策をとることが正当化されうる。

「もとで」の部分が違うとその結果も大きく違ってくるから、この部分の偏りを小さくすることは多くの人が考える。一つの案として、分配を重視しつつリバタリアンを自称する人たちの他にも、相続を禁じ、一世代ずつ再スタートさせるというものがあった。これはわるくない案ではある。ただまず、相続を否定するその正当性がリバタリアンの図式のもとでそう簡単に調達できないことは第2章4でも述べた。生産者が生産して所有を認められたものの生産者自身による処分を制限できないと主張されうるのである。次に、仮に相続を禁ずるとしても、贈与全般を制限するのでなければ、生前贈与として相続に相当する行ないがなされることになるだろう。それでも相続を止めるのはよしとしよう。けれども、財は組織に帰属する場合が多い。となると、世代の交代とともに、生産財を含む再分配がなされることにはならない。このことに普通に着目するべきであることを『税を直す』（立岩・村上・橋口［2009］）に収録された立岩［2009g］でも述べた。土地や工場その他を法人が所有し、そこで人が働いている。そこで生産されているものがある。また株主や社員が実質的には消費しているものがある。そうして享受される様々な便益を、個々人による消費（のための提供）と捉えて課税の対象とするといった方策はあるにせよ、そう簡単ではない。

とくにこのことは「発展途上国」について言える。BIの主張は世界規模のBIという話に当然になるのだが、その実現は、まず直観的に、たいへん困難なことであるように思われる。それは一つに、私たちがたんにけちであることによっているのだが、ただそれだけではないかもしれない。ここでは、既にあるものを分けるといったぐらいのことでは足りないように思われる。人はたくさんいるのだが、生産が過少である。財の偏り、貧富の格差も大きいが国内だけをとった場合に、その内部での再分配ではうまくいかないように思われる。だからこそ分配が国境を超えることを求められるのではある。それが実現されるのであれば、そこで得られた収入をもとでに、労働・生産へという道筋はあるのではあるだろう。私自身も、これまでの「援助」の様々がうまくいっていないことを見ても、「個々人」への「直接」の「贈与」がなされるべきことを述べてきた。その考えは変わらない。

ただ、それとともに、例えば技術（に対する権利）の贈与・移転がなされてよい。★03 人はたくさんおり、働くつもりも力もあるのだから、それを用いて働き、生産することになる。いつも持ち出す例だが——立岩［2006b］等に幾度も出てくる——、ＨＩＶ・エイズに効果がある薬が高価で、買えずに亡くなる人がたくさんいる。買えるだけの金を個々人に、国境を越えて、支給するという方法もある。ただ、この薬の製造に関わる技術について先進国の企業が有する独占的な権利を、いくらか、緩めるという方法もある。そしてそれがいくらかは実現したことによって、いくらかはましになった現実もある。あとでとりあげるように、もちろん、この種の行ないに対しては技術開発の動機が削がれるといったことが言われる。その可能性は否定しない。だが特許という制度にしても、権利を保護する制度であるとともに、年限をつけてその権利を制約する制度でもある。どの程度の保護・制限でうまくやっていくことができるかである。私たちが主張するのは、その調整の仕方をいくらか変えるといった程度のことでしかない。それは十分に可能なことである。

（2）「再」分配であることに関わる弱点がある。これまでの論からは、その人が市場で得た所得に対する所有権は本来その人にあるのではない。市場で一度取得された財であっても、それは正当に所有されるものではないという主張——例えば、『税を直す』でも紹介したが、税についての理論的な著作であるMurphy & Nagel［2002 = 2006］にもそうした主張がある——は「正論」なのではある。しかし、再分配の仕組みのもとでは、市場を介していったん個々の財布に入ったものを徴収し、それが分配されるる（源泉徴収の場合でも、税引き前の収入はわかる）。その仕組みのもとでは、人は、勘違いしてしまって、市場において得られた自分の稼ぎは本来自分のものであり、徴税とは自分のものを取られることだと思ってしまうかもしれない。一度受け取ってしまうと、それを当然のことだと思ってしまい、その一部を拠出することを当然だとは考えない傾向があってしまうのである。そして当然だと思わない人、思いたくない人は、たんにそう思ってしまうというだけでない。（1）に述べたようにその徴収のあり方は政治的に決定されるのだから、多く徴収されたくないと考え、その方向に行動する。この民主的な決定機構のもとでも、今よりは税をきちんととることができるはずだとさきの税についての本では述べた。ただそれに抗する動きはなくなりはしない。

（3）社会的分配分だけを受け取る人の受け取りは他の人より必ず少なくなる。得られるものの水準は、今よりずっとましな水準になったとしても、最低限にとどまる。

働く人はその分苦労もしているのだから、働かない人よりいくらかでも多くとってよいと考えるとしよう。また、働ければより多く受け取れるということがないなら、人はさぼって働かないかもしれないという懸念にもいくらかもっともなところがあるとしよう。所得保障だけで暮らす場合、働く場合より多く受け取れるなら（例えば私は）働かなくなるかもしれない。労苦には報酬をという論によって傾斜が正当であるとされる。動機の調達のために傾斜は仕方のないこととされる。こうして、働く場合には、働かない場合よりもいくらかは得るものが多くなる。これらによって、働かない人、働けない人は、BIを得たとしても、働く人よりつねにいくらかは少なくしか受け取れない。

それでもかまわないという人もいるだろう。そのことを知り、BIだけでやっていこうという人がいるとしても、それはそれでよいとすることはできる。しかし、少なくとも働けるし働きたい人が、働いてより多くを受け取りたいと思うとして、それもまた当然のことではある。

所得のことだけを考えても、職に就けるなら、より多くを得られる。そして、仕事をすることはたんに給料を得られるというだけでない益をもたらす。職（job）も資産（asset）である、職は有限であり、その意味で希少な財であるというヴァン・パリースの指摘は妥当な指摘である。もしそう捉えることができるなら、つまり仕事に就いていることがよいことであるなら、職もまた人々に分配されてもよいということにはならないか。今の状況では働きたいが働けない人がいる。そうした場合に労働の分配はそれを実現しうる。

以上の三つは受け取りに関わるものだった。（広い意味での）原料に労働が加えられ生産がなされそれが消費される。その消費のために必要なものを各人がうまく調達するために、消費財の再分配に加え、原料の所有や労働についてなされてよいことがあるというのだった。ただ、働くこと、生産することはそれだけのことではないと、すくなくとも多くの人が思っている。

（4）さきの三つのうちの（3）については、既に収入以外の要因が入っていたから、これから述べることが含まれているとも言えるのだが、生産し労働することの意味・意義がある。これが大きな二つのうちのもう一つである。

労働がそれ自体として価値のあることであるとされたことがある。また、生産・労働における自律が目指されたことがある。今もある。ただ、私たちは経済の主体であるべきことを相対化する視点をもっておいてよい。ともかく消費される財が行き渡るのであればそれでかまわないのかもしれないと、ひとたびは考えてもよいのだ。また、自分、あるいは自分たちで何を作るかを決め、様々を考え、そして作ることが、そうしないことより、また人に雇われ、決められたことをすることより特別によいことであると考える必要はない。労働にせよ、生産にせよ、政治にせよ、それらを特別に価値のあるものにせねばならない理由は考えてみればとくにない。ただ経済にしても政治にしても、他人に委ねてしまうと、他人が好きなようにしてしまうことがよくあるなら、政治経済に関与した方がよい、関与せざるをえない。(1)でめんどうでも生産・労働に自らが関わった方がよい場合があると述べたのはそのことである。

以上を確認した上で、それでもなお生産について自らが考え決めたいことはあるだろう。作ること働くことは価値のあることだと多くの人は思っている。そう教えこまれているとだけ考える必要はない。労働・生産の場に参画することのその当人にとっての意義がある。手を動かしたり人といっしょに働くこと自体が楽しいということはある。また人のためになることをしているという喜びもある。組織の活動に参与し動かすおもしろさもあるだろう。そんな厄介ごとは人にまかせて、自分は自分の持ち分をという人もいてよい。しかし、働くのはつらいことでもあるがおもしろいことでもある。実際に働かないとそのおもしろさが得られない。

もちろん、BIの制度のもとでもそうした思いを否定されることはない。働きたいのであれば働ければよいと言われるだろう。だが実際には仕事を得ることができないことがある。まったく働けないのであればそれも仕方がないかもしれない。できる人を採用するというのだが、多くの人は様々なことができる。できる・できないの違いは多くの場合に小さな違いである。それが理由にされて、仕事につくことができない。

3 だけでよい理由があるか

具体的にはそれほどおおぎょうなことを行なおうというのではない。ここまでも、おおむね、生産に関わる体制全般や労働政策全般というより、その生産財や労働の分配・分割という言い方をしてきた。それを行なったらよいというのである。

むろんそれ以外に様々な策がある。それぞれの妥当性は吟味されてよい。例えば、最初にもすこし触れたように、所得保障が実際に十分なものとして存在するのであれば、最低賃金を定め遵守させる必要はないかもしれない。

そして、『現代思想』の連載（立岩［2005-］）でも述べてきたように、就ける仕事の数が限られている場合には、その仕事に就くことができるようになるための訓練を行なうこと——今取られているのは、また取られようとしているのはおおむねそうした策である——は、仕事に就いて収入を得る人を増やすことには、前提からして自明だが、ならない。椅子の数が限られた椅子取りゲームで、椅子を取る技能を各自が磨きその成果が上がったとしても、やはり椅子を取れない人は同じ数いるということだけのことである。

だとすれば、できることは限られている。一つは、生産・労働の部分に手をいれることはあきらめて、生産物を分けることとである。ＢＩという考え方はそちら側のものである。よい考えである。ただ、ここまで述べてきたようなことはある。働いてもよいからもっと稼ぎたいという人がいる。ときにその理由ははっきりしないのだが、それ以外に働いたらよいことがあると思う人がいる。その人の願いは叶えられないことになる。（ただ所得保障によって、結果的に、働きたい人が働くことが容易になるという話もある。その可能性はある。これは後に回すとしよう。）

とすれば、一つは生産を増やし仕事を増やして、仕事に就こうという人が就けるようにすることである。基本的にこの社会はその路線を歩んできた。あるいはそのような道を歩んでいると称してきた。★04 それは人々に何をもたらすか。消費は、他のことを考慮にいれなければ、定義上よいことであり、消費のための生産は、労働・生産という苦労をしてもその結果としての生産物の消費を得ようとしているのであれば、その差し引きでやはりよいことだということになる。とすれば、それが増えることもよいことであるとなる。ただここでは、市場に起こるとされるこの幸福な事態に政治的な強制が加わっている。とすると、その正当性は問われる。また、とくに今、生産物が全体として不足しているようには思われないこの社会において、作為的に生産を増やそうとどれだけ実効的であるかということがある。むろんまったく何ごとも起こらないということはないだろう。ただそのために投じるものも計算に入れた時にはどうか。またそうして増やされる仕事のどれだけが、仕事をすることの意義の感じられる仕事か。

すると、仕事を分けるという方法が残る。それに問題があるだろうか。仕事を分ける、具体的には例えば労働時間の上限を設定するといったことは、好きな時間、もっと具体的には長く働きたいというワーカホリックの自由を奪うことだという批判がありうる。

ただ、まず一つ、いずれにせよ「自由」は制限される。再分配において、手取りが少なくなる人たちの消費の自由は、分配がなされない場合により多くを受けとったはずの分だけ、制限されている。ただそれは片方だけを見ているのであり、もう片方に自由が増える人たちがいる。それでよい、それがよいというのが平等主義の主張だった(立岩[2004a]第1章「自由による自由の剝奪」)。そしてその際、生産者が生産物について独占的な権利を持つことは認めらない。その一つの論理が、この図式をいったん肯定しつつ、各人に固有の生産・貢献と言える部分は実際にはたいへん少なく、多くの部分は自然や先人の遺したものであって、その部分については皆に分けられてよいのだというものだった。ヴァン・パリースの著作において採用されているこの論理を前章で検討した。もう一つが、そもそもこの図式を認めないというものだった。

としたした場合、生産財の所有形態の変更は正当化されるはずである。そのある部分は、自然にあるものである。それらについて、最初に自然物に手を触れたことを、あるいは土地を柵で囲ったことを労働とし、それらの取得を認めようという主張はあるが、これには明らかな無理がある。そして残りの部分は、人間が自然に関わりながら、多く長い時間をかけて、作り出したものである。知識や技術もその一部である。それらについても、さきと同じ論理によって独占が認められないことが正当化される。よって、再分配を肯定するその論理と同じ論理によって、生産財の分配もまた肯定されることになる。

では労働はどうか。労働が関わって生産されるものの取得がそこで放棄されているのであれば、労働は多くの人にとって魅力的なものではなくなり――労働の割り当ての方法が問題にされることはあっても――取得が望まれているものとしての分配は現実的な問題にはならないだろう。ただ、大きなものとしては収入がある。またそれ以外に得られるものがある。そしてヴァン・パリースも指摘するように、仕事をするその場を得てその仕事を行なうことにおいて、そこに用意されている様々な物体やあるいは知識や技術を使うことができている。その技術や知識そのものは誰もが得ることのできるものであったとしても、それを実際に使用できるのはその職に就いて仕事を行なうことにおいてである。とすればやはり、再分配を正当化する論理と同じ論理によって、労働の分割・分配もまた正当化されることになるはずである。そして、以上で私たちは、再分配に加えて生産財や労働の分配がなされてよい積極的な理由を加えてきた。

となると、再分配だけでよいという主張をする人たちが言えることは三つである。一つは、生産財や労働に関わる制度に手を入れることは市場の作動に大きく介入するために、市場がうまく機能しなくなり、結果、分配にもよくない影響を与えてしまうというものである。もちろん、市場での「結果」に対して課税し、それを分配するという再分配の機構も、市場に影響を与えないなどということはない。そしてそのことが、例えば税の累進性を強めると労働・事業に対するインセンティブが弱まってしまうからよくないといったことが、税を巡ってさんざんに言われてきたのであり、それを『税を直す』で紹介し検討したのだった。だから、ここで懸念される市場への（悪）影響とは、再分配に比して、より大きな（悪）影響であるということになる。そのように言えるか、また言えるとして、それはどの程度のものか。

一つは実現可能性やそれを実現するための費用である。再分配であれば、さらに全員に一律に給付するというBIならばなお、その機構は簡素なものであり、行政コストを低く抑えることができるが、他ではそうではないと言われるかもしれない。また、大きな費用をかけてもそれはうまくいかないとされるかもしれない。

そしてもう一つは、BIといった所得政策によって、ここで実現してよいとされたことについて、同じ、あるいはより優れた効果が期待されるという主張である。例えば労働の供給が過剰であり、職を得たいという人が職を得られないという状況があるとしよう。この時にBIの制度を導入すると、一定の人たちはBIだけでよいと考えて労働市場から退出することになるかもしれない。あるいは、一人あたりの労働時間が減ることになるかもしれない。その結果、仕事に就こうとする人たちはその仕事を得ることが今よりも容易になる。すると労働の分割・分配において望まれていたことが、しかもより強制的でない方法で、実現するのではないか。そうかもしれない。これらについて考えておく。

4 阻害・介入という批判

一つに考えられるのは、生産がうまくいかなくなること、経済に悪影響があることである。その結果、分配されるもの自体も減ってしまうかもしれないというのである。なおここでは、国際競争のもとで不利になるという——現況を所与とすればもっともなところのある——指摘については、基本的なことは別に述べたので（立岩［2008a:294-298］）、また所得の再分配、BIという策についても——それがどのような財源からまたどの程度のものとしてなされるかによってまったく変わってくるが——同じ指摘が妥当する場合があるので、ここでは措いておくことにする。

まず、生産財の分配について、そんな場合があることを認める。生産財への権利を制限されると、利益を見込めないので技術開発への動機づけが得られないといったことが起こる。しかしつねにそうではない。制限が望ましくないこともある。だからなすべきことは、しない／するという二項のいずれかの選択ではない。特許という制度にしても、権利を保護する制度であると言えるとともに、権利を制限する制度であるとも言える。具体的にはどれだけの期間を設定するのかということなのである。

次に労働について。職を分けることによってより効率的に働く人の働く分が少なくなって生産性が落ちるという可能性がある。理論的にはその可能性はある。労働時間の総量を一定とするなら、そして、労働を分配する以前に比べるなら、その場は最も生産性の高い人たちだけで構成されてはいないことになって、生産量がいくらか減ることになると言えるかもしれない。だが、どの程度減ることになるか。以前の状態において、実際にはそれほど大きな労働能力の差がないのに、ある人々は職から外されていたとすれば——そのことをヴァン・パリース自身が述べており、私もそれに同意する——その人たちを市場に参加させても大きな違いが帰結することにはならないかもしれない。多くの職について実際にそうである可能性は高いはずだ。まさに職は資産であるから、既に職を得た人たちは自らの権益・利得を保持・拡大しようとしてきたからである。

次に、全体の生産の水準がすこし落ちることを認めたとしても、自らは他の人より収入が少ない状態が改善されることを望むということはありそうである。職について得られた額とＢＩを足し合わせた総額の方がＢＩだけの場合よりも高くなる。またヴァン・パリース自身が認めるように、仕事を得ること に価値があるとされるのだから、その価値は尊重された方がよいということもある。そしてこれらについて、相対的な差異については小さくなる。どちらが大切だろうか。とすればやはりその人は職についた方がよかったはずではないか。

次に言われそうなことは、行政機構が肥大化してしまうことである。そして政府による過剰な介入が起こってしまうという懸念が示される。

だがまず、次の章でも述べるが、再分配を行なう限り、徴収についての事務仕事は残る。そして、ＢＩが他の方法に比べて特別に簡便な方法であるとは言えない。他の領域についてはどうか。

生産財の所有・分配について。実際に何を行なうかによってもちろん違ってはくる。私は、とくに技術、知識の所有権の問題が大きいと考えている。ここでは詳しく述べないが、これもそれほどの手間をかけないで行なうことができる場合がある。特許権が有効な期間を短くするという程度のことが必要であり有効な場合がある。また、資産についての特権を認めない、相続については認めないというのであれば、既に所有権の持続する期間の設定は行なっているということである。その期間を短縮したとして、その手間は同じである。

次に労働の分配に関して言えば、まずは、ある範囲の職種について労働時間の上限を設定するという程度で足りる。そしてその規制の度合は、それが完全に実現されることを見込むのではなく、おおむねそのようになればよいという程度でよいとすれば、さほど手間のかかる大量の仕事を生み出すとは思われない。また他の労働政策についても、十分なBIが実現される場合には最低賃金を外すことについて賛成してもよいと述べたが、それが存在しない場合あるいは不十分で最低賃金を規定し遵守させる場合、たしかにいくらかの事務コストはかかるにせよ、それはそう面倒なことではない。そして完全に遵守されることがどうしても求められているわけではない。また、この権利の制限や移動は、結果としてその仕事に就く人たちが特別の利益を有することができるといったものではない。また特定の人や人たちが、官吏に金を渡して都合のよいようにはからってもらうといった事態を起こさせるものでもない。だから行政およびその周辺に特別な権益が発生するとも考えにくい。

それ以前に、基準をどこに置くかである。なんにせよ事務手続きは少なくてよいというのであれば、何もしない方がよいということになる。むしろ、そのコストの代わりに何が得られるかである。絶対的に人が足りないわけではないなら、社会からどうしても手間を減らさねばならない理由はない。見るべきとは費用対効果である。『税を直す』の中でも述べたように〔立岩［2009g:50,65］〕、徴税の事務を強化することが多くの税を得られるのは事実らしい。そうした場合にはそれは正しい、また効果的でもある行ないであるということになるだろう。

5　BIによって実現するという説

次に、BIによってこの章であってよいとした事態が実現するのだから、あるいはそれと等価の事態が実現するのだから、それだけでよいという主張がありうる。

まず労働条件の保障、労働者の保護について。BIの主張者の言うことにはもっともなところがある。労働の供給が過剰であり、職を得たいという人が職を得られないという状況があるとしよう。一定の人たちは、BIだけでよいと判断して労働市場から退出することになる、あるいは労働時間を減らすかもしれない。結果、仕事に就こうとする人たちはその仕事を得ることが今よりも容易になる。すると労働の分配が進むという可能性はないではない。またBIによって、より多く働こうとすることがなくなる。労働の供給が減ると、労働者の退出の可能性が高まると、それでは困る雇用主は、よりよい条件・環境を整備する方向に向かう。労働者の交渉力が増し、条件もよくなる。そのほうが下手に労働政策を行なうより効果的であるというのである。★05

その可能性はあると思う。しかしどこまでであるだろう。それは、BIがどれだけであるのか、そして人々の選好の形状がどのようであるのかによる。十分に多くの人はやはり（たくさん）働こうとするかもしれない。そして他方には別の可能性もある。すでにBIがあるのだから、それに「上乗せ」される給料は少なくてもよいことにされる場合がありうる。実際、そのような現実もないではない。例えば障害基礎年金（二〇〇九年度に年額、一級は九九〇一〇〇円、二級は七九二一〇〇円、一定の収入を超えないと減額はされない）を受給されている人が安い給料で働くことがある。

ただ、それはわるいことでは必ずしもない。実際、もうけにはならないが、やりたい仕事があることもある。効率はよくないが仕事をしたい人も現にいる。今、その人たちは雇われないか、最低賃金適用の例外とされてとても安く雇われる。もしBIが実際に十分な水準で実現されるのであれば、最低賃金という条件を除き、BIがあった上で、時給が安くてよいという人の就労が促進されるかもしれない。ただ、繰り返すが、これらには様々な変数が関わっている。どちらに、どの程度傾くのかは、やってみないと、やりならでないとわからないところがある。ゆえに、最初からＢＩを導入する代わりに他をやめるということにはならない。

では生産財についてはどうか。給付されるＢＩが——むしろベーシック・キャピタルといった案がこの方向の主張をしているのだろうが——自らが興す事業の元手になるといったことがないではないとは思う。そしてそれは、自分の身ひとつで市場に参入するといった場合よりよいことではあるのだろう。小さな商売を始められることもあり、雇われやすくなる条件を整えられることもあるだろう。しかし、それはそれとしてよしとして、それによって起こりうることには明らかな限界がある。本章であげてきた知的所有権、特許権についての規定がそのままにされれば、その産物を購入しようという人は、高い値を払わねばならなくなる。それを購入できるほどのＢＩが支給されればそれでよいだろうか。また、そうした財例えば薬はすべての人にとって必要というものではないことが多いだろうから、必要に応じた給付という部分で対応されることになろうか。それが十分になされるのであれば、それもよいかもしれない。けれども、実際にそんな具合にはすこしもなっていないという現実を措いても、安く買えるような仕組みを作り、実際に安く買えるようにした方が——所有権を有する企業が莫大な利益を得ることをいったん許容した上で、その利益に高い税をかけて、その税を分配して消費者がその高い製品を購入することができるようにするといった方法を取るよりも——よくはないか。

★注

01　一方で働くことにこだわることはない、所得保障でよいと思い主張しつつ、同時に就労を求めてきた現実がある。それはなぜか。「できない・と・はたらけない――障害者の労働と雇用の基本問題」(立岩［2001d］)に記した。「労働の分配が正解な理由」(立岩［2002b］)で題名の通りのことを、簡単にだが、述べた。『自由の平等』(立岩［2004a］)の序章「世界の別の顔」第3節「この本では述べないこと」では、おおむね社会がこのようであればよいと考えたことを列挙した。その4が「労働の分割」、5が「生産・生産財の分配」。

★02 「もとで」でよいのであるなら、貸し付けでもかまわないということにもなる。「マイクロファイナンス」の代表的なものとして有名なグラミン銀行の創設者ムハマド・ユヌス(Muhammad Yunus)の主張、井上友一の構想、戦前日本の「庶民金庫」等について検討し考察した角崎洋平の論文(角崎［2010］)がある。

★03 「自然に存在する天然資源、動植物の多くは偏在しながら、そしてそれに関わる問題を生じさせながらも分散しているのに対し、生産の方法である技術は唯一であることがありえ、それを独占することは、その所有に関わる規則の設定によって可能になる。エイズとその治療薬の問題について林［2001］。生産手段、とくに科学・技術に関わる所有権について立岩［2000b:191-194］［2001a:(2)］［2001c］、小倉・立岩［2002］でごく基本的なことを手短に述べた。さらに考察するのは今後の課題になる。ただ、とくにコンピュータ技術の進展で所有の規範が解体していくだろうというある種の楽観論があるのだが、それが事態を単純化しすぎているのは明らかだ。財の流布や価格の決まり方は財の性質や財をとりまく状況、人々の布置によって様々に変わってくる。その解析が必要である。」(立岩［2004a:289-290］)

この後の林達雄(アフリカ日本協議会代表・立命館大学特別招聘教授)の著書に、岩波ブックレットで『エイズとの闘い――世界を変えた人々の声』(林［2004］)。これはたいへんわかりやすい本だが、その後のことも含め、現在の状況をまとめた書籍を、アフリカ日本協議会と立命館のグローバルCOE「生存学」創成拠点が協力して刊行予定。また、訳書が二〇一〇年三月に出版されたPogge［2008＝2010］の第9章も薬品等の開発・特許権の問題等について論じられており、その一部は『現代思想』二〇一〇年三月号(特集:医療現場への問い)にも掲載される。そしてそこで紹介されていない近年の動向について斉藤龍一郎(アフリカ日本協議会)が寄稿している(斉藤［2010］)。

★04　称してきたというのは、『現代思想』連載の前半にも述べたように、労働力の過剰を調整する場として家族が機能してきたのであり、そのことを含めて考えれば完全雇用など達成されたことはないと考えることができるからである。（家族と経済との関わりを基本的にどのように考えるのかについては立岩［2003b］。）

★05　労働への従属、「資本」の支配から逃れられる。完全に縁を切るということにはならないにしても、交渉力を強めることができるようになる、かもしれない。

「たとえば社会的に認められた生活に必要な最低限ニーズに見合うレベルで、すべての市民にベーシック・インカムを受ける権利が与えられるという考え方は、それが資本の独裁から労働者を解放する助けになりうるという点で、魅力的である。ベーシック・インカムは労働と資本との交渉力を大きく変えることになるだろう。なぜなら、潜在的な労働者は、場合によっては、有給雇用に取って代わる選択肢を選ぶこともできるからである。さらにまた、すべての市民が同一額（おそらく年齢や身体障害や扶養する子供に応じて調整を受ける）のベーシック・インカムを受給するから、この制度の導入は優位へのアクセスの平等性を確立する上で重要な一歩となるだろう。」（Callinicos［2003 = 2004:181-182］）

第4章　簡素そしてスティグマの回避という主張について

1　本章の要約

ベーシックインカム＝基本所得（以下ＢＩ）は無条件に給付されるものであり、働いているかいないかを見ないものであるとされる。その理由として、一つに、制度として簡素であり、手続きが簡便であり、行政コストが安くすむことが指摘される。そしてスティグマの除去が言われる。ただこれらはこれまでも「普遍主義」という言葉のもとで言われてきた。まずそれをいくらか紹介する。

次に簡便であるという主張について、渡すのはただ一人ひとりに同じ額を渡せばよいのだから、たしかに簡単ではある。しかしその場合も含め、資力調査は避けられないし、避けるべきでない。とすると、ＢＩ採用の場合の簡便さをあまり主張できない。また別の方法によってもすくなくとも同等の簡便さを実現できる。

次に、スティグマ自体が不当であるとするべきである。それに対して現にスティグマの付与は存在するではないかという指摘はあるだろう。ただそれには工夫の手だてはある。個別に知られないようにすることは、してよいことであり、できることでもある。スティグマ回避のために全員に一律という仕組みが是非とも必要であるとは考えない。

そしてこの間の「普遍主義」を巡る動向について。それは、社会保障・社会福祉全体について分配の契機を弱めることを正当化しまた実現する方向に働いた。そのことについて再考するべきである。

2 選別主義・普遍主義

ＢＩが主張されるにあたり、給付の普遍性が肯定され、スティグマを回避できる効能があると言われる。ただこれは、それを紹介する人も言うように、[★01]すこしも新しい話ではない。これまでの「選別主義」でなくこれからは「普遍主義」を採用すべきだという主張が以前からある。そしてその際、スティグマの解消他が言われた。例えば英国ではとくに一九四〇年代以降、こうした方向への転換がなされたとされる。普遍主義を主張する論者としてはティトマス等がよく知られている（Titmuss［1968 = 1971］等）。そしてそうした議論は日本でもすくなくとも四〇年ほど前には紹介されている。そして一九八〇年代にはそんな方向に向かうのだといった話がわりあい頻繁になされるようになった。教科書の類にも出てくる。それがここでも繰り返されているとも言える。ＢＩという案がよいのではと思う人もこのことは知っておいた方がよい。かなり異なったところから、いくらかは同じように見える案が支持されることがあって、その意味を考えておく必要もあるだろうということである。

定義は様々だが、標準的には、資力調査によって貧困者に対してだけ支給を行なうものが「選別主義」であり、そうした選別を行なわず（必要のある人に対しては）支給を行なうことが「普遍主義」とされる。[★02]この選別主義・普遍主義を巡る議論は相当に錯綜してもいる。議論の蓄積はあるのだが整理されていないところがある。本章の議論はそれを整理しようとなされてもいる。

後で述べるように、日本では所謂福祉サービスについて普遍主義が語られることが多く、所得保障について語られることは少ないのだが、まず選別主義は「救貧法」と結びつけられ、否定的なものとして捉えられた。実際に金がないかどうか、所得や資産の調査が行なわれる。日本の生活保護の場合は世帯単位だから、家族の状況も調べられる。ここにあったのは、そして現在も強くあるのは、供給したくないという力である。「福祉」から脱却させること、それに「依存」しないことが求められる。誰がその世話になっているかがわかるようにする。支給される財も、それとわかるように、質の悪いものが「現物」で支給される。他の人たちは自分の金で買うことができるのだが、貧しい人たちはそれを買えない。特別な人だけに、暮らす施設を区切り、支給するものを他から分けて、「ただ」で提供する。そのことを選別主義と呼び、それは不当であるとそこからの脱却を呼びかける。社会福祉・社会保障の側にいる人たちは、おおむね、そんな態度をとり、普遍主義を主張する。

ただそうした事情を理解し、肯定した上で――なぜこのもっともな主張が、もっともでない方向を指示することにもなるのかについては後述する――資力の把握は必要ではないか。スティグマの付与を回避するために等の理由でこのことを曖昧にするべきではない。またなすべきことをせずにすませるべきではない。

必要である理由は単純である。この社会のもとでは、また身体の状態にも相関して、受けとっているものや必要なものに違いがある。それは一つに市場での受けとりの差異である。一つには必要の差異である。人々の能力にまったく違いがないなら、理屈の上では差異は生じないことになる。実際差異は生じにくい。だが、現実に差異はある。身体に関わり社会に関わる様々な事情によって、受け取りが異なってくる。そして必要なものが異なってくる。例えば、必要なものは多く多数派のためにしつらえられているので、少数派が得ようとすると費用が余計にかかるといったことが起こる。

すると、なされるべきことはこの差異に対応してなされる。一つに少ないところに支給することである。一つに多く必要であるところに支給することである。その上で、結果としておおむね同じ水準の生活のための資源が得られるのが望ましいとすれば、その差異に対応して供給されるのは当然のことであり、正しいことである。すると、情報とそれに基づいた差異化は必要な場面では必要なはずだ。

ここで既に、BIの主張（のある部分）において目指されているものと、ここで私がよしとしたものとが同じでない——だから議論が違ってきても当たり前だ——という指摘は当然になされるだろう。つまり前者（のある部分）で目指されているのは、「最低限」を保障するだけのことであり、それ以外のことはするべきでないという立場を取れば、後述する消費税＋一律給付といった方法はありうる。ただこの立場を採用するべきでないと私は考えるし、BIを肯定する多くの人たちもそう考えるだろう。その中にはここで述べてきた平等を目標として採用してよいという立場の人たちもいるだろうが、そうでなければならないと決まってはいない。ただ、BIが十分な水準のものとして達成されるべきだと考えるなら、その財源をどのように調達するのかという問題に取り組むことになる。このことを考えるなら、資力を見ない方法には無理がある。

とすると、それらの人たちは、必ずどこかで、詳しくは以下に述べる、差異の把握とそれに応じた徴収そして／あるいは給付の必要を認めることになる。すると、それでも資力調査を認めない人は、一つ、その必要を認めた上でなお、資力調査と差異化された徴収そして／あるいは給付に存在する欠点がその必要を凌駕するほど大きいためにそれを断念するべきであると主張していることになる。しかしここにさほどの問題が生じるとは思われない。

もう一つ、それらの人々の中には、調査なしの一律給付としてのBIを認めつつ、他の場面とくに徴収の場面での資力調査は認めることにしようという人たちがいるだろう。しかしこの方法が、他の方法と比べたときに、格別に手続きが簡素であり、国家・行政機構を小さくし、個々人に心理的負荷を与えないということはない。これらを以下でもうすこし説明する。

3　見ないことができるか

拠出（徴収）と受給（支給）の場面とに分けることができる。そして「所謂」所得保障の部分と社会サービスの部分とを分けることができる。徴収と給付の双方（のいずれかあるいは両方）を実質的な所得の調整の手段として使うことができる。市場で得られる額には大きな差がある。徴収における差異化だけでは市場で多くを得られない人の所得を増やすことはできない。徴収されたものから給付がなされる。他方、定額で徴収し、給付において差異化することで再分配を実現することもある程度は可能だが、それにも限界がある。すると普通に考えられるのは両方を使うことである。つまり、多くあるところから多くとり、少ないところに渡す。徴収しある場合には給付するという仕組みを一つの仕組みのもとに置き、給付を「負の所得税」などと称することもできる。

次に、後述するように、社会サービスとして取り出される部分を財源を別の原理で調達するべき理由はない。すると、徴収＋給付は、市場で得られるもの多寡を補正し、社会サービスの提供にかかる分も含め、多くある人から多く取り、少ない人、多く必要な人に渡せばよい。ここで差異化、そのための資力の差異の把握は必然であり必要である。これが一番普通に考えられることである。

それに対して所得を全員に一律にというのがＢＩという案だった。それは可能ではある。この場合には支給の場面で資力を把握する必要はない。ただ、この場合、もちろん、同じだけを徴収するということにはならない。同じだけを徴集し給付するのであれば、保険・貯蓄機能を別にすれば、意味がない。定額の徴収（人頭税）で定額の支給という方法でも、徴収分を上回るＢＩが支給されそれが生活に足りるのであれば、市場で所得のない人でも生活できるようになり、それでよいのではと思う人がもしかしているかもしれないが、もちろんそれは実現不可能である。徴収されるだけのものは分配され、双方が一律であれば、当たり前のことだが差し引きは全体としても一人ひとりにおいてもゼロなのだから、市場で所得がない人は何も得ることがない。

するを徴収で調整することになる。そのことを認めながら、なお資力調査を行なわないことをあくまで重視するなら、収入・資産に対してでなく消費の場面で税を課すこと、消費税を財源にすることが考えられる。これは資力と消費がおおむね対応するのであれば、比例税ということになる。ただもちろんすべてが消費されるわけではない。資力に比例的な税を是とするのであれば、貯蓄・投資に対する課税も肯定されることになる。また相続税も是認されることになる。ただこれらは、それぞれについてその把握を前提とするから、あくまで資力調査全般を否定すれば、その財源は失われ、徴収は限定的なものになる。もちろんそれ以前に、比例税でよいのか、また消費税でよいのか、なぜよいのかが問われる。消費税では、（消費がなされた部分については）税の徴収に漏れが生じにくいこと、そのことにおいて所謂「水平的公平」を維持しやすいという指摘は認めてよいとしよう。そして、やはり手続きの簡便さだろうか。しかし、毎回の消費について課税がなされるのだから、この税の仕組みはそう簡便なものではない。

さらに、再分配機能を重視する場合でも、徴収の仕方によっては、富裕者にも等しい額のＢＩを支給しても、それをしない場合と同じ結果になるようにすることは可能である。つまり、徴収の部分については、より強い累進性をもつ課税などによって富裕者から多くを徴収した上で、支給の場面では一律に支給しても、結果として望ましい分配率を達成することはできる。

ただこれを行なうことがどこまで必要で有効なことであるのか。給付が一律である場合には給付の場面における調査はいらない。ただこの場合、当然徴収の場面における資力調査は必須である。一度は行なう必要がある。他方、徴収と給付の各々において調整を行なうという案では、徴収も資力に応じてなされ、給付も資力に応じてなされるから、二度利用されることになるが、その情報を得るのは一度でよい。だからその手間は同じである。そして、徴収と給付は各々なされる。これも同じである。ただBIをとにかく一律にという場合には、給付は全員になされる。たいした手間ではないとしても、手間ではある。他方、徴収と給付を組み合わせて適当な分配を達成しようという場合には、より多くを得ていて徴収だけでよい多くの人たちに対して給付を行なう手間は省ける。

そして、ここでは金の出入りに見かけ上の部分が多くなる。多く持つ人から出たものの一部がその人自身にBIとして入ってくる。実質的にはBIを差し引いたものがその人の拠出部分である。いくらかでも考えればそのことはわかる。ただ見かけ上、国家の歳入・歳出は増える。そして累進性の度合いも見かけ上のものである。実質的な度合いよりも見かけ上の累進性、徴収の場面だけを見た累進性は高くなる。これはどのように作用するだろうか。（BIを）受けとることができるのだから納税に応じようとする動機が強まるだろうか。その人が足し算引き算をできるのであれば、そんな気持ちになるだろうとは私には思われない。むしろ、見かけ上の国家予算の膨張と見かけ上の累進率の高さによる負の効果が懸念される。

では、徴収について、差異化された徴収を（できるだけ）行なわない、資力調査を行なわないという方針を貫くとするとどうなるか。

一つは一律の徴収（人頭税）である。たしかにこれには資力調査は不要である。収入がない人はどうするか。一律に徴収する税の分を加えて給付して、そこから徴収するという二度手間をかければ、これは不可能ではない。しかし、その際一律のBIという策は、先に述べたように、全員から同じだけ取り、その同じだけを給付するということであるから無意味であり、もちろん、所得のない人少ない人にとって所得保障の機能を果たさない。とすれば、給付を差異化するしかない。その給付のために資力調査がなされる。それは必須であり、資力調査を省くことが目的で徴収について一律にするとか、消費に対して課税しようということであれば、その目的は結局達成されない。

そしてこうした定額税、さらに消費税を含めた定率税を主要な財源とし、しかも一定の分配を達成しようというのであれば、支給において差異化・傾斜の、やはり見かけ上の、上乗せが必要である。つまり、市場で多くを得られない人には、消費税にせよ定額税にせよ、その税を払ってなお暮らせるだけが支給されねばならない。その人が実質的に得られるのはその税を差し引いた分だが、より多くの分配がなされているように見える。たしかに有力な現実的選択肢の一つではある消費税を選び、実際に使うのなら、上乗せは必要なことであり、なされねばならないことではあるのだが、ここでの見かけ上の出入りはそれ自体よいことであるとは思われない。さきと同じように、見かけ上の分配率が高くなること、見かけ上国家の歳入・歳出が増大することが事態を見誤らせるとすれば、望ましいことではない。ときに、その上乗せ分を別途支給した上（された上）でもよいから「納税者としての自覚」「利用者意識」が獲得されることが好ましいことであるかのように言われることがあるが、税から支給された金で税を払って（払わせて）、なにか「責任を果たした」と思うこと（思わせる）ことがよいことであるとは思われない。

さらにこうしたことを行なっても、徴収は富裕者も含め定額あるいは（おおむね）定率での徴収になるから、その分配機能には限界がある。平等をさほど重視しない立場に立つにしても、所得の「基本」の保障は重視されるべきであると考えるのであれば、このことはその実現に対する制約になる。

4 「社会サービス」

保障される所得が一律でよいというのは、生活に必要なだけがほぼ同じである、同じであってよいという前提によっている。というより、所得保障と呼ばれるものは、通常、人や時や場合によって大きく必要が異なり、そして満たされるべき必要については、それを別立てとして、残りの、共通としてよい部分を括り出した部分の保障のことを指している。そしてその全体をどのように使うかはその人に任せるのがよいとされる。衣食住と言われる消費の全体がほぼまかなわれる額が提供されるのであれば、ある人が例えば食費を削って衣服を買うのは自由だとされる。そのようにしてここでは一律でよしとされる。他方、その別立ての部分（のある部分）が「福祉サービス」などと言われることがある。福祉には医療を通常含めないから、また、その供給が「社会的」になされるべきであるといった意味も込めて「社会サービス」と呼ばれることもある。

市場での受け取りの部分に関わる補正が所得保障（A）で、必要の違いに応じたものが社会サービス（B）というぐあいに観念されている。Aは稼ぎで足りない部分を補うもの、Bは余計に必要な部分について支給されるものと受けとられている。たしかに市場では、Bの部分を考慮して増額して給料を渡すといったことは通常ない。ただそれはAについても同様だ。必要に対応してでなく、市場での価値に対応して払われるから、それはAにもA＋Bにも対応しない。その部分を補う、稼ぎでは足りない部分を補うという意味でも同じある。稼ぎが必要なあるいは十分なAの水準に達しないことが市場（むしろそこで取り引きする人々の有り様）に由来し、その部分をついて補正すべきだと言えるのなら、それはBについても言える。

つまり、幾度か述べたことだが、基本は一つである。★03 一人の人にとっては、衣食住の部分もあり（A）、介助（介護）や医療等もあり（B）、生きるために必要なものが幾種類かあるということである。食べることと、食べることを介助されることはまったく一連のできごとである。その上で、介助といった財は、消費を可能にし維持するための条件であり、ある人はそれを自分で行なうことができるが、別の人はそうでない。それを得るための費用がいる。そしてそれを得て、消費し、生活するのだが、こうして達成される（べき）消費・生活は、基本的に、他人の手を借りずに自前で行なっている人と同じ水準であり、それを超えるものではない。医療にしても、うまくいったとして、医療を受けずに生きる人と同じだけのものが得られる。

その全体（A＋B）が一度に一括して支給されてもその人はかまわない。市場で得られる収入が妥当な額を下回る場合、その差額が得られればよいということである。それが制度上なぜ大きく二つに分かれるのかについてはいくつかの要因があるのだが、ここでは略す。別立てで行なうことに一定の合理性はある。ただ、等しく必要な部分を、便宜上二つに割っていることは踏まえておこう。

こうして取り出された二つの一つについては必要に差がある。差異化された対応が求められる。これを否定する人はいない。すべての病人また病気でない人に対して同じだけ医療がなされるのがよいと思う人はいない。重病の人は重病の人として、そうでない人はそのように、介助の時間が多く必要な人はそのように対処するのが当然である。病気であれば病状に応じて、障害ならその度合いに応じて支給は変わる。その意味では、なされていることもなされるべきことも一律給付ではない。★04

ただ実際にはそうきれいに割り切れていない。例えば日本の生活保護には各種の加算がある。年齢や家庭環境その他に対応する差異化された支給がなされる。これは、政策の「中立性」といった論点に関わり議論すべきところがあるが、基本的には正当化されよう。それを所謂社会サービスの方にもっていかないなら、こうした部分については、引き続き所得保障の枠内で対応するべきであることになり、そこで差異化された給付が求められることになる。

次の問題は、差異に応じた支給をどのような仕組みで行なうかである。ここに、評価・アセスメントが必要であるという話が入り込んでくる。そんな場合があることは否定しない。しかし、調査やそれに基づく決定は、とくに費用抑制の傾向がある場合に抑圧的に働く。自己申告や出来高払いでほぼうまくいく場合もある。ニードに基づいた支給と、ニード調査に基づいた支給とは同じではない。前者は後者を必須としない。このことをやはり繰り返し述べてきた。★05

この意味での差異化（の必要）、そしてニード調査の必要（不要）と、普遍主義・選別主義という対になった語が関わらせられてきた歴史があり、そのことが混乱の一要因になっている。つまり、ここでの差異化、またその際のニード調査・決定が選別主義と呼ばれたことがあるのだが、ここまで見てきたように、分配における資力調査、それに基づいた支給水準の決定・実行の是非と、ニードの差異を調べ支給を決定することとの是非とは、別のことである。

次に、重要なのは、この部分においても、徴収を差異化してよいということである。所得保障について認めるのであれば、ここでもそれは当然のことであり、否定する理由はない。これは、社会サービスについても、基本的そして具体的には、一律の保険料というより、累進的な税によって徴収されてよいことを意味する。ところがそのように思われなくなってしまった。このような変位が起こってしまったことに注意を払う必要がある。

市場で多くを得ることのできない人で、他の人より多くを必要とする人は多くいる。能力の差が、自らの労働によって市場で得られるものの多寡に関係し、また自分の生活のために他から得る必要の多寡に関わるからである。よってこれらの多くの人は、所得保障と社会サービスの両方を同時に求める。一方のために他方が削減されることには反対する。BＩの主張が一律の給付だけですませようという主張になる場合にはそれに反対する。

ただ他方で、多くを必要とするが多くを稼いでいる人もいる。例えば病気でも仕事を続けられ、自分の医療費や介助費用を十分支払うことのできる人がいる。この場合にはその人はサービスの費用を自分で負担するべきか。

ここまで考えてきたところからは、基本的には、同じだけを市場から得た人は同じだけを払えばよい、そしてサービスの受け取りにおいては、資力において異なるが必要において同じである人たちと同じだけを受けとればよいとなるだろう。つまり金持ちも社会サービスを受け取れる。[★06]（これは、自己負担、その一部である応能負担の是非の問題とは基本的には別のことである）[★07]ということは、税の徴収——それは所謂所得保障と社会サービスのために使用されるものとして一括してなされる——においては資力調査が（一度）必要とされ、社会サービスの供給は——とくにニード調査やそれに基づいた決定が必要とされない場合には——その利用に応じて給付がなされることを意味する。これは十分に簡素な仕組みである。

5　簡素な手続き・小さな政府？

以上、どんな場面で資力調査とそれに基づいた徴収／給付が必要とされるかを検討した。そしてそれをある場面で、さらにあらゆる場面で省くことによって何が起こるかを述べた。ここで正当としたことを行なうことをもって選別主義と呼ぶのであれば、選別主義は必要である。すくなくとも「基本」の水準を確保しようとするなら、資力調査をどこかでは行なう必要がある。その際、一律給付をあくまで追求するなら、たしかにその場面に限っては資力調査が不要であることになる。だが他では必要とされる。BIの場合には、その支給と支給のための徴収を各々行なうのだから、そして支給はすべての人に対してなされるのだから、それより、差し引きの計算を行なった上で一度だけで――つまり、徴収の対象者は徴収だけ、支給の対象者は支給だけで――すませる方が簡単だともいえる。支給だけを見れば、BIは一律だから計算はたしかに簡単である。しかし、資力に応じた徴収・給付についても、何本かの式を立て、その式に基づいて四則演算のできる機械があれば、それは瞬時に可能である。そして送金の場面では、同じ額を口座に送金するか、あるいは差異化された額を送金するか、その違いだけである。またその違いだけにすることができる。同一額の送金の方が事務的なコストがずっと低く抑えられるということにはならない。また、資力調査そのものはもちろん多くの人たちに迷惑がられるだろうが、そのことが行政およびその周辺に特別な権益を発生させるとも考えにくい。

そして大切なことは、基準をどこに置くかである。なににせよ事務手続きは少ない方がよいというのであれば、何もしないのが一番よいということになる。むしろ大切なのは、費用対効果、かけられるコストの代わりに何が得られるか得られないかだろう。例えば、税についての本で述べたように（立岩

[2009g:50,65])、徴税の活動を強化することによって、かけられた費用よりもずっと多くの税を得られるのは事実らしい。そうした場合にはそれは正しい、また効果的でもある行ないであるということになるだろう。こうした事務作業・労働が、他の労働・生産をできなくさせてしまうといった場合であれば別だが、実際にはそんなことはない。労働の供給が十分に存在する状態において、こうした仕事自体をともかく減らすべきであると予め決め、減らそうと努力する必要はない。

もう一つ、政府が大きい／小さいという曖昧な議論に関連して、加えておく。無条件に支給するということは金持ちにも出るということだ。べつにかまわない。その人も毎月あるいは毎年受けとるのだが、その人はすくなくともその分を払う。こうしたまったく名目上の移動がなされる。それだけならよくもわるくもない。ただ、国家の歳入と支出は見かけ上増えることになる。例えば仮に年間に一人一〇〇万円で一億人とすれば、一〇〇兆円になる。もちろんその大部分は名目的な増加である。わかる人にはそれになんの意味もないことであることはわかる。それでも予算は大きくなる。

そしてそれで十分であるとされてしまうことがある。あるいは、昨今なされているように、代わりに何を削るかといったことになる。無用なものとは削ってよいもののことなのだから、無用なものを削ることに反対することはない。しかし減らすために減らすことのできるものを探すという姿勢は、基本的にはよくないだろう。そしてこのことと、BＩが今一部でずいぶん慎ましいものとして主張されているらしいことも無関係でないようだ。それはよくない。

受給者側の不満の出処は、制度運営のコストといったものとは別のところにあったはずだ。税金の計算などは役人のすることであって、その手間のことなど他の人々にとってはどうでもよい。気持ちが悪いのは、公的扶助の窓口における対応の不快さ、そこに存在する敵意であり、それに関係する手続きの遅延、繁雑さその他であるはずである。それを改善すればよい。

関連してもう一つ重要なのは、いわゆる補足率である。制度を使えてよい人が使えない。とくに日本の公的扶助・生活保護はそうだ。まず制度の存在やその内容や手続きについて知らないということがある。それに対して「広報」により力を注ぎ「周知」させるという方策は取られてよいとして、限界があるのは明らかである。手続きや審査が面倒であると思われており、そしてそれはすくなくともかなりの程度事実である。そして次に記すスティグマの問題がある。

ＢＩによってこうした問題点は解消されるのだろうか。実行されるのであればそうなる。ただ、差異化された支給であっても、いちいち窓口を経ず、自動的に行なうことはできる。これはとても大切なことだが、申告主義を採用する必要はない。収入等に応じて自動的に支払ってしまえばよい。そうすれば問題は生じない。[★08]このことは第１章２節でも述べた。

6　スティグマ

次に普遍主義を採用するべき理由とされる、そしてＢＩを採用するべき理由とされる、スティグマの回避について。資産や収入を調査しそれに応じて支給する制度では、公的扶助の受給者であることが取り出され、そのことが本人に負の価値を与えるが、この案ではそうした恐れがないというのである。このことはずっと言われてきたことであって、いくらかでも知っている人にとってはまったく新しい話ではない。

実際にスティグマの問題があるのは事実であり、その中で誰がどれだけを受け取っているのかといったことを知られないようにすることには意味がある。このことは認めよう。ただ私は、スティグマを巡る多くの議論に基本的におかしなところがあると思ってきた。[★09] つまり、扶助を受けることに負の価値付与があるからそれを隠そうというのだが、まっすぐに考えるなら、スティグマを与える方が基本的には間違っている。

まず、個々には隠すとしても、収入の移転がなされるべきであるなら、すればよい。全員が同じに受け取るなら誰が受け取っているかという問いには意味がなくなる場合でも、税の納付における差異はあり、また差し引きで受け取りが多くなる人、持ち出しの方が多くなる人はいる。そしてこのことは人々に知られる。そのことが知られることをもって、それを抑制するべきであるとはならない。再分配の機構のもとで、受け取ることはわるいことではない、それだけのことだというのが基本になる。市場で多くを受け取れない者が、また多くを必要とする人が、それを補正するべく多く受け取ることに何も問題がないのであれば、そもそもそれに引け目を感じるいわれはなく、引け目を感じさせられるように見られるいわれはないということである。

それでも、気にする必要はないと言われていても、現実に気になる人はいるだろう。いちいち人の状態が把捉され、さらに公表されるのは好ましいことではないだろう。個別にはわからなくすることがよいことがあるだろう。そしてその方法はある。

以上考えてきたところでは、徴収・給付のために資力調査は例えば一年に一度なされる。それは通常公表されない。そして実際の徴収についても同様にすることができる。また、支給の場面でも、窓口に出向いてなにごとかをしなければならないわけではない。所得保障の部分にせよ、あるいは社会サービス購入のための費用にせよ、口座に各々差異化された金額が入るだけのことである。また実際にそうなっていないのであれば、そのようにすることができる。

もう一つ、スティグマをめぐって心配されてきたのは、物・サービスの現物を受けとる場面のことだった。金にその出所は書いてない――そこで、わざわざ取りに来させていやがらせをしたりするのだが、それはしなければよいとした――が、「福祉」の印の付いた、他の同種のものに比べて質も劣る、現物を給付することはできる。そんなことをしなければよい。次に、病院に通ったりするのは、その身体とともにであり、それは見られ知られる。限られた専用の病院や福祉施設を使うように指定され、それを使用することはすなわち、貧乏人であり福祉に依存している人であることがわかるようになっていた。そこでそんなことではいけないと言われたのである。それには同意しよう。ただもちろん、以上述べたことからは、このような選別は導かれないし、支持されない。同じ財・サービスを受け取れるようにすればよいのだし、それは可能である。

それでも再分配策における徴収・受け取りの差を気にしてしまう人がいる。気にする必要はないと言い続けるしかないのだが、それでもそのことが気になってしまうなら、そしてまた別の理由で、そもそもの市場における受け取りの差を縮小した方がよいということになる。ならば、生産財の所有の仕組み、労働の配分と支払いのあり方を変えることによってそうするべきだということになるはずである。そしてその立場を私は支持する。このことは前章に述べた。

7　変位について

調べ選別することで受けとってよい人たちが不当に遇され排除されてしまうという認識は正しかったし、現在も正しい。ただ、その正しい認識から別のところに連れていかれてしまったように思う。何を間違ったのか。

日本ではとくに一九八〇年代以降、普遍主義の方向に向かうべきだとされる。ここでは、とくに社会サービスについて、低所得者層に対するものでなく、必要なすべての人に提供されるのが望ましいとされた。このとき「選別主義から普遍主義へ」という言葉で、なされるべき変更が言われた。この時代に何が起こったのかである。

貧困の境遇にある人が不当に遇され、必要なものを受けとることが困難であってならないし、また受けとったものがよくないものであってはならない。それはその通りと認めよう。そうした契機はこの主張の中にもあった。「臨時行政調査会(臨調)」は、社会保障・社会福祉の支出を抑制するために、支給をより限定的なものにしようとした。この「臨調路線」を選別主義の路線として捉えて、それに対する対抗として、普遍主義は社会福祉・社会保障を護る側の主張ということになった。ただそれだけのことではない、たんにこうした流れに抗するものであったと言えないと考える。

一つ、貧困の後退という認識があった。社会が平等になって、豊かになって、貧困は大きな割合を占める問題ではなくなりつつある、あるいはなくなるだろうという認識が示された。ここで生活保護のような公的扶助は否定されたわけでないにしても、その重要性が少なくなった、もう制度の中心にはないのだとされた。それは社会福祉の中心が「救貧」から離れ、別のものに移っていってよいのだという認識とともにあった。

一つ、このことに関わり、別のものが中心に来るとされた。所得保障制度としては年金保険が前面に出された。資力調査がそこに存在しないわけではないのだが、すくなくとも資産調査はなく、相対的に普遍主義的ではある。

もちろん、平等の度合いが仮に高まったとして、それは公的扶助の必要がなくなることを意味しない。

少なくなったとして、その意義は依然としてある。このことは普遍主義を主張する人たちによっても否定されない。しかし、「基本」は——選別（主義）をどこかでは採用せざるをえない——公的扶助ではなく、おおむね拠出に対応する給付を行なう年金的な制度とされる。拠出に応じた受け取りという枠組みのもとでは、支給・受け取りに当たって資力調査の必要はない。すくなくとも少なくなる。

なされるべきは、公的扶助（的なもの）の拡大であってもよいのだ。とくに過激なことを言っているわけではまったくない。このところ主張されることもあり、その方向に向かう国もある、税財源による所得保障ということである。年金という名前を保存したければそれでもよい。そのもとで公的扶助を統合することもできる。しかしそうはならなかった。公的扶助は否定されず存続するのだが、すべての人たちのための新たに主流を占める制度の横に置かれることにおいて、それは「特殊」なものとされてしまうことになる。

一つ、社会サービスについて、より多くの人が得られるのがよいという主張がなされた。これはスティグマ解消の手段としてということもあるのだが、それだけでもない。より多くの人、すべての人が利用できる制度がよいとされる。そこそこの収入があり困窮しているというほどではないが、大金持ちでもないといった人たちにとって、育児にせよ介助にせよ、サービスを購入できなくはないが、それはなかなかに困難であるといったことがある。よほどの金持ちであれば、そのための人を雇うといったこともできるが、ほとんどの人はそうでない。「救貧」の枠内でかえって貧しい人の方がこの部分についての給付を受けられるといったこともある。例えば保育所の利用や生活保護制度の中の介護加算にはそういう部分があった。そしてこの「中」の人たちの数は多い。その人たちも利用できる制度はその人たちの支持を得ることができる。とすれば、制度を作ることに同意が得られやすく、またそれを安定的に維持していくことができるとも考えられた。誰もが利用できる制度は肯定的に受けとられることになった。普遍主義の方が中間層以上の理解を得やすいということがある。払うだけで受け取りがないよりも受け取れた方がその制度に対する賛成を得られやすい。そして子育てや教育に金をかけることは効果的であるという思惑もあった。★10

こうして、誰もが同じに払い同じだけを受け取る、あるいは同じ確率で生じる（要介護状態といった）事態に応じて受け取る、あるいは払いに応じて受けとる、という仕組みが推奨される。基本的には、徴収の場面でも給付の場面でも資力調査は不要とされる。自分のためなのであり、自分のものが自分に還ってくるのだから、いくら払ったかの記録は必要だとしても、どれだけをもっているのかを知らせる必要はない。この意味で普遍主義的ということになる。

そのような流れでこの国は流れてきた。普遍主義は分配を抑止する側に抗するものでもあったのだが、別の原理を採用する道に通じるものでもあった。その意味で、発展は後退でもあった。ではこれは、この国に特殊に一九八〇年代（以降）にあった曲解でありできごとであると言えるだろうか。そうとも言えない。当初からの普遍主義の主張にそうした契機があった。

給付は当然のことなのだが、しかし現実には当然と思わない人がいる。そうした人たちの考えを否定するが、しかし現実にはそうした人はいてしまうから、そのことを前提にせざるをえないと考えるのか、それともそうではなく、自らがそれを当然のこととは考えていないのか。これは時に微妙である。この主題でよく引かれるティトマスの著作には、まず次のような箇所がある。

「お金があるとか、ないといったことが個人とその家族の自尊心と結びついていると言うことは嘆かわしいことではあるが、人間的な事実である。これが「ミーンズ・テストの烙印」と呼ばれてきたものの一つの要素である」(Titmuss［1968 = 1971:167］)

一方ではこのように言われる。つまり金のあるなしは人間の尊厳には関係がないと言われる。ただ次のようにも言われる。

「公的に提供されるサービスの利用には、劣等感とか、被救恤性とか、恥辱とか烙印などはあってはならないものである。どんな人でも「公衆の負担」であったとか「公衆の負担」になったとかされることがあってはならないのである」(Titmuss［1968 = 1971:159］)

この文言をどのように理解するかだが、「公衆の負担」にならないことが本来は正しくよいことであると述べているとも解せる。実際イギリスにおいても整備が進められていくのは、年金制度をはじめとして、等しく皆が負担するといった方向のものであってきたのでもある。その意味では、「普遍主義」のもたらす「偏り」は、ある時期以降の特定の地域のことではない[★11]。それは、社会から一方的に受けとることが望ましくないという発想のもとにある。これは基本的には本義に反している。

現在BIがいくらか期待されるものとしてあるのは、一つには、貧困の(再)浮上という事情による。このことからBIを支持する人たちに想念されているのは中間層が受益者となる保険といったものではないだろう。無条件の給付・贈与として期待されているのだと思う。では、BIは、ここで簡単に辿った方向のものとはっきりと別のものであるのか。必ずしもそうとは言えない。その効能として、意義としてスティグマの回避がかかげられることはある。そしてじつは国家予算の節約になるのだといった話はよくされる。他をやめてＢＩだけにして、それで打ち止めにするというところからも語られる。そして歳入・歳出は、名目上は、大きな額になる。そこでそれ以上のことはできないししないという話にもなりうる。すると、それはまっとうな願いと違ったものになる。

差異に応じた差異化した対応を否定するべきではない。少なくとも徴収において資力調査は不可欠であり、また給付においてもそれを行なうことは時に合理的である。ここからＢＩを、また社会保障政策全体を検討するべきである。本章ではこのことを述べた。

★注

01　ＢＩについての（日本では最初に出た）本の中での記載として以下。

「かねてより、「福祉国家」下での選別主義的な福祉施策による福祉受給者の自尊心の損傷が、いわゆる「スティグマ」問題として常に大きな関心が寄せられてきたことは周知のことである。すなわち、福祉施策が貧困・低所得者に限定される場合、福祉施策の利用に際してのミーンズテスト（資力調査）が、「公衆のお世話」になるという「世間から切り離された存在」であり「社会の落伍者」であることを福祉受給者に強く意識させたり、申請をためらわせたりする傾向があること、あるいは、福祉サービス自身が質の劣った（＝「劣等処遇」）ものになるということが問題にされたのであって、このような選別主義を脱する普遍主義的な福祉施策（サービス）の展開が模索されてきたのであった」（小沢［2002:113］）

この部分は野崎［2007a］でも引かれている。そこでは――それは本章の主張でもあるが――スティグマの回避のためのＢＩという理路が批判されている。他にＢＩを論じたものとして野崎［2007b］（障害学会のシンポジウムでの報告、後に野崎［2009］として学会誌に収録）、［2008］。選別主義・普遍主義について整理された文献として、平岡［1989］、平岡［1991］をもとにして加筆されている平岡の著書の第10章「普遍主義―選別主義論の再検討」（平岡［2003:235-269］）がよい。他に里見［2002］等。日本での議論・政策の動向については杉野［2004］。最近の学会報告として――BIについて発言している堅田香緒里を報告者に含む――金子・堅田・平野［2009］。

★02　平岡は普遍主義の定義に三つをあげており、そのうちの第三の定義「給付・サービスの受給に際して個別的な資力調査を行わなければならない場合のみを「個別主義」、その必要がない場合を「普遍主義」とする定義」（平岡［1991:69］［2003:237］、引かれるのはTitmuss［1968＝1971:140］）が妥当であるとする。平岡の論の一部を批判する里見［2002:75］もこれを採用している。

「資力」という言葉について。「資力調査という用語を、フローとしての所得の調査とストックとしての資産の調査の双方を含む意味で用いる。イギリスでもこのような用語法が一般的であるが、前者をincome test、後者を（狭義の）means testと区別する場合もある。」（平岡［2003:266］）

★03　『良い死』第3章「犠牲と不足について」より。

「一人の人は自分の一つの生を生きている。そのためには必要なことが様々あって、それらに必要なものというその限りで区別はない。ただひとまず「平均的」な――実質的には「手間」のかかりようがすくない――人間を想定し、その人にかかる「普通」の費用を考えるのが「所得保障」である。他方、身体の状況その他に関わって、人によって必要の度合の違いが大きいものがある。一人の必要から所得保障でまかなえる分を差し引いてなお残る部分がある。所得保障に追加して必要の違いに応じた給付を行なうのが「社会サービス」と呼ばれるものということになる。

必要の種別に分けて括って、別の仕組みで行なうことにしたというだけのことである。介助や医療はそうしたものの一部である。

今のようにしつらえられている社会・市場において多く稼げてしまっている人が、そこではうまいぐあいに生活を維持できない部分に、政府という集金・分配機構を介して渡すという一連の流れとしてこれを捉えることができる。多く受け取ってしまうのも、必要なものが受け取れないのも、同じ仕組みのもとで生ずるできごとである。それに対する対応が一元的であってわるいことはない。

であるのに、それ以外の、いわゆる衣食住としての生活のための費用については累進的な税体系を用いてよいが、それ以外についてはよくないという話は成り立たない。社会サービスの部分については、自分で払った分が戻ってくるというだけなら、あるいは自分の掛け金に応じた支払いがなされるということであれば、銀行に貯金するか民間の保険に入ればよい。そこでは果たされない機能があって、それが政治に求められている。多くあるところからは多く、少ないところからは少なくもってきて、必要なところに使えばよい。」（立岩［2008a:289-290］）

『税を直す』第1部第2章「何が起こってしまったのか」の11「所得保障と社会サービスは別のものではない」より。

「ここで確認したいのは、支給の方法というより、二者に根本的な違いはないということだ。とすれば、（基本的には別でないものを別にして残った）所得の部分については「再分配」の機構として置くが、（そうして別扱いされている）福祉や医療は別の枠組みのもとに置くということにはならない。知的能力を含む身体の能力の差異に関わり、私たちの社会の市場において多くを得られず、また、生活をするのに多くを必要とする人は、多くの場合に重なりもする。医療も福祉も含めて、基本的に私たちの社会の所有の規則のもとでの市場において多く得た人から多くを受け取り、必要に応じて給付すればよい。それだけのことである。」（立岩［2009g:101-102］）

★04　必要（の差異）に応じた給付を「選別主義」とする言葉の用法はある。すると、なされている、またなされるべきことの多くは選別主義的な給付ということになり、選別主義／普遍主義の区別の意味もなくなる。またそれは否定的に評価するべきものでもない。そこでこのことを選別主義という語で捉えることはあまりなされなくなっている。

「普遍主義・選別主義の区別基準は、とくにサービス等の現物給付の場合、ニードのみを要件として給付するのか、それともニード以外の要件をも条件として給付するのか、という点にあるといっても過言ではないと私は考えている。こうした意味では、ニード・テストをもって一般的に選別主義とするのは妥当ではないと思われる。」（里見［2002:77］）

注1に引用した「第三の定義」では「ニーズ・テストを伴うサービスも、資力調査を伴わなければ普遍主義の範疇に含められることになる。」（平岡［2003:217］）

★05 「遠離・遭遇――介助について」（立岩［2000a］）の4「機構」の8「判定から逃れようとすること」、「楽観してよいはずだ」（立岩［2008b］）の6「「過大申告」と基準について」等。

★06 所得保障が（みかけ上）誰にでも同じだけ給付されるという形を必ずしもとる必要がないのと同じに、社会サービスについても、設定される条件によっては、普遍的な給付がどうしても必要なわけではない。十分に金をもっている人については、自費で払ってもらい、支給の対象から外すということでもよい。政府を介在させて、払いそして受けとるよりも、直接に払えばよいという考え方はある。

関連して星野信也の「選別的普遍主義」という案がある（星野［2000］［2004］等）。社会保障・社会福祉は全体としてふくらんできたのだが、それは金がある人、中間層以上の人たちのための給付、サービスになっている。だから選択的選別主義をという主張がなされる。

「かつて社会福祉サービスは選別的であるという批判がわが国では一世を風靡したが、そのアンチテーゼであった介護保険が、社会資源の有限性を前提する限り、結局は選別主義を脱却できないことは明らかであり、選別主義のマネジメントと裁量を賢明に運用することこそが求められている。」（星野［2004］）

これにも一理はある。ただ、供給について選別を行なって富者を除外するといったことをせずとも、徴収において富者から多くを取ることによって対応することはできる。そのことは星野においても理解されており、それが困難であるという認識に基づいて主張がなされてはいるのだが、それでも私は、サービスは誰に対しても供給しつつ、その費用の徴収の仕方、税のかけ方を差異化するという方法の方がよいと考える。富者であっても、同じだけの所得のある人は同じだけの税を払うとしているのだから、同じ義務は果たしている。その上で、その生活においてより多く必要な人が、必要としない人よりも多くの負担をさらにするべきであるとは言えないのだから、その必要なものを、他のより所得の低い人たちと同様、税から得ればよい。

★07 「自己負担」はまた別の論理によって要請される。多く税や保険料を払えば、自己負担はなくなる。出入りは変わらない。ただ自分で利用するしない、結果自ら払うことも払わないことが選べ、自らが払うことをできれば控えようと人がするのであれば、利用(濫用)を抑止することができる。このことにおいて「自己負担」が正当化されることはある。そしてこの場合、同じ金額であってもそれが当人において有する意義は違ってくるから、金持ちは多くを払う、そうでない人は少なく払うという「応能負担」が正当化される。

★08 ただしケースワーク、ソーシャルワークの全体を否定的に評価することはない。ケースワーカーやその人たちの機関による介入が批判されてきたことには十分な理由があり、私(たち)もそのことを言ってきた。しかし、金だけが渡されたらうまくいくということにはならない場合もまた多い。金をうまく使えない人はたくさんいる。その部分が今その人の周りにいる人たちによってうまく補われることを常に期待することはできない。それはそれとして「世話を焼く」必要はある。基本的な水準においてはパターナリズムを否定することはできない。パターナリズム(と自己決定)について立岩[1999][2003b]等。

★09 「「選別主義」から「普遍主義」へという指摘がよくなされる。かつての特定の(貧しい)人たちに対してだけ給付する選別主義(ゆえにスティグマがともないがちだった)から、誰にでも給付されるようになる体制に移ったのだと言う。そして、それにともなってスティグマが付与されることがなくなるのだと言う。しかし、サービスの多くは一律に与えられるものでありえない。普遍主義だけが解決法だとしたらスティグマはずっとついてまわることになる。基本的な問題はスティグマが付与されること自体にある。」(立岩[1998])

★10 普遍主義が「連帯」をもたらすという理解はEsping-Andersen[1990 = 2001]等にある。

★11 ティトマスの著書における選別主義・普遍主義の理解・評価にも幾つかの要素がある。
「過去における貧困者にたいする質の悪い選別的諸サービスは、社会が「福祉」を残余(residual)として、つまり、公共のお荷物としてみたことの結果であったのである。したがって、選別の精度と方法のそもそもの目的は、思いとどまらせることであった（それはまた、効果的な配分方法でもあった）。そして、この目的にかなうもっとも効果的なやり方は、たとえ、給付が社会によってもたらされたマイナスのサービスにたいする全面的な補償であろうと、あるいは部分的な補償であろうと、被保護者（成人も子どもも含む）のうちに、個人的過失感、個人的挫折感を醸成することであったのである。」（Titmuss［1968 = 1971:167-168］）

普遍主義の原則について「この原則が採用されるにいたった一つの基本的な歴史的理由は、サービスをその利用者の地位や尊厳や自尊心を屈辱的に失わせることがないようなやり方で、全国民が利用できるしかも近づきやすいものにしようとすることにあった」（Titmuss［1968 = 1971:159］）

「直接的・普遍主義的な現物の社会サービスの創設の結果もたらされた主要で積極的な成果は、公的な差別的障害を取り除いたということであった。所得や階層や人種のいかんに係わりなく公的に認められた一つのサービスの基準が、二流の市民のための二流のサービスを意味する二重基準にとって代わったのである。」（Titmuss［1968 = 1971:244］）

「恥辱の烙印の回避ということのみが、社会権と普遍主義という対概念を発展させた唯一の理由なのではなかった。その他に、一世紀以上のあいだ騒動や戦争や変動を通じて、多くの社会的、政治的、心理的な諸力がこうした概念を明確化し、それを人々に受け入れさせる理由の一つになっていたのである。たとえば、予防という新しい観念——少なくとも一九世紀には、多くのものにとって新しい面来であった——が、もう一つの強力な原動力であった。」（Titmuss［1968 = 1971:159-160］）

以上は里見［2002］に引用されている。

第5章　労働の義務について

1　本章途中までの要約

基本的には、労働の義務はあるとしか言いようがない。それに対する「自由」を根拠とする反論は効かない。義務を履行しないのはやはり望ましくはない。その上で、義務を果たさねば権利を獲得できないことにはならないとは言える。義務の履行は強い要請となる場合もあるのだが、多くの場合には、絶対的な要請ではなく、得失の平等・公平からの要請であると考えることができる。これはそれほど強い要請ではない。しかし強い要請ではないが要請ではある。ならば、働けるが働かない人については給付を止めるなどの制裁を課すことは妥当か。それが望ましくない幾つかの実際の理由がある。現実の政策としては就労を要求する必要はない。むしろ現今の状況の下ではすべきでない。ただ、政策の運営としては問題ないということにはなるだろうが、それでも議論は決してはいない。ほぼここまでのことを述べ、その後に「解決」が用意されているわけではないのだが、それでも少し続ける。

2　義務について

BIは（働けない人だけではなく、働くことができても）働かない人にも支給される。★01 だからそれは働く義務を否定している。このように受け止められることがある。Van Parijs［1995＝2009］の英語の本の表紙にはサーフィンをする人の写真があって、働かず（すくなくとも金を稼がず）一日サーフィンをしている人であってもBIは受け取れるのだというメッセージだともいう。そしてそれが主要な一つの主張になってもいるようだ。しかしそんなことはない。義務はBIの主張そのものの中にある。まず誤解を解くことから始めよう。

BIを主張する人たちは、BIを受け取ることは権利であると言うだろう。とすれば、既に、同時に、受け取られるものを提供するのは義務である。権利と義務は一般的・基本的に相即する。だから、権利が先か義務が先かといった議論は、むろん文脈によって有意味であり有意義である場合もあるのだが、★02しばしば、まちがっている。人の権利を認めることは、その権利を認める義務が人々に課されるということである。人が生きる権利があることは、人々にその人を殺さない義務、生きることを可能にする義務があるということである。生存・生活のために消費は必要であり、そのために生産は必要であり、労働は必要である。このことは動かせない。生存が権利であるなら、その手段としての労働は義務となる。このような意味では、BIを支持する人たちも、労働の義務、労働による生産物の供出の義務を認めている。でなければそもそも税金を使ったBIは成立しない。このことは社会的給付を認めるすべての主張について言えることである。

労働の場合には少し異なると思われるかもしれない。しばしば人は自分の分かそれ以上を自分で働き出すことができる。自分で働いた分を消費して生きている限りにおいては、他人を働かせる必要は必ずしもない。とすれば、その人の権利を実現するために、他の人に義務を課す必要はないことになるのではないか。たしかに実際にかなり多くの場合にそうして生きていくことは可能であろう。しかし、だから他の人たちに義務がないとするのは、その人自身の生について、その人だけが義務を負うということでもある。また、その人自身が自らの生産物でやっていけるという事態は、その人の生産物をその人が独占的に取得する権利を認めることによって成り立つ。私たちは、最も基本的な水準においては、自らの生産物（とそれを交換して得たもの）によって自らの生を成り立たせていくべきだという規範を採用しないのだった。しかしこのことも、やはり基本的には、肯定されないのだった。自らの生産物を独占的に取得する権利ではなく、一人ひとりが生きる権利が認められるとしよう。するとそのことに関わる義務は誰にあることになるのか。それを誰か特定の人とする根拠はない。自分が生きるために自分だけが働く義務があるとも言えない。とくに限定されない人々全般に義務はある、となる。

こうして労働の義務は、基本的には、肯定される。だから義務を言う主張の真反対の側には立たないし、立てない。もちろん、実際には強制することなく、例えば自発性によって、必要なだけが得られることはありうる。そしてそれはよいことであるかもしれない。しかしこのことは、義務は義務としてあることを否定するものではない。そのことは現実に強制を発動する必要がないことを言うだけであるからである。現実の条件が変われば、現実に義務を課すこともなるだろう。さらに、一部の人たちの自発性によって必要が満たされたとして、ではそれ以外の人たちに義務がないと言えるかと考えると、そうではないとも言いうる。例えば家族が介助（介護）の仕事を担う。それで必要はひとまず充足されるかもしれないが、そこに偏りは生じる。喜んでやっているものをわざわざ取り上げることはないが、そうでない場合が多い。後に述べる公平という基準から、義務を配分すること、そして／あるいは義務の遂行の度合いに応じて報酬を差異化されることが正当化される。★03

3 自由？

BI論者も働かないこと自体を積極的に認めているのではないのだろう。だが、人生のあり方は様々であるというリベラリズムの教義に忠実であることによって、そのような生き方もまた認めているということなのだろうか。しかしこれは成立しない。BIを主張する人は既にこのような意味での自由を認めていない。このことを説明する。

まず、そもそも労働の義務はないという主張もありうる。（ある種の）リバタリアンはそのような主張をするはずである。その人たちにとっては、自分の労働の結果を取得する権利、別言すれば他人の労働の結果を取得しない義務があるだけである。自らが他人のためにも自らのためにも働く義務はない。ただ飢えて死ぬだけである。

その人たちがよしとする世界では、自分が生きるためには自分が働かねばならず、その範囲内でやっていかなければならない。むろん、生きることも生きないことも自由だとされる。しかし、たいていは生きることになるから働かねばならない。少なからぬ人はすこしも自由ではない。しかしさらに、それは他人に強要・強制されてはいないと言われるかもしれない。しかし、リバタリアンの主張する所有の形態――それはこの社会の基本にあるものでもある――は制度としてある。それは強制に他ならない。その制度が、そのようにこの社会の中で生きなければならないことを強いている。するとさらに、リバタリアンで無政府主義者であると称する人から、「自然状態」として社会が形成されているなら、そこには社会が規定しているという契機はないではないかと問われるかもしれない。しかし、そのような社会でなくすることが可能であるのにそれがなされていないのであれば、やはりその状況を人が強いられていると言うことは可能である（立岩［2004a］第1章1節4「自然の状態／制度による制約という区別、ではない」)。

さらに進んで、BIを主張する人――の少なくとも一部――は平等に自由を割り振ることを言う。そのための拠出を求め、その拠出分は強制的に徴収される。この意味においては、強制の不在という意味での「自由」を認められていない。

すると、働くこと自体を強要しているのではない、働くか働かないか自体は自発性に委ねていると言うかもしれない。労働を強制しているのではなく、働いて何かを生産して収入を得た場合に、その一部を拠出すべきだと主張しているだけだと言われる。たしかに徴税は狭い意味での強制労働ではない。だが強制ではある。まずこの意味において、BIを主張する人たちも義務を課し、強制している。このことは覆えらない。だから、その主張が、BIを含め社会的分配を肯定する人によってなされるのであれば、その主張はその人自身の基本的立場に反することになり、成り立たない。★04 とすると、自由の立場から働かない自由を言うのであれば、その自由が他の自由よりもより重要な自由であることを言わねばならないことになる。しかし、その理由は、ある種の労働を強いられることからの自由は言えるだろうし、言うべきであるとしても、働くこと全般については、与えられない。

4 義務の性格・強さ

こうして基本的には労働の義務・責務を認めることになる。すると、働かない人に支給することは、負担の義務を認めながら、ある人たちについてはその義務を免除していることにならないか。もしそうなら疑問は、なぜ一般的には義務を認めているのだが、個別には、ある人たちは、それを免除されるのかである。このことを考えるためには、それはどのような義務であるのか、どれほど強い義務なのかを考える必要がある。

生活・生存、そしてなにより自由と言いたい人にとっては自由がなによりの権利であるとしよう。その権利があるなら、権利のために義務が置かれる。このことは、その言葉の意味そのものにおいて、そして実際にその権利を実現するために、はっきりしている。しかし、まず、その義務を履行しない人にはその権利を保障しないことにはならない。極端な例では、人を殺せば、そのことはその人の生きる権利を奪ったということになり、義務を履行しなかったということになるが、それは、殺した人が生きる権利を奪われることには必ずしもならない。

ただ強い義務として課される場合もあるはずである。これも極限的な、しかし局所的にはしばしば実在する場面を想定すればよい。その人が働くなら――「救命」といった行ないもまた働くことの一部である――そしてそれがさほどの負荷でないとして、人（人々）が生きていくことができることがある。しかし働かなければ生きていくことができない。その時その人を働かせることは不当ではないだろう。

しかしそんな場合はそう多くはない。皆が働かなくとも労働・生産が足りている場合、足りる場合がある。その時にはどうか。そうした場面でも、ある人が働いているというのに別の人はさぼっているというのはずるい、と思われることはある。そしてそれは受け止めてよいことのはずだ。ここではまず、基本的には誰もがその義務を有すると考えてよいはずだとされ、その上で、負担と享受とに関わる「公平」が求められているのだろう。働くことは、少なくとも一面では、労苦ではある。他方、受け取って消費することはよいことである。そこで、その利益と労働の労苦の双方を見て、その得失が各人であまり大きく違わない方がよいということになる。

ただ、この規範はそれほど強い規範ではないと考えられる。

第一に、大切なことは、人がその暮らしをやっていけることである。その暮らしに伴う快や苦はときに理不尽にも様々に異なる。その差をならすためのあらゆることがなされるべきであるとはされない。等しいことが第一義的に大事なことであるとされるなら、より幸福な人の幸福を引き下げることが認められてしまうことにもなりうる。これは何よりも大切にされるべきことではない。

第二に、働くことがどれほどの負荷であるのかは、またときに同時に、快楽であるかは、人によって、人の状態によって異なる。その差異をうまく測定することもできない。また時によってはするべきでない。どれだけが平等であるかどうかわからない。だから強く、厳しく、これを追求することはできない。けれども以上の確認の上で、平等は求められてよいものである。それを認めないという人がいるかもしれない。しかしそれは、すくなくとも皆にBIを支給するべきであるという主張とは整合しない。一律に支給されるべきであるという主張もまた平等という価値に発しているところがある。

ではどのように平等・公平を維持するのか。方法は一種類ではない。まずこれから考える、なかなか定まらない方法でなく、より単純な方法がないではない。つまり、実際の働きを成員にほぼ等しく割り振るという方法がある。同じように仕事を割り振り、多くの人たちがほぼ同じだけを働くようにする。そして同じぐらいの暮らしができて、その限りではおおむね同じぐらいの便益を受け取れるようにする。これはときには使えるし、また実際、小さな集団の中では使われることもある。そしてここに公平が存在していることは見やすい。だが、大きな、多様性のある社会では難しい。そこには多くの種類の仕事がある。人によって適性があり、好き嫌いがある。ただ、この場合でも、こうした方法をとった方がよい場面はありうる。このことについては別に論じるから、ここでは略す。★05

とすると、もう一つの方法として、働きに応じて払うというやり方、労苦と得られる財とを対応させることによって公平をはかるという方法が残る。得るものが少なくてよいから少なくだけしか働かなくてもよいようにしてくれという要求を受け入れることになる。

ではそれはどれほどであったらよいのか、公平であると考えることができるのか。

まず、働く人について、その本人がＢＩだけを得ているより働く方がよいというのだから、また実際に働く側についているのだからそれでよいとするという主張がある。

ＢＩが支給されているという、今のところ架空の状態を想定しよう。一方にそれだけを得られればそれでよいという人Aがおり、他方に働いて加算を得ることを選んでいる人Bがいる。働くのは苦労なことではあるが、それでもＢＩだけを得るより、働いてより多くを得ることを選んでいる。例えば全体で10が生産されているとする。ＡとＢの二人がいる。として、ＢＩを４とする。残り2を働いているＡ一人が受け取る。結果Ａ６とＢ４になる。他方労働はAが10とBが0である。Aがそれを選んだのは事実であるとしよう。ならばよいではないか、それで公平が保たれているという。

しかし、それはどちらを選ぶかという選択肢が決まっていたからである。でなければAは、Bにも5働いてもらって自分も労働5で、双方受け取り5とか、いくらか自分は余計に働いて労働6で受け取り6といったあたりを選んだかもしれない。だから、選んだからそれでよいということにはならない。他の例を考えることもできる。ＢＩが１００であとは労働1に応じて1増えていくといった場合、労働1の人と労働10の人は、受け取りにおいて１０１と１１０になる。仕事の量は十倍なのだが、受け取りは1割が増えるだけになる。

そしてこのような場合、公平という基準からこのような仕組みは正当ではないと主張しうる。労苦の度合いをできる限り少なく見積もることがよいことであるとは言えない。もちろんどれだけが設定されるかで変わってくるのだが、働く人たちに不公平であると感じられる設定はありうる。ほぼまったく等しいだけが受けとれ、ほんのわずかの加算しかないとしよう。これが不正であると感じられても当然である。現在言われている程度のことでは何も起こらない。むしろそれは、現在の状態が不当であること、文句を言う筋合いのないことを示すだろう。だとしても、十分な水準にするなら、そうした主張が出てくることはありうる。

どの程度が公平であるのか。それは何をもって公平とするかという基準設定のあり方による。すくなくともそのある部分については、働いていない人について不公平であるという懸念は払拭できない。それを免除してよいという強い主張はできない。

5 だが押しつけることはない

しかし以上は義務を課す規則を置くべきことを意味しない。より具体的には、働けないことを証明することを給付の条件とし働ける人に給付しないことを、しないことである。その理由はいくつかある。

まず第一に、基本的には人はそれぞれ暮らせてよい、このことを認めたのだった。労働はそのための手段であり、この労苦とはその手段を得ることに伴うものである。目的は生活にある。そのことは妨げられないことがよいとしよう。そして、例えばAが働かないことと、Aが必要なものが得られず生きられないこととと並べた時、後者の解消を優先するべきであるとは言えるだろう。義務は認めたが、その義務を（履行できるのに）履行しない人が生活できないことを認めることはなかったのだった。だから、働かない者にも給付はあると考えることはできる。

さらに、働いてもらう必要はあるとして、労働にし向けるための強制（しない場合の制裁）を課さなくてもかまわないと言える条件がいくつかある。このように言えるのは、原理原則によってというより、もっと現実的な理由からである。

第二に、強要しないとしても、また罰を与えることをしないでも、多く人々が生きていくことは可能である。さきほどあげたようにAが働かないことが、そのままAそして/あるいはBの生存を毀損するといった場合には働くことを強く要請することになるだろう。この場合には強い義務が課されてよいとしたのだった。しかしこの社会の状況はそうではない。労苦と楽ができることとのバランスがとれていることを求めているのであり、「公平」という条件に照らして問題がある（可能性がある）ということだった。生活（のために必要な手段）全般に関わって、すべての人が働かねば、あるいは特定の人が働かないなら危機的な状況に陥るということにはなっていない。

第三に、そのように言われる人にとっての負担、その人に対する負荷（に対する懸念）がある。「共同体」では共同の作業といったものがあるだろう。それに全員が参加する。その便益を皆が受けとる。それにどういう理由か、参加しなかった人がいる。それがまったく正当化できない場合には、その便益の使用を断われることもあるかもしれない。（そのことを承知の上なのだからとされるかもしれない。）あるいは便益の享受自体は妨げられないが、そのためになにがしかを供出せよということになるかもしれない。これはこれで理解できるのではないか。とすると、何が違っているのか。あるいは違っているのか。

どんなわけだかその作業には出てこなかったのだが、その理由はわからない。わからない方がよい、詮索しない方がよいといったことがある。（他方のさきの「共同体」では詮索する前にわかってしまっているということがあるだろう。）それはあらゆる価値を等価に認めるということとは——人によっては微妙な差と思うかもしれないが――違う。なんでもよいということではない、何がよいか、よくないかは言う。つまり、働いた方がよいと言うのである。しかし、その人がその価値を肯定しないとして、あるいは実行しないとして、そこには様々な理由があるかもしれず、それにいちいち立ち入らない方がよいと考えるのだ。

とくに「働かない」と「働けない」との区別は難しい。「働かない」のでなく「働けない」のだということを本人の側が立証することは困難である。どちらなのか自分自身にもよくわからないことはある。そして、無理すれば働けてしまい、その結果、よくないこともよくある。そのような無理なことを押し付けて困られるよりも、それをいちいち見ない方がよいと言いうる。★06

第四に、労働を自他に対する貢献活動であるとして、何が貢献であるのかを判別するのは難しい。これは、人間の存在、人間の活動の一切が労働であり、一切が貢献であるということを言いたいのではない。むしろ、それを無理に言う必要はないことを私は述べてきた（→第2章4節）。ただそのことを確認した上で、値のつかない、また安い値しかつかない貢献活動は多々ある。人に求められているものであれば、それは金になるはずだ、さらによい値段がつくはずだというのは、単純すぎる話である。無理やり、あらゆる活動に貢献を見出す必要はないが、有用な活動はたくさんある。そこで稼ぐ者とそうでない者とを区別して、後者を除くべきではない。そうした場合に、そうした貢献活動に従事している／していないを判断することは困難でもあり、しない方がよいということになる。

第五に、労働における負荷は人が生活の中で人生の中で負う負荷の全部ではない。働かない／働けない人の多くは、ずいぶんと苦労している。もちろん、たんに楽しんでいるとか、とくに何も思っていないという人もいるのだが、そしてそれはそれでかまわず、むしろよいことであるのだが、それでも、労働に就かない人の多くが多くの人より苦労しているのは偶然のことではない。端的に病気で身体が動かない、身体をなんとか維持しているということもある。生活の全体の正負を測る必要はないのだが、それでも、ある部分で苦労している人について、別のところで楽をしてもらうことはあってよい。

そして、第六に、なにか働くことはできるとして、働くため、働けるようになるために本人が要するコスト、あるいは働いた結果がどれほどのものになるか。この両方を見た場合に、働くことを強いられることは、やはり本人に対して害が大きいこと、そのわりにそうよいこともないことがある。むろん良心的な人たちの多くが言うように、たいていの人は何かはできるのだし、できるようになる。しかし、多くその人たちはそうした面だけを見ている。他の人が一の労力でできることをする(できるようになる)のに、百のことをせねばならない人がいる。それでも百をせよと言うべきではない。労苦における公平からは、その人はせいぜい一をすればよい。あるいは、そのことによって達成されるものは百分の一なのであるから、それは百倍効率的にできる人がいるのだから、したければ拒むことはないとしても、あなたがしなくてもよいと言ってもよい。

6 足りてしまっている、にしても

消費は必要だから生産はなされるべきであり労働はなされるべきであるとして、それはどれほど必要なのか。それがだいたい総量としては足りているのであれば、人を労働に仕向ける必要は少なくなる。生産は足りている。人は余っている。それは景気変動に伴う一時的なことではない。そのこと自体はよいことだ。あとは分け方を変えればよい。その結果、生産が増える可能性もある。それはそれでよい。そのようにこれまでも述べてきた。

むろんこれに対しては、足りているとどのようにして言えるのかといった反問があるだろう。また、市場においては、働いて得ることの方が働くことよりよいことだと思って人は働いているのだから、生産がなされ、そのための労働が多くなされることもよいことであると言われるだろう。このように、市場で起こることはすべてよいことだとされる。しかしこれは、外部不経済といった要因を別としても、正当化としては十分でない。所有の（その時々の）初期値が問題になっていないからである（立岩［1997］［2004a］）。例えばＢＩがある市場とない市場とで、人の動き方は当然異なる。そして、この二つのうちどちらがよりよい市場であると予め決まっていない。そして、前者がよいと言いうる。前者において、労働の方に行かざるをえない事情が減ることはある。他方、何も手もとに持っていなければ、どんな仕事であってもそれを受け入れざるをえない——その方が飢えるよりはよい——といったことが起こる。さらにこの社会における生産には政治が大きく関わっており、現状がすべての人に是認されたその結果であるとすることはできない。「公共事業」として「創出」された雇用が、常に予めよいものであるなどと言うことはできない。その同じ額をただ給付した方がよいと考えられる場合はある。

次に、関連して、ただ、あるべき生産・消費の水準がいかほどかといった規範的な議論とは別に、実際には、この社会においては、就職の機会は総じて実際に希少である。義務の実際の遂行は、果たすべき義務がそこにあることを当然の条件とする。（遂行すべき義務があることと、収入が得られるものとして仕事があることとは別のことだが）ともかく、仕事がなければ仕事のしようがない。職の数が限られており、すでにそこには人がいる場合、義務を課されても、働きようがない。この現実的な条件がない以上、職が実際にない以上、その義務を具体的に課すこと、皆が職を得なければならないというのは非現実的なことである。そして、実際の就労が不可能あるいは困難である場合に、実際に就労の義務を課すことは不当・不正な行ないである。この時、職を得ている人たちは、職を独占することによって、他の人の参入を妨げているとも言えるのであり、であるのに、職に就くことを要求することは不当である。とすれば、働かない人もいるのも当然で、その人たちも暮らせてよいとするのが一つ。もう一つ、一人ひとりの労働を少なくして、仕事を、仕事をしたい人に、行き渡らせるのが一つ。後者の仕事の分割・分配はよいと第3章2節で述べた。ただそれは、そう無理やり行なうべきことではない。そしていくらか行なっても限界があり、結局、それでも人は余るはずである。仕事はある、がんばれば得られると言われるかもしれない。そしてたしかに仕事に就ける人もいるにはいる。これからもいる。もちろんいるに決まっている。しかし、自分は仕事に就けても、こんどは別の人が働けない。ワークフェアと呼ばれる政策の一つの問題は、現実の事態はこのようであるのに就労義務を課し、さらにその無理な仕組みに適応しない人には福祉の受給権を奪ってしまうところにある。★07

以上、人々が生きて暮らしていくのに足りないのであれば、働かねばならず、働かせねばならないのだが、それほどではないから、働かせるためのことをせねばならない強い理由はない。人をうまく、ちょうどよく配置することなどそうできることではなく、それができるかのように言って、その間、仕事に就かない人を放置することの方が不当である。今想定されているらしいBＩの水準程度であれば、それは多くの人にとって、失業した時など、職を得られない間、そうあせらず心配せずに暮らせる程度のものであって、何も問題はないはずである。

ただそれでも、就労に着目しないBＩを「十分な」水準にすると、働かない人がたくさん出てきて、必要な労働・生産の需要が満たされなくなる可能性はある。それは社会の存続のために避けねばならないとも言われるが、それほど深刻なことでなくとも、各人が十分に暮らしていけることがよく、そのために十分なものがあってよいと考えるなら、そのことからよくないとされる。他方、生産が必要であるとされ、そのために動機付けを与えようとすれば、今度は保障されるＢＩは引き下げられる。そして格差は大きくされる傾向にある。一人ひとりの自由が大切であるという立場からＢＩが正当化されると考えるのであれば、ＢＩの水準が低いところにとどめられること、そして格差が大きくなることをよいことであるとは考えないはずである。公平が支持されると述べた。したがってこのことは本来は好ましくない。（自由のために）十分なだけを各人にという立場からは歓迎されないはずだ。

この不満は「働けない人」からも提出されうる。働けるが働かず受けとる人を想定し、「労働インセンティブ」のことを考えて、多くの人が働くことを選ぶぐらいの額にＢＩが設定される結果、その水準が低くされることが起こりうる。そして労働への報酬分を大きくすることがありうる。意図して働かない人にとっては、それは納得ずくのことなので、それでよいかもしれない。しかしそうでない人もいる。「働かない人」にとってはそれは選択の対象であり、よい方を選んだ結果ということになるかもしれないが、ＢＩだけを受けとるに決まっている人たちがいるのだ。すると、仕事をしようにもできない人たちは自分たちの受け取りが少なくなり、迷惑を被ることがありうる。また、働けない自分たちの代わりに働いてもらったら、その分受け取りも増えることにもなるが、その水準が保たれない、あるいは下がることが心配される。その人たちはＢＩを望んでいるとともに、このことを心配する。これもこれでもっともである。ここには対立の可能性が生じてもいる。どう答えるか。この要因をどれだけ重く見る必要があるか、そうした利害を有する人たちがどれだけいるのかという疑問があるかもしれないが、思いの他たくさんいる。無視してよいというほどではない。では働く気のない人と働けない人とを分けて、後者の人たちを別に扱えばよいだろうか。しかしそれも困難だろう。そして加害的である。このことを先に述べたのだった。

7　問題は消滅することはない、のだが

このようにして義務は基本的に肯定される。他方、働くことを押しつけない方がよい。どちらにも理がある。としたらどうするか。

現実的な制度運営としては、とりわけ仕事が実際にはおおいに限られているこの社会において、労働を（実際に）押しつけることの加害性をふまえるなら、人を労働の方にもっていかなければならないことはない。就労のための努力は強要されてはならない。それを所得保障を得ることの条件にしてはならない。このことぐらいまでがさしあたって言えることになる。

ただまず、義務の遂行に関わる公平性の問題は依然として残っている。世界は既に豊かであり、うまく分ければ人々が豊かであることができることを認めるとしても、それと別に、公平を根拠にする要求は正当である。そして、達成される水準、暮らしがどうなるか。「労働インセンティブ」への対応としてBＩの水準を低くし、報酬に大きな差を認めるとしよう。BＩを十分な水準に置くべきだとするなら、そのためにも大きな格差を歓迎しないのであれば、それはよいことではない。とくに働けない人にとっての不利益がある。

基本的に、どのようであったらよいのかというところからもう一度戻って考えてみよう。私（たち）がよしとしたのは（→第1章）、均等に割った上で、必要に応じた給付における増額を認め、労働の労苦に応じた部分を勘案した所得における増額（α）を認める、するとその分均等分は減っていくというものだった。もちろん労苦の度合いを測るのは困難なのだが、一つの尺度としては、ひどく単純でまた

同時に不正確だが、時間があるだろうとした。そして、市場にある差異には、仕事できるようになるための労苦、仕事の厳しさといったこともいくらかは反映されることがあるから、市場での価格と単純な時間あたりの等しい対価の間にあることがあるのも認めた。加える分は、その傾斜が大きくなるのであれば、BIの水準自体を引き下げる必要も出てくるから、αの水準に収まるのがよい。それは無理だとしても、そこに近づくならそれがよい。これをそのまま実現させようというのでなく、基本的な考え方としてそれを置いて、そこから現実を評価しようと言った。その上でも、すくなくとも現在において格差が大きすぎることは確実に言えるのであるから、それを少なくする方向に進んだらよいとした。

ただここで、BIが十分であれば働かない人がいる。その人たちはそれが少ないと、そして／あるいは加算が大きい場合に、働くことになる。また、既に働いている人にも、より多くを要求する人がいる。するとBIは低くなる。加算の度合いは適当と考えられる水準を超えて大きくもなる。こうしてここで考える正当で公平な状態から離れることになる。需給関係があり、能力が個人に事実として帰属し、それをどれほど行使することができるかを加減できるという条件下で、得られる対価を大きくしようとすれば、それは適切とした水準を超えていく。払うということは払う側が何かを供出するということでもある。それは、払う側がそれだけのことをせねばならないということであり、その負荷がずいぶんと大きい場合もある。人々に必要なものを独占的に有している人は、非常に大きな要求をし実現させることができることがある。（それでも払う方が払う当人にとってよかったとは言えるだろうし、そのことが言われるだろう。しかしそれは、労働を得るためには対価を払うことになっているという状況の下でのことであり、それを前提しなければ別である。払わずに、あるいはあまり払わずに得られるのであれば、その方がもっとよいということである。）

まず、（BIがあれば）働かない人——義務を履行しない人——と、より多くが得られなければ働かない人とは、基本的に違わないことを確認しておこう。働こうとしない人に、BIを少なくし、対価の部分を大きくすることで働くことを促すことが不当である場合があるのと同じに、働く人により多くを払わねばならないこともよいことではない。しばしば、より多くを得られるのでなければ働かないことは当然のこととされる一方、必要なものがまずは得られるのであれば働かないことは批判されるのだが、基本的には両者は変わらない。後者の人も、公平と考えられるよりも多くの利得を得ている。大きな格差が生じず、労働と消費がおおむね公平に分配されているのが望ましいのであれば、それは公平に近い分配を妨げることにはなる。

ではどうするか。いやがるのだがそれをさせるという場合もある。ただ強制には監視の費用他がかかり、人をよく働かせる手段としてはあまり有効な手段ではない。より多くが得られないと働かない人と一定で得られれば働かない人と基本的には同じなのだが、前者の人については、報酬の加減によって働かせるためには増やさねばならないことになるから、そしてそれが望ましくないとしたのだから、その選好を所与とし、報酬の加減で対応しようとする限り、有効で正当な手だてはないということになる。

他方、働かない人に対しては、減額するという方法があり、それが有効な場合もある。ここで、正のものを与えることと負のものを与えることの間に決定的な違いがあると言えるか。減らすことは対価を払って働かせることより常に望ましくないか。マイナスを与えることとプラスを与えることとは相対的ではある。それが（要求に応じて）正のものを支払うことより常によくないことだとは言えない。収入の額が異なるというだけでは同じことを別の言葉で言っているだけだとも言える。そのことを確認した上で、働かないことが、BIを下げ、差を大きくするという望ましくない方向に働きうる——現実にはどの程度のものになるのかはわからない――から、「働かない人」を選んで減らすことがありうる。しかしすると、「働かない人」と「働けない人」の区別にともなう先に見た問題が現れる。

こうして、報酬の差が（公平という基準からみた場合に適正な水準を超えて）大きくなるなら、それは好ましくない。しかし、労働という苦を回避しようとし収入という益を得るために働くという仮定を置けば起こる。そうした選好を有しているなら、それに応じないことが困難なことはある。また、同じ選好を前提とした場合、ＢＩを減らすことによって労働に促すことがある。これもまた問題が生じる。

ここにはやはり解決しがたい問題が現れている。「働かない人」を区別して差異化した扱いをするという方向はさきに見たように歓迎されないのだが、場合によっては、採用せざるをえない。こうして義務を巡る問題はここで、基本的な水準においては、解決されていない。このことは確認しておこう。それは現実にそんな問題が起こっているとか、今提起されている程度のＢＩの導入によって起こるということではない。給付が望ましいと考えられる水準に近づく場合に、そして仕事の場が現実に与えられている場合に、そしてどの程度の現実的な影響を与えるかとは別に、起こりうるということである。

次に、以上は、働く理由・誘引が他にあれば、そしてそれが大きい部分を占めるのであれば、正負のものを与えることによって労働に誘導する必要は少なくなるということでもある。

一つ、楽しいことは一般によいことであるから、仕事がなされるのはよいことであると一般に言える。仕事に意義があるものであると感じられた方がよい。また楽しいものであると感じられた方がよい。★08

一つは義務を引き受けることである。これは価値観を押しつけることであってよくないと言えるだろうか。しかし価値を教えることと与えることと一般がよくないことであるとは言えない。義務感と損得勘定と、後者の方が――個々人の意志を尊重しているという点において――より望ましいという理由はない。

ではその内容においてはどうか。自分を犠牲にしてもせねばならないとか、他の人でなく自分だけがせねばならないといった間違った教え方がなされないのであれば★09、義務を果たせるのであれば果たすことの方がよいことであることが教えられるのはよいことである。

人々の価値・自発性が変化し新たに現われることが夢想されたことがある（「夢想を回顧すること」（立岩［2005-(23) 2007-8］））。それはもちろんなかなかに困難ではある。ただこのような方向に行くのはよいことである。このことは認められるだろう。そしてこれは結局「精神論」でしかないように思われもするかもしれない。しかし必ずしもそうではない。

人々の選好のあり方がどのようにでも変わっていくとは思わないが、変わるのも事実である。同じことを思うにしても、それが当然のことだとして正当化されている場合とそうでない場合とは異なる。どのような言説、価値、制度があることが、このことに促進的にあるいは抑止的に働くか。そしてそれは分配の主張、さらにＢＩという案とどのように関係するか。

ある人が生産したとされるものとある人が取得するものとが強く対応しなければならないことはないこと、生産した者が生産したとされるものを特権的に取ることができるわけではないことを知っていることには意味がある。それが当然のことでないこと、さらに不当なことであると理解されている社会では、より多くを受け取りたいという欲求は当然にあるとしても、少ない報酬の差に応ずることは多くなるだろう。過去のどこかの「共同体」のことを言っているわけではない。多くの組織・企業の中での報酬の支払い方はむしろこれに近いことの方が多い。あるいは多かった。大きな貢献をした人でもいくらかのボーナス程度でよしとされ、自らもよしとする。他の企業もおおむねそのようになっていれば、この状態は変わらない。そしてこのような場合の方が、同じ報酬の増額が「労働インセンティブ」として作用する度合いはより大きくもある。いくらでも要求して獲得するのが当然とされる場合には、増額の効果はむしろ上がらないのである。「金一封」程度で称えられるのが当然とされた方が「褒美」の効果は大きくなるのであり、格差は少なくてすむのである。こうして、人々が労働と報酬とをどのように捉えるか、どのように社会では捉えられているのかを知ることは、現実に影響を与える。

このように考える時、BIの主張、分配の思想自体もまた現実に作用することはありうる。BIの主張のすくなくともある部分には、労働と取得の連続性を断つ、すくなくともその連続性の強度を弱めようという契機がある。そういうことなのだと思われることは、私（たち）が支持するものに対して肯定的に作用する。そしてさらに、本章で述べてきたように、基本的に義務が存在することを知り、義務を履行できる人たちは、履行することが現実に可能でまた求められている場合には、さほど深刻にでなくまた自分にとっての負荷を考慮しながら、履行したらよいのだと知ることもまた、肯定的に作用する。とすれば、BIが実現されるべきものであるとして、そのことは労働の義務が存在しないことを意味するものではないことが認識されていることが望ましい。本章で「誤解」とした理解がなされないことが望ましい。そして第1章で述べたこと、差が正当化されるとしたら、それは「労苦」に応ずる格差として正当化されるものであることが伝わることにも、積極的な意味がある。

注

★01　第1章1節で引用した文章（「ベーシック・インカムとは、（1）その人が進んで働く気がなくとも［…］」（Van Parijs［1995:35 = 2009:56］）を参照のこと。

労働の義務について、おおまかなことを『現代思想』連載の第9回の注に簡単に記し（立岩［2005-(9) 2005-6］）、さらにそれにすこし書き足して、『希望について』（立岩［2006b］）に再録した「ニートを生み出す社会構造は」に付した新たな注とした（立岩［2005a→2006b:166-169］）。ただ、そこでは、実際の政策としては就労を要求する必要はない、むしろ現今の状況の下ではすべきでないことを主に述べた。さらにその第12回（立岩［2005-(12) 2005-9］以降で、もうすこし基本的なところから述べた。本章は、そこで述べたことの一部を繰り返し、書き足したものだが、どのような行ない・労働を要求することができないのかといった論点についてその連載で記した部分は略している。それらの部分は立岩・小林［2010］に収録されるはずである。なおＢＩと労働、労働の義務について検討した報告に野崎［2008］がある。

★02　他方に、義務の側から言っていこうという流れもある。権利と義務は相即する。だから権利が先か義務が先かといった議論は多くまちがっている。にもかかわらずそうした言説に採るべきものがあるとすれば、それは何か。一つに、権利がそのまま義務であることが強くは意識されない中で、義務を課される側に対して、強く義務であることを言いたい、言うべきであるという動機があるだろう。とにかく、四の五の言わずなされねばならないこととしてあるのだと言いたい時、義務の先行が言われるのだと思う。その思いはそれとして理解できる。

★03　自ら担ってしまう人に委ねてしまうことを「ただ乗り」と捉えることもできる。このことについては立岩［2004a:149ff］。介助（介護）の義務のあり方については立岩［2000a］等で論じてきた。

★04　リバタリアンによる「強制労働」という理解とそれを根拠にした徴税・分配に対する批判については立岩［2004a:43］でも述べている。

★05　例えば介助のような社会的義務としてなされるべき仕事を一部の人に担ってもらい、その人の生活を税等からの支出によって保障するのがよいという立場と、すべての人が（無償で）担うべきであるという主張とがある。本文に述べたことはこのことにも関係する。このことについて私が『現代思想』連載に記したのが「無償／有償」「無償／有償・続」「無償／有償・結」（立岩［2005-(25)(26)(36) 2007-10・2007-11・2008-9］）。そして堀田義太郎が私の論にも言及しつつこの主題について考察している（堀田［2008］［2009a］［2009b］等）。これらを手直ししてまとめて収録した本（立岩・堀田［2010］）を本書の次に刊行する予定。またこれは「辛い仕事（ハードワーク）」（cf. Walzer［1983 = 1999］）を巡る論点にも関わる。多くの人が就きたがらない厳しい仕事についてはそれだけよけいによいこともあるようにすればよいかもしれない。ただそれでも、ある条件下では、辛い仕事がある特定の人たちに委ねられることにはなる。それはよくない、等しく、あるいは等しい確率で配分されるべきだという考え方はありうる。このことについても連載でいくらか検討しており、立岩・堀田［2010］に収録される。

★06　このことを障害者の労働について基本的な論点を検討した立岩［2001d］で述べた。例えば精神障害や発達障害のある人の場合がある。あるいは、強い身体の痛みを抱えるCRPS（複合性局所疼痛症候群）の人たちがいる（cf. 大野［2008］［2009］）。いずれもその不調や苦痛を他人にわからせることが難しい。これは、病・障害を有すること、それを有する人であることを自他に示すことの得失といった論点にも関係する。連載「身体の現代」（立岩［2008-］）でこのことについて考えてみている。この連載はみすず書房から刊行される本になる。

★07　ワークフェアについて、BIとともに福祉国家再編のあり方の一つとしてこれを論じるのは宮本［2002］（改稿して［2004a］）［2004b］。英国のブレア政権の下での政策として紹介されることが多いが、より早くに始まった米国での政策の推移を記し、その含意を考察している小林勇人の一連の研究（［2006a］［2006b］［2007a］［2007c］［2008］）。英国について伊藤［2003a］［2003b］。また樋口［2004］が参考になる。小林［2004-］他、小林が作成しHPに掲載している文献リスト、文献紹介が充実しており、HPで見ることができる。

★08　生活が可能になることによって、報酬は安くてもしたい仕事をするようになり、自分が楽しいと思える仕事に就くようになるかもしれない。また辛い条件での労働に応ずる必要が少なくなること、そうした仕事に対して正当な価格がつくようになることは基本的にはよいことである。ならば基本的に歓迎される。ただ、生活に必要な最低限が得られることによって、より少ない追加分としての労働に対する報酬が帰結する可能性も否定されない。どうなるのか、それはBIとして給付されるのがいかほどになるのか——BIが低額であれば、わずかでも増加することを求めて、賃金の低い仕事を引け受けざるをえないといったことはありうる——等々、様々な変数によって変わってくる。なんとも言えない。これもやってみてということになるかもしれない。

★09　犠牲については立岩［2008a］第3章「犠牲と不足について」。

第6章　差異とのつきあい方

1　非優越的多様性という案

人にはそれぞれ違いがあるのだから、まったく一律の給付というのでは問題があるだろうと誰もが思うはずだ。すべての人にＢＩをという案をよしとするとして、しかし同時に、差異化された給付が必要ではないか。そのことを気にかける人もいる。しかし同時に、ＢＩへの賛同者の中には、その対応によって、一律給付という簡素なかたちが壊れてしまい、個別的な対応に予算が使われるためにＢＩが低くなることを気にするかもしれない。ＢＩは人々の違いに対応するのかしないのか。

その中で、ヴァン・パリースはその差異には対応するべきだとする。そして提案するのが「非優越的多様性（Undominated Diversity）」である（Van Parijs［1995 = 2009:120］第3章★01）。

「万人に付与される平等な金額を一律に減額し、「ハンディキャップをもつ」人への補償のための備蓄部分に充当することができる（おそらく、眼球手術のための資金などとして、彼らの内的賦与を増強するために使われるだろう）。包括的付与——すなわち、内的賦与プラス外的賦与——の各ペアを比較して、一方の賦与を他方の賦与よりも選好する人間が少なくとも一人あらわれた時点で、

この手続は停止する。」(Van Parijs [1995 = 2009:120])

この章も、文章の進み具合はこの種のものに慣れていない人にはわかりやすくはないが、提示される案そのものはわりあい単純なものである。人々の才能や技能などの内的資源に、自分が選択し作り出したわけでなく、ゆえに本来責任を負うことのない、与えられたもの、「内的賦与(internal endowment)」がある。そのことで、例えばその人は(特定の、あるいは一般の)人々に好かれず、そのことによって不利益を被っている。そこで、その人に現金(そして/あるいは現物)を渡すことにする。この「外的賦与(external endowment)」と内的賦与を足し合わせた「包括的賦与(comprehensive endowment)」を評価するものとする。すると、誰か一人、これだけ金が得られるならそうなってもよい、ある人よりこの人の方がよいではないか、そう判断する人が出てきたら、その時点で、その給付額が決定され、給付される。そういう話である。

みながあんなにはなりたくないと思っている場面が想定されているのだから、そこから脱するために積まれる「外的賦与」はずいぶんと多いだろうから、その多くが得られる、ならばよいではないか。そう思う人もいるかもしれない。しかし、より多くの人が、なにやら不思議なことがここでなされていると思うはずだ。

誰もがよくないものとして認める(から外的付与の補填がなされる)、そして誰か(一人が)これならよいと思ったらよいという条件も、不思議な条件である。むろん、なぜ一人でよいのかという素朴な疑問をいだく人もいるだろう。「ある個人Aよりも劣っていると満場一致で見なされる別の個人B」が存在することが不平等であると言えるとして、なぜ「一人」そう思わない人がいたら、それでよし(平等である）ということになるのか、わからない。そう思う人もいるだろう。ただ、ここではすこし別のことを述べる。

なぜここに眼球手術の話が出てくるのかと思う人がいるだろう。一つの例にすぎないのにはちがいない。しかしその手術の結果、マイナスとされる「内的賦与」はここではなくなる。それはよいことであるかもしれない。しかし後述するようにそんなことはそう起こらない。それはたんなる一例としても適切だろうか。そんなことが気にされていないようなのだ。この案について検討することにどれだけの積極的な意義があるのか、疑問なところがある。ただ、なにが不思議なのか、すこし考えてみておくのはよいかもしれない。このような思考の流れというものもまたある種の知的伝統に連なるものであるかもしれないのである。

2　知らない人が判断する＋実現されるわけではない

その判断を行なう人は、「AではなくBを持つことの影響を知り尽くし、理解している少なくとも一人以上の人間」（Van Parijs［1995 = 2009:126］）であるとされる。

まず、おそらくその人は、Bを有するその本人というわけではなく、その状態を想像し、だったら別にいくらあったらその状態でもよいと思うかといった架空の状態について問い、そして架空の計算をする人である。例えば目が見えないという内的賦与B自体は、まずはその本人にとっては動かすことのできない現実であるが、他方、目の見える人にとっては現実のことではない。その人に対して、目が見えないという状態にどれだけを足せば、その人は目が見えないことを選ぶのかといった問いを発しているということである。ここには、ある状態Bを経験している人がおり、そうでなくAを経験しているもう一人の人がいる。双方とも、「AではなくBを持つことの影響を知り尽くし、理解している」人であることが難しい。つまり目が見えない人は状態Bが存在しない状態を知らず、見える人はその状態Bが存在している状態を知らない。双方が、比較考量の対象となる（一番単純な場合）二つの状態の片方を知らない。むろん、かつては見えていたが今は見えないという人もいて、その人は両方を比べることができるかもしれない。しかしそうでないことの方が多い。そして見えていたが今は見えない人にとっての見えないことの意味と、初めから見えない人にとっての見えないことの意味は異なる。少数者に存する状態としての内的賦与であるから、そのすべての場合ではないとしても、多数者たちは知らないことの方が普通なのだ。目をつぶれば目が見えないことが想像できる、というほど簡単なことではない。

もちろん、分からない上で選択せざるをえないことは現実には多々ある。これまでそして現在自分が経験していない複数の選択肢から一つを選ばなければならないことはあり、その場合、人は様々な手段で未来の未在の状態を想像し、比較し、そして選ぶことになる。不完全な情報しかなくても仕方のないことがある。ただ、ときにかなり大きな、しかし見当のつかない境遇・差異に対する対応の仕方として、この方法はよいだろうか。他に打つ手がないのであればやむをえない。また実用的なものとして使えるのであれば、使用を検討してもよい。ただいずれについても疑問がある。後述する。

そして、その後述することにも関わってより重要なことは、実際にそれを受け入れてもよいと思ったとして、また自分自身がではないにしても、これだけの外的賦与が加われば、加わったこの人の方があの人よりもよいと思い、言った人がいるとして、それは「架空」の話であるということ、その人も、また誰も、それを受け入れるわけではないということである。

まず、これはある人がこれだけの金を積まれたらそれを受け入れてもよいということになったら、それでよしとしようという案なのだが、いつもそんなことがあるだろうかと思える。とくに重篤な病気にかかっているといった状態を考えると、金を積まれてそれを受け入れるという人がいるだろうかとも思う。ただ例えば、長い命はほしくないが、その短い間に金をたくさん使うだけ使ってしまいたいなどといった人は現れるかもしれない。いることもあるし、いないこともあるだろう。ここではこのことを言いたいのではない。引き受けてもよいという人がいたとして、その人は、現実のこととしてその病を引き受けるわけではないということである。引き受けたいと思っても、実際に引き受けることができない。他方、査定をされている本人にしても、そんな金はいらないからと、金を受け取る代わりに引き受けるという人に、自分の状態を実際に引き受けてもらえるわけではない。実現されるわけでない想像の取引がここでなされるということである。内的賦与について、誰も実際には何もしない。ただ、真面目に評価することを求められるだけである。

なぜそうなるのか。理由は単純だ。内的賦与への対応が問題になっているのだが、その内的賦与自体は取り去ること、他の人に移動されることがないからである。受け入れるとか受け入れないといった対象でないものについて、いくらかが加われば受け入れるとか受け入れないといった話がなされ、それでその内的賦与を有する人の受け取りが決まってしまうのである。それを妥当なこととして受け入れることができるだろうか。

「選好」という考え方は様々に批判されてきたのだが、その一つは、それがどんなものであるかどうして（外側から）わかるのかといった批判だった。それに対して、実際になされた行ないだけを見よう、そしてリンゴよりミカンが選ばれたのであれば、その人はミカンを選好したのだとしようということになった。いささか乱暴な話ではあるが、受け入れるとしよう。しかしここでは、実際になされた行ないは存在しない。すると次節に見る、誰かがそう言ったらそれを受け入れるのか、それを信用してよいのかといった問題が現れる。そしてより基本的な問題は、このような対処の仕方を採用してよいのかである。次の次の節でそれを見る。

3　どんな人の選好が採用されるか

実際にこんなことができるのだろうかと思われる。どのようにしてこの手続きを進めるのだろうか。全員が値をつけることができて、例えばテレビの画面にある人の内的賦与が映し出され、金額が増えていく。そのテレビは双方向テレビで、誰かが、これだったらよいと思ったらボタンを押す。すると、そこで金額が決定される。そんなところだろうか。それにしても、と人がまず思うだろうことは、この種の方法全般について言えることだが、世の中にはいろいろな人がいるだろうということである。

「われわれの基準ではあまりにも小さな再分配しか正当化できないという反論を検討することにしよう。一人の風変わりな人が、視覚障害とは神の恩寵であると考えるだけで、視覚障害の人に対する補償の要求を停止させるに十分なのである。この論難に対処するには、問題となっている選好表が真正のものでなければならないこと、さらに、当該社会の人々にとってなんとか利用可能でなければならないこと、これらを強調することから始めるべきだろう。」(Van Parijs［1995＝2009:126］)

「風変わりな人」は除外されるという。次のように続いている。

「AではなくBを持つことの影響を知り尽くし、理解している少なくとも一人以上の人間が、彼女の善き生概念に照らして、BはAよりも劣っているわけではないと判断することが真である場合にのみ、停止できるのだ。本人たちが自分の語っていることを理解していないという理由で「社会的な」選好表から外される、風変わりな人たちを想定することは間違いなくできるだろう。その理由では外されないとしても、彼らは孤立した部分社会に属しがちであり、彼らの文化世界は他の人々にとって近付き難い（これこそが、他の人々が彼らを風変わりと見なす理由である）ので、彼らの選好表は一般的には利用不能と見なされるだろう。これら二つの条件が満たされるのであれば、すなわち、理解の点でも利用可能性の点でも何の問題もないのであれば――そうすれば「風変わりな人」は残らない――、再分配を縮小するのは何らひどいことではないと思われる。」（Van Parijs [1995 = 2009:126]）

「孤立した部分社会に属しがち」である人たちがいて、その人たちのことはその部分社会に属さない人には理解されないから、その意味で「風変わり」であるから、その人の選好は無視されるという。多様な社会には様々な人たちがおり集団があるから、そのいずれを「孤立した部分社会」とするかにも疑問は残る。以上が十分な基準を提供することになるのかと思う人が当然いるだろう。

これはこの種の議論にほぼ必ずつきまとう問題だ。人々の選好を大切にするから、それに触れないようにする、しかしそうすると困ったことが起こってしまうことがある、すると、困った事態をもたらす選好をそもそも（正常な範囲の）選好ではないものとして、またそうした選好をもつ人を社会的決定に関与できる成員としては認めないことにしてしまうのである。これは論理的な必然でもある。人々の意見を大切にするとしつつ、しかし認められない意見がある場合には、それを意見と認めないことにするのである。その人を人間の範囲から除外するのである。★02

しかし、まずそれは——乱暴なことを回避しようとするその結果として——ずいぶん乱暴なことであるように思える。そして、そうして除外しようとしても除外できない、それほど「風変わり」でない選好が残ってしまうと思える。例えば、動く、外出するといったことにさほどの欲求を感じていない人はいる。そのことはよいことでもないが、そうわるいことでもない。標準的ではないかもしれないが、理解しがたい逸脱というほどではなく、そんな人もいるという程度には認められている。とすると、その人は、移動に他の人よりよけいな費用がかかるという内的賦与をさほど苦にせず、少ない外的賦与の追加、あるいは追加なしでその状態の受け入れを認めることになるかもしれない。このことに限らず、多くのことについて、そんな人が——しかし「異常」というほどではない人が——いるだろう。となると、給付は低くされるだろう。それでよいのか、よいとして、なぜそれでよいのか。

次に、当該の内的賦与を有する本人たちはその評価の主体になるのだろうか。誰からもあんなふうにはなりたくないと思われている状態がよくない状態であり、そうでない状態とは（加えて割り増し分を受けとった状態の）その人のようになってもよいという人が一人出てきた状態だというのだから、まずは本人以外のような印象を受ける。しかし、予め本人は排除されないだろう。それなら自分の状態を受け入れてもよいと自分が思ったとしてもかまわないはずだ。そして、今問題になっている状態を体験している人として、その本人たちは、相対的には、適しているように思われる。

その人たちの中には、自分の状態が否定的に捉えられること、そしてそれを（基本的には）金で補われることに反感を抱く人もいるだろう。ただそうすると、その人たちは何も請求せず、結果、何も受け取れないことになってしまう。他方、その人たちは、それではまだ足りないと言えば、それだけ給付されるものは多くなるのだから、そう言って多くの給付を求めるかもしれない（それはその分「自己評価」を下げることでもあるのだが）。すると、そのような利害を有しているから、その人は除外されるということになるかもしれない。

では、その内的賦与を有していない人たちならよいか。追加される外的賦与の少ない方が自分たちが拠出する額は少なくなるだろう。さらにBＩにまわる分も多くなるだろう。するとその上乗せの額を低くしようとするかもしれない。意図的にそんなことを行なう人は排除されることになるかもしれない。しかし、そのような自覚のない場合もあるだろう。そしてさきに述べたように、結局、これは架空のできごとなのであり、現実にその内的賦与を引き受けたりそれを取り去ったりといったことはなされないのであり、その内的賦与を有している当人についてもまた当人以外の人についても、その選択が「真性」のものであることを外側からも、また当の人たちにおいても確認するすべはないのである。

4　普通は何をするか（するべきか）

例えば目が見えないことに関わる損失であったり、容貌がわるいことによる損失であったりがもって来られるのだが、その負内的賦与によって不利益を被っているとされる人たちは何をしてもらえるのか。社会、具体的には政府は何をするのか。給付がなされる。しかしこの給付はどのような性格のものか。何がしかが支払われるというのはいったいどういうことなのだろう。様々あるのに、それが問われず、一切合財にされて、保障・補償の対象になることの不思議さ、あるいは不快があるように思う。

例えば命にかかわる病気――これもまた内的賦与ではある――を患っている人がいる。ここに示されている案は、その人の境遇について、これだけの金を積まれたらその人の境遇を引き受けてもよいという人が一人出てきた時点で、その金をその人に渡そうというようなものだ。まず、そんな人がいるだろうか、いそうに思えないということがある。しかし、さきに記したように、たくさん金が得られるならそれを使い果たして早めに死んでもよいという人はいないではないかもしれない。しかし、それは結局、想像上のできごとである。その病を引き受けることはなされないし、引き受けてもらうこともなされない。ただ、その想像上の計算の上で、例えば、何も処置しなければあるいは手をつくしてもあと一月の命ということであれば、その一月分、自分のためあるいは他人のための何かを購入できるなら他のことはよいという人が現れたら、そのなにがしかが支給されて終わりになる。それは、多くの人たちがすべきだと思うこと、した方がよいと思うことと異なるだろう。その人の病がなおらないこと、苦しむこと、このままであれば亡くなることを悲しんだりしながら、なすべきだと思い、このぐらいのことしかできないと思うことは、完治することはないにしても医療や看護やその人が暮らす場を提供することのはずだ。そのための費用を提供する、そのぐらいしかできないがそのぐらいはできる。それでそうする。むしろなぜそのように考えることがないのかが不思議だ。

たしかにその内的賦与が負の状態ではあるとして、その負の状態がどこからやって来るか、どのようなものかである。その人の生きがたさには様々な成分がある。内的賦与に関わり、それと他者たちの関係において、人が被る不利益がある。その時、その人のまわりの人たち、そして社会はどのようになっているのか。そのありようによってその人の不利益（利益）のあり方が変わることがある。そしてその状態の変更が可能である場合、容易である場合もあれば、困難である場合、不可能である場合があるだろう。何が変更でき、何が変更できないか。

このことに関わって存在する場面は五つはある。そして対応してなされる／なされない、できる／できないことがある。これらを細分化すればさらに多くなる。（1）治療するなどして内的賦与をなくしてしまうことがある。そしてそれがかなわないことがある。（2）内的賦与と社会との接触面に生じる様々な不便を補うことができ、それがなされることがある。他方、それが困難な場合もある。（3）その負の内的賦与を人が与えること（あるいは与えないための策を取れたのに取らないこと）がある。まだ、ときに同時に、しかし別のこととして、（4）内的賦与に対する負の価値付与がなされることがある。この（3）（4）について、抗議し、非難し、禁止を求めること、既になされてしまった場合には、撤回を求め、謝罪すること、罰せられることを求めることがある。その一部として「賠償」「補償」が求められ正当化される場合がある。そして（5）、内的賦与を巡り他者との関係において自らに起こっている事態のある部分については、悲しいことではあると思いながらも、仕方のないこととしてそのままにすることがある。

そして、同じ内的賦与について、以上の幾つかが同時に存在する場合がある。例えば（3）人為的に害が加えられそのことが非難の対象になるとともに、（4）それについて社会に存在する蔑視に抗する、そして（1）治療を求め、しかし完全になおることはないなら、（2）生活の困難を訴えて生活の保障を求めるといったことがある。

（1）まず一つ、この本で例示されるのは、先に引用したように、金を受け取って視力をよくする手術をするといったことである。この場合には、そしてそれがうまくいくなら、障害・内的賦与はなくなってしまったのだから、金をかけただけの利得があったということになる。病気にかかっていて、それをなおすために必要なだけの金額が支給され、それでなおる。この場合には支払いの意味、使い道、効果はわかる。しかし多くの場合、それ自体は除去されないことが内的賦与の特徴なのである。さきに記した、眼球手術が例にもってこられることの不思議さはこのことに由来している。

つまり、その身体においては除去できない場合があり、そうした場合が多い。そもそもここでの内的賦与は（容易に）取り去ることのできないもののことなのである。それが苦痛をもたらしたり死をもたらしたりする。これも内的賦与ではある。おそらく非優越的多様性が論じられている時、こうした事態は想定されていない。しかしこれも内的賦与ではある。こうした時、何がなされるとよいのか。その事態そのものについてはなにごともできない。とって代わることも代わられることもできない事態について、いくらかを加えたらとって代わってもよい（受け入れてもよい）と言う人がいたとして、そのいくらかを給付することが何をもたらすわけでもない。もちろん、金（や他のもの）が渡されることはたいがいの人にとってよいことではあるから、多くの人は受け取りはするだろう。ただ、人によっては怒り出すかもしれない。拒絶する人もいるかもしれない。

（2）ただ、痛みや死の到来を結局のところ防ぐことはできないとしても、多くの場合にできることはある。非・能力としての障害について、そのことに関わる不便さを、そっくりあるいは部分的に、補うことができる。市場で稼げない分を補うこともできる。むろん病にもそんな部分が多くある。というか、病にある人の多くは生活上の障害を有しているということである。必要なものを供給するには大きく二通りがある。一つ、個人にまた個別に、その費用を支払ったり現物を給付する場合がある。医療や介助などの社会サービスの多くはそのようにして提供される。一つ、道路や建物の仕様を改善するなど、環境を整備するという策がある。★03

内的賦与の差異に関わって、当人たちの社会運動において要求され、そしていくらかは社会政策として実現されてきたのは、基本的にこの場面である。ただ非優越的多様性として示される基準・方法は、実現が目指されてきたことと異なる。まずこの方法では、これでよいという人が現れた時点で支給が終わる。外出その他に関心を抱かない人も当然いるはずであり、いてよい。普通でない人として除外することはない。すると、その人がこのぐらいでよいということになった時点で、給付は終わる。つまりその不便を最低限に見積もる人が出てきた時点で終わりになる。このことを心配する人は、そのことを批判せざるをえない。

では代わりに何を求めるのか。ここで要求されてきたことは大きくは二つだった。一つは、「普通にできること」であり、そのための費用を、その方法は幾つかあるとして、社会が負担することだった。食事をするのに介助が必要な人と必要でない人がいる。前者の人についてその費用が給付されればよいというごく単純な要求である。そしてもう一つが所得保障だった。市場で十分に稼ぐことができない。その分を補うことが求められてきた。だから、そもそもBＩの給付と内的賦与への対応とが別立てにされているのが不思議なことに思われる。後でこのことについて論ずる。

そして（1）と（2）の間にも選択があり争いがあってきた。障害者（そして障害学）は（2）を強調することが多かった。負とされる内的賦与そのものを肯定したから、あるいはしたかったからというわけではない。ただなおらないものはなおらず、それでもなおすための負荷を計算するならば、また、（1）が肯定的に語られるのに（2）はそうでないのは不当であるという認識によるものだった。★04

むしろ不思議なのは、なぜこのような方策でなく、「非優越性多元性」が採用されねばならないのかである。その理由は私にはわからない。このような給付については何について給付するかという選択がつきものであり、すると、それは生活の内容に立ち入ってしまうことが懸念されているのだろうか。例えばエベレストに登りたいという足の動かない人の欲求に応えるのかといった問題が現われ、するとある要求には応え、ある要求には応えないという線引きをせざるをえない。それはよくない。こんな理由からだろうか。しかしこの問題に唯一の確定的な解はないとしても、そのことはこの場からの撤退を導かない。現実的にも、「普通の人」については実現されていることは実現されてよいはずだとし、それ以上・以外についてはその後で考えてもよいはずだ。★05 他人の手を借りる必要などがあって、その費用が他の人たちより余計にかかる場合がある。それをそのままにすることは「本当の自由 real freedom」にとって望ましくないことである。だからその部分を補うべきであり、補えばよいという、ただそれだけのことだ。しかし、この方法は採られず、不利益をあまり気にしない一人の選好が採用されてしまう。

さらに、問題にされまた要求されてきたのは基本的には手段として提供されるものであり、それだけである。内的賦与と社会との関わりに様々な側面があるとして、それはそれとして分けて考え対応すればよいとし、まず生活上不便な部分だけが取り出され、それだけが補われればよいとされてきた。他方、非優越的多様性という案では、内的賦与に関わる全体が評価されることになる。人のあり様を評価し介入することには慎重であってよいと考えるなら、どちらが望ましいだろうか。

(4)(5)その不利益を生じさせていることについて問題があり、その除去が求められることがある。(4)人や人々の行ない(あるいはなすべき行ないの不在)によって、例えば公害によってもたらされた病気がある。それは(企業による犯罪によって付与された)内的賦与であるが、内的賦与であるには違いない。そしてまた、5)内的賦与自体は人為的に付与された場合もありまたそうでない場合があるとして、その内的付与に負の価値を付与し、時にその人たちにそのことを語り、直接的・間接的に攻撃することがある。

この二つは同じでなく、その違いには留意するべきだが、人々から与えられる害であるという点では同じであり、それが正当化あるいは許容されるものでないなら、これを禁ずる、非難することが正当であるとされよう。そして既になされてしまった加害については、謝罪すること、態度を改めることを求めることがあるだろう。そして罰せられることもあるだろう。その一部として補償もまた認められることがあるだろう。

しかし非優越的多様性という言葉のもとで推奨される策では、そのままに読めば、その部分は所与とされ、その上で別のもので「補償」しようとする。それ自体が問題であるのに、そのことはそのままにしておかれ、損をしている分、別のものを与えて釣り合うようにしようという。

その何に抵抗感が持たれるのだろうか。一つに、さきと同じように、これだけの金を積まれればその状態を耐えてもよいという人が出てきた（と思われる）水準で支給は止められてしまうことがあげられようが、それだけではない。一つに、なされるべきことが、基本的に異なっていると感じられる。求められているのは今の状態を耐えるための付加的な給付でなく、その状態そのものが変わることであり、加害者がいるならその人たちの責を問うことだ。一つに、加害者は一人であるにせよたくさんいるにせよ、特定の人たちである場合であっても、ここでの外的賦与の付与は社会全体によってなされる。それは間違っていると思われる。また成員の全員が加害者である場合、その全員が責を負うことが求められるだろうが、それは、その状態でもかまわないというだけを上乗せすることではない。たしかに差別・偏見は、様々に啓蒙され教育されたとしても、糾弾され批判されたとしても、なかなかなくならないことは事実として認めよう。そこで補償を求めるといったことはあってよいだろう。また、人々はそんな金を払うことを避けようとするだろうから、そのために加害的な行ないを控えようとすることもあるかもしれない。けれども、何か別のものによっては補われようのないもの、そんなことをされてもうれしくないものがある。

もちろん、非優越的多様性を言う論者も、加害者を罰することや加害が予防されるべきこと自体を否定しているはずはない。ただそれと、ここでの内的賦与＋外的賦与→包括的賦与の話とは別のことだと、犯罪は犯罪として別途問われればよいと、問われれば、答えるかもしれない。しかし刑法に触れるような明白な犯罪ではない場合もある。例えば内的賦与に関わる偏見・蔑視がある場合、その人は生きがたくなる。それを解消、解消はできなくとも軽減すべきであるとしよう。そのための策として、財の分配によって対応することはできない場合、そして／あるいは、するべきではない場合があるだろう。するとさらに、それらもまたなされるべきことを認めつつ、たんにここでは論じられていないと返されるかもしれない。だが問題はそのことにある。区別が示されていないのである。その結果、外的賦与の付与ですませられてしまうことを止める契機がここでは示されていないのである。

むしろ現実に存在している問題は、（1）治療や（2）生活の保障を加害への補償として求めざるをえないために、責任の追及や謝罪の要求を途中であきらめ、加害者に妥協せざるをえないことである。また、責任の追及や謝罪の要求を金銭的な補償として要求せざるがえないために、被害を過大に申告していると疑われてしまうことにある。[★06] だから、加害を糾弾しその謝罪を求めることと、治療や生活が保障されることとを分け、その各々が別になされることが望まれる。そのためにも分けるべきを分けるべきなのである。

（5）さらに、内的賦与と周囲の人たちとの関係において、幸不幸は生じ、その幸不幸における差異は残る。例えば私は、あの人に好かれないためにたいへん不幸であるとしよう。それは私にある、どれと特定できないにしても、自分にはどうしようもないものによっているらしく、とすれば内的賦与が関わっている。そしてそのことに関わって、人々の、あるいは特定の人の選好があり、そのことが当の人にもたらす不利益がある。つまり、ある人に好かれたいという思いがかなえられない。それは、本人の選択の対象でなく、変更したり消去したりできないものにより、自分にとってどうにもならないことで、自らに責任はない。責任はなく、不利益を被っているから、非優越的多様性という原理のもとでは補償の対象になる。

そのあるものについては、批判し非難し、変更を求めることもできよう。それは「私的な関係」においてのできごとだから、そんなことはできない、するべきでないとされる部分を問題にすることが、「個人的なことは社会的なこと」といった標語のもとになされてきたことでもある。ただ、その提起の意義を踏まえた上でもなお、相手に対して、自分への対応の変更を求められない、また求めない場合は残るだろう。その変更を求めることが自分の意向に相手を従わせることである場合があるのだが、それは自分の意のままにはならない存在としての他者を否定することになり、私にとっての他者の意義を自らが奪ってしまうことにもなるから、求めることを断念せざるをえないことがある。そのことは、その関係のそもそもの性格に由来する（立岩［1997］第4章、第8章5節4「他者が他者であるがゆえの差別」）。

そしてここで、公権力の介在・介入が求められることは多くはないだろう。強制によって、そこにないものを提供することさせることは、できることでもないと思われるし、またよいことではないとも思われるだろう。さらに、その悲しい状態に私が今あることについて、その状態にいくらかを積んだら自分と代わってくれるという人が出てくるというその上乗せの額を求めようとは思わないだろう。そもそも経済的な保障を求めることはないだろう。

やはりここでも、以上は当然のこととして認め、それはここで論じる対象ではないと返されるのかもしれない。しかし、内的賦与が関わっているには違いないし、そして給付の対象となる条件としての自らの責任もここにはない。だから本来は含まれるはずである。そして取り上げている本のその章の冒頭でもそうした例が引かれてもいたのだった。

5 なぜそうなる（ならない）のか？

ここで内的賦与と呼ばれる人々の間にある差異への対応について世界中で様々に考えられてきた。それでなされてよいとされる対処は、単一のものではないが、一つひとつは単純で穏当なものである。このことを見てきた。なぜそのようには考えないのか。直感的によくわからない。

私（たち）は、ここで示される方法が「弱者への配慮に欠ける」などといったことを言いたいわけではない。むしろ多くの場合、その人たちは「弱者」に対して十分に同情的である。そして良心的であろうとしている。ただこれらをわかった上で、基本的なところで不思議な感じがする。なぜこのような論の運びになるのか。おそらくそれは、BＩに関わる議論であるからというより、BＩを論ずる筆者の資質によるというより、もっと大きなものが関わっている。

どこからこのような考え方が出てくるか。現われ出る出来事はそこそこに複雑だが、基本にあるのはごく単純なものだと思う。つまり、能産的人間を、また人間の能産的なあり方を過度に持ち上げてしまっていることによる。そして、そのことに関わり、能産的でないその人・状態を良心的である人たちは救おうとするのだが、そこには——BＩの発想にあったはずの生産と消費とを分けて考えていこうという主張が貫徹されず——まずは個々人の水準にある非能産的である部分について、そして対応可能な部分について、当然に対応し補えばよい、補うべきであるという単純な道を行くことをしない、できないことによる。そしてそれは、生産者・能産者がその産物を取得することを——あとで様々に「補正」はされるべきだとしても——基本的な範型として置いてしまうことによっている。

そのことはまず、ヴァン・パリースのこの本では、各々の人の信・価値に介入することをよしとしないという信仰・価値として存在し——これは各々の人が産出し保持している信・価値を、産出され保持されたものであるがゆえに手をふれてはならないという信仰・価値としてある——、しかし同時に、ときに無自覚に、特定の（自らが有している）信・価値——産出し制御するというあり方を格別によいものとする信・価値を——その当人自身が思っていることや思っていないことを超えて——適当でない場所にまで、拡張し適用しようとすることによっている。

さきに内的賦与と社会の間に起きる出来事が生ずる事情にもいくつもがあって、それぞれについての対応の仕方も実際に異なる、また異なってよいと述べた。しかし、そう考えず、一つ、基本的には単純に単一に近い図式で括ることができるはずで、それが望ましいという思いから、また一つ、世界はそう単純でないことを認めながらも、それに分け入り立ち入ることは人々の生活の様式や価値観に介入することになるといった理由からか、それを避けようとしているのかもしれない。対し方は、個々に委ねられ、比べられないとする。手をふれてはならない、介入するべきものでないという。

たしかに、どのように対処するべきなのか、それを巡ってときに深刻な対立も起こっている。前節で内的賦与への対応のあり方として五つをあげたのだが、例えばその中で、（1）なおすのか、それとも（2）補うのか、どちらを採るのか強調するべきなのかで議論があったし、今もある。あるいは（5）

相手の自分に対する好悪についてどこまでのことを言うのか言わないのかという問いもある。それは本人が選べばよいと言われるかもしれない。よいかもしれない。しかし（5）について、自分の思い通りになるなら苦労はしない。また（1）と（2）にかかる費用は異なることがあるだろう。とした場合、非優越的多様性という案のもとでは、誰かがどちらか安い方でよしとした時、その方に決まってしまう。本人が決められない。それでよくないならどうしたらよいのか、それなりに複雑なことを考えねばならなくなる。

その場面を避けるのはやはり間違っている。というのも、一つには、世界が如意の部分と不如意の部分に、そして両極の間にある様々な度合いの変更の可能・不可能、困難・容易な部分によって、また好まれる・好まれない部分によってできていて、そこに私たちが住まっているのが現実であり事実であるということである。また一つに、そうした様々な条件の違いのもとで、人々が、どのようであってほしいのかを考え、様々を主張し、それが実現したりしなかったりしているということである。それを見ずに、社会や社会における分配を語るなら、やはりそれは現実から離れたものにもなるし、また使えないものになってしまうということである。

にもかかわらず、そのように進まないのは、そのような仕分け・区分自体が、特定の社会像を押しつけてしまうことになるがゆえに、なされるべきでないと考えているからだろうか。しかし、次に、立ち入らない、不偏の立場に立つと言いながら、介入しないとしながら、実際には偏っている。つまり、実際に様々あるし、そして様々あってよいあり方の一つが採用され、他のものに適用される。人と、人が関係してしまうその相手との関係のあり方について、すべてが選択され比較され統御でき、交換できるものであるかのように話を進めるのである。たしかに選択・決定はおおいに重視されるべきものである。

しかし、選択の対象にならないもの、すくなくともそのことについて慎重であってよいものがある。だが選好・比較、交換という図式が拡張されていく。

よいことがあるなら苦労もするというように、得と損の（可能性の）双方を見比べて、自分にとってよいように振る舞う。そのようにして行動する部分はたしかにある。それはそれでよい。しかしすべてがそうではない。けれどもこの図式を当てはめる。

もちろんどんな人でも、対象とされる内的賦与が、逃れられないものであることが普通であること自体は認めるだろう。（しかしその本では、与えられる外的賦与（金）によって手術をして視覚障害を取り去るという例がまず出てくるのが不思議だと述べたのだった。）しかし、そのようなものとして扱われないのである。

与えられたものについて、それを持ち上げる必要は、多くの場合にない。たしかにそれはマイナスのものであることがある。そこで、別のプラスの価値を持つものと組み合わせていった時に、それを選ぶ人が出てきたところでよしとするという。しかし第2節で述べたように、それは実際の選択の対象ではない。どれだけ金を積まれればその内的賦与を受けいれるかという話は、仮の話でしかない。対処の方法を間違えてしまう。基本的に動かせないものとしての内的賦与をうまく扱うことができない。

このことに関係し併行してもう一つ、人の側にある能動的・主体的な側面、選好の扱い方がある。選好を尊重するというのだが、その結果、かえって選好に対して乱暴なことになってしまう。これも、一人この本の著者に関わるものではない。ある型の経済学的、政治哲学的発想による。

人は様々な好み・嗜好・価値観をもつが、それは大切なものであるから、介入してならず、互いに比較するのもよくないとされる。そこで一つ、全員一致なら問題ないとされる。パレート（最適・改善…）主義とはそういうものだ。一人ひとりの選好に手をふれないとした上で、誰もがよいなら――誰の選好も否定していないのだから――それはよいことだとされる。しかし、別に記したので（立岩［2004a:53-54,194,232,300 et al.］）ここでは説明を略すが、全員一致が人や人の選好を常に尊重することにはならない。全員にとってよいことが起こるならよいとされるが、それは初期状態を問わない場合である。初期状態を所与とすれば、パレート改善はたしかに全員に改善をもたらす。財を交換する富者も貧者も得をする。しかしその初期状態自体が問われる。そして初期状態は全員一致では決まらないし、また決める必要もない。そして、全員一致でないとことが決まらないなら、実質的に一人あるいは少数者が独裁者のようにふるまうこともできる。

非優越的多様性の場合には、全員ではなく誰か一人でよい。誰もが誰のことをもうらやましいと思わないというなかなかありそうにない状態でなく、ある包括的賦与を得た人の方が他の誰かよりもよいと、誰か一人が思う状態になればそれでよいとする。このこと自体の正当性がもちろん問われる。このことを措いても、他人が決めることになる。その他人の選好は、結果として社会的・公共的な決定になる。するとその選好の妥当性が問題になり、「不適切」な選好を除外しなければならないことになる。しかし他方では選好を大切にしているのだから、それをしたくないという事情も一方にはある。そこで一つに、それを「異常」なものとして切ってしまう。でなければ、無理があっても受け入れる。いずれかになってしまう。

対して、私たちは、その人の意志・思いを大切にするが、特権化しない。そして常にその意向・発言をそのまま採用しないことを言うのに、それが他人たちに作られたからよくない――「適応的選好形成」という語はそのように用いられることがある――とは言わない。価値や欲求は影響され作られることの方が普通である。慎ましい人に少なくしか与えず、贅沢に慣れた人に多く与えることになるなら、選好や厚生を使わないという道は行かない。選好の内容を問題にする。慎ましい人に申告よりも多く与えること、またその逆の人に対して切り下げることに問題はないとする。その方がかえって人の選好を大切にすることだと考える（立岩［2004a:chap.4］）。

6　分けられないものを分けてしまう

そして分配できるし、またされるべきものについての論理にもまた不思議なところがある。個々人の間の違いに対する対応を、（1）市場において稼ぐものの違い、（2）必要なものの違いに、ひとたび分けることはできるし、制度の仕組みとして分けることに合理性もある。ただ、基本的に別のものかと言えばそうではない。

社会的な環境が平等に用意され、そして内的賦与が等しいのであれば、もちろん様々な運不運等はあるにしても、市場でほぼ同じだけを得られるようになるはずである。ゆえにＢＩでもなんでも再分配策を採用する必要はない。また人々に等しい確率で存在するリスクについても、市場に民間の保険を付加することで問題は生じないはずである。しかし、人が自らの身体に関わって、その能力／非能力に関わって、得るものが変わってくるし、必要なものが変わってくる。一つ、生産、その能力やそして得られるものの差異が現れる。これだけに起因するのでないとしても、多くそのことが関わって受けとりが変わる。内的賦与（とされるもの）によって、市場で受け取る収入に差異が生ずる。一つ、必要なものが変わってくる。同じ暮らし、暮らしのための手段を得るために、他の人より多くを必要とすることがある。例えば他人の手を借りる。その時自分は何もしないなら、自分で行なう場合と労働の総量は変わらないが――このことを忘れている人がいるから、押さえておくとしよう――その人については、その他人の仕事の分が加わる。

つまり、同じ要因によって、二つのことが起こる。「内的賦与」に関わってそれを多く必要とする人がいるということと市場で得られるものが少ないことは、同じところから発している。★07

次に、この二つの差異の補正は、同じ理由から求められる。BIの主張は、ヴァン・パリースの場合には、「自由の最大化」にあった。ならば、「自由」が大切だと思うなら、必要の違いと所得の違いを補正して、「自由」のために、分ければよい。その書名にある「本当の自由」にとってその差異があった方がよいとか、あってよいとは言えないはずであるから、保障されることはよいことであり、なすべきことだと言えるはずである。次に、同じ著者において、非優越的多様性の実現は、内的賦与に関わる差異への対応としてなされた。その仕組みに疑問はあるが、その目的はよしとしよう。すると、内的賦与に関わる収入の差にも向けられて当然である。また自由を最初のものとして置くかどうかは措くとしても、暮らしについて個々人が得られるもの、そのための財が、内的賦与の差異に関わらず、個々人のもとにあるのがよいと考えるのであれば、それに対応した給付があって当然である。

こうして、内的賦与の差異は（再）分配の基本的な理由であり、この差異に関わる対応は中核的な課題である。そして、市場で得るものの差異への対応と必要なものの差異への対応とを区別する理由はなく、区別する必要はない。基本的に同じ原理で考えればよい。

所謂所得保障の部分と社会サービスの部分との区分けは便宜上のことであり、便宜上必要である限りは認めてよいが、この基本を誤解するべきではない。差異に応じて違ってくる必要の差異に応じて、そのための手段がしかるべくあってよい。それを定めることにする。他方に稼ぎの違いがある。それを差し引いて、再分配として提供されるものが変わってくる。基本的にこれだけでよい。差異に応じて補正された給付が決まるなら、それから市場での所得を差し引いたものを供給すればよい。また、同時に税を差し引きしてもよい。内的賦与の差に関係して存在する格差に対応してなされるべきことは、消費のための支給――現金で給付されるにせよ、加えて現物で給付されるにせよ――の場面では基本的には一度行なわれればそれでよいというのが、当然の帰結になる。ただ、医療や福祉サービスの多くについては予め定めるよりも実際の利用に応じて払った方がよい。提供者そして／あるいは利用者に支払うことが合理的であるから、制度的には分立させた方がよいことがあるということである。

BI論者の中には、BIだけで一切を終わらせようという考えもあるようだ。そうした中で、ヴァン・パリースはそうでないし、日本の多くの論者もそうだ。BIだけで手を打とう、他からは手を引こうという人たちに比べれば、たしかにその方がよいと思う。しかし、検討している本において、その扱いは別立てになっている。

非優越的多様性はBIの「制約条件」として置かれる。論理的な関係としてどう捉えてよいのかわからないところがあるが、まず内的賦与の部分を「補正」した上で、BIの最大化を図ろうとしているように読める。実際の手続きとしては、同時に、あるいはその後に行なってよいのではあるだろう。ただ少なくとも二つのこととしてなされる。これは不思議なことに思われる。所得や給付は外的賦与であり内的賦与はそれとは別だと言われるだろうか。しかし、手足が動かずに不便であることにしても、それは内的賦与そのものではない。内的賦与に関わって、その人が稼げないこともある。その意味では区別はない。示されるのは、補正されると「平等」になる、その上でBIという図式なのだが、この場面では収入もこみにして補正が行なわれてもよいはずだ。とすると、なぜ内的賦与が関わる際への対応で終わらないのか。こちらの方が不思議だ。内的賦与が所得以外の部分についてその人にもたらしているものと内的賦与に関わって所得として差異化されているものが分けられ、その上で前者だけについて補填がなされる。こんな仕組みになっている。なぜ二本立てになっているのか。

まず、非優越的多様性は、想定されている（と思われる）運用法において、所謂障害には対応できる（ように使われる）が、所得保障については使えないもののように思われる。そして、所得格差は、やはり暗黙にということなのか、内的賦与に関わる補正から除かれているようだ。

第一点から。非優越的多様性の場合には、標準が、暗黙に、設定され、それとの比較のもとで保障・補填がなされる。こんな図式になっているようだ。まず誰にとってもよくないものがあるというところから始まる。そうでないとこの話は始まらず、何も給付されることがない。そしてそれと「普通」の人と比較して、その人と同じぐらいになってもらってよいという道筋でその人を救おうとする。

実際には、内的賦与にしてもまったく様々であり、より強い度合いの負のもの、例えば不利益に関わる内的賦与を有する人Aと、それよりわずかに不利益の少ない人Bがいる時、Aにわずかを加えればBを上回り、それで終わりになるといったことはありそうだ。だがそんな場面は想定されていないのではないか。つまり、一方で内的賦与に関わって不利益を被っている人Aがいる。他方には「普通」で「正常」なSがいる。その上で、Aに金を積んでいって、そのうち、ならばSよりAの方がよいと思う人が（一人）出てきた時点で支給を終えるというのである。弱い弱視の人Aと、強い弱視の人Bと、全盲の人Cがいて、この相互で比較するというのではなく、それぞれが「晴眼者」Sと比較される。すると、弱い弱視の人は二万円を受けとり、強い弱視の人は三万円を受け取り、全盲の人は十万円を受けとる、こんな案のようなのである。ここでは「標準」が想定され、それを基準に外的賦与の付与がなされる。

他方、所得保障についてはどうか。ＢＩの給付の前には、市場での収入はゼロから始まって連続的に少額から高額まで多様になっている。ゼロの人がたくさんいる。その中からある人Ａを取り出し、いくらかを与えるなら、その人は何も受け取りのない人Ｂよりは多くなり、すると、その状態になったＡの方が（ゼロの人Ｂよりは）よいということになるなら、常にその人に対するその部分の給付は終わってしまうことにもなる。すると、そもそもこの原理は、所得格差のような場面では使えない道具であるということになる。

そのように分ける必然性はない。しかし分けられている。その上でさらに以上のような前提をとって、各々にしか適用ができない計算がなされる。さらにそれはどうしてなのかと問える。

非優越的多様性の場合は、差異が自然に与えられたものとしてあり、当人に責任がない、だからその不運・不幸を補うという発想のもとにある。内的賦与に関わる差、たんなる差でなく不利益が初期状態として置かれる。そして次に、それについてその当人には責任のないことであるゆえに、それについては保障・救済されるという。

だがそこに存在する不利益の多くは、特定の社会状態のもとに存在する。つまり自らの消費分については自らが生産するべきだという社会のもとに存在する。いわゆる経済活動だけのことではない。自分のこと――自分の消費に関わってなされるべきこと――は自分でなすべきだと、つまり自分で生産するべきだという社会のもとに存在する。生産と消費とが切り離されてよいという――ＢＩの哲学の一つに存在するはずの――立場を維持するなら、それがしかるべく実現した世界においては、自分がせずに他人が行ない、できない人の方が得になる社会はありうる。もちろん今述べたのは現存する社会ではない。しかしいずれも社会である。選択はある社会と別の社会の間の選択なのだが、描かれるのは、自然と、その自然における不幸と、それがその人のせいでないことによる救済という図式である。

他方で、基本の部分のＢＩの部分については、内的賦与に関わる差異の補正という場から切り離される。代わりに、今生きて生産している人の貢献によるものでない生産物や生産のための手段がたくさんあるという認識から、その「資産」の範囲を広くとり、それを「共有」のものとし（そこからあがる利益を）一人ひとりに均等に分けるという案が取られる。それがＢＩを正当化するのだとされ、またＢＩの量を示すものだとする。第2章で見たように、ここで給付される理由は、内的賦与、能力の差への対応とは別なのである。とすると、ＢＩのために取って置かれる分以外の部分については、市場で得られる収入の違いが内的賦与の差異によるものであるという認識がない、あるいはすくなくとも表面には出てこない。差異や差異に関係し貢献に応じた取得が認められてもよいということにもなる。

内的賦与に関わる不利益が是正されるべきとする立場を取るのであれば、これは是認されないはずなのだが、こうして脇にやられ、分けられることによって、それは問題にされない。そのために、内的賦与とこの社会との接触面に生ずる差異の、その全体が「不正」であると言えたはずなのに、そのことが言われないのである。[★08]

それに対して私たちの考えでは、内的賦与（に関わって生じる不利益）を補うことがなされるのであれば、所得の格差についても同じ要因が働いているのだから、また目的が違うわけでもないのだから、所得に対して補正がなされてよいということになる。

だがそうならない。ＢＩが一律の給付を大切なことと見ることが関わっているかもしれない。たしかに個々人（の置かれた境遇）に応じた給付を行なうのであれば、それはその原則通りにことを運ばせない。給付の原則、給付機構の簡潔さはいささか失われることにはなる。また、ＢＩを減額しそこから拠出されることになる。ＢＩの最大化が目標なら、あまりしたくないことである。だが基本的にどう考えるべきであるかは今述べたとおりだ。人のあり様が多様であるのは確かだ。そこをあえて見ないことがよいことである場合はある。しかし、そのことは差異をとくに分配の場面で無視するべきこととは異なる。そして実際の面倒さは実際にはそれほどでもないはずだ。このことは第４章で述べた。

7　よしあしを間違える

今見てきたことは、ここで検討してきた論者の論にだけあるものでなく、もっと広くに見られることである。「障害」の扱いがぎこちないこと、そしてときに不当と思われることは、注にいくつかを紹介するように、時々指摘されてきた。そして、扱うのが苦手であるわりにはよく引き合いに出される。そんな印象がある。そしてその改良・改善も、その学の内部において計られてきているようではある。それを本格的に検討するのはまた別の機会にと思うが、ここでは、どこに問題があるのか、ありそうなのか、それが第５節で述べたことに由来することを、繰り返して確認する。

一つ、能産的な人や人のあり様から発することによって、比較したり移動したりすることができない、すくなくとも容易でないものが——ことのよしあしと別に——この世にはたくさんあるのだが、そして論者たちもむろんそのことを知らないわけではないのだが、その性質を無視して、あたかも比較し決定し制御し移動することが可能であるようなものとして扱ってしまう。

そのことについて悲しかったり、そんなことはある。しかし、そのものをどうにかすることはできない。にもかかわらず行なうとどういうことになるのか。例えば、ここまで見てきたように、空想的な行ないが想定される。せいぜい社会が、他人たちができることを間違って見積もってしまう。また、本人に問うても仕方のないことを問うてしまう。本人であれ、誰であれ、答えられないことを問うてしまう。それはそれとして大きな問題として現れている。それを「非優越的多様性」という主張についてここまで確認してきた。

そして、もう一つ、与えられたものそれ自体はどうこうできるものではないが、そのことを巡って、なにかしようがあるという場面を見よう。本来は移動可能であったり、分配可能であったりするものについての扱いがどうなっているかである。

「障害学」に「社会モデル」と呼ばれる理解がある。個人ではなく社会に問題があるといった理解は、ほぼ正しいのではあるとしても、とくだん珍しいものではないように思える。ただ、私が思うに、うまく理解した場合に、やはりそれは十分に効力のあるものである。そして、多くの考え深い人たちは、その基本的には単純で妥当なこの捉え方をしない。つまり、その人たちは、それは個人の問題でなく社会の問題であると——容易に——言いうる場面でも、そう考えることがない。このことは不思議なことであるとともに、その思慮深い人たちに存在する思考の枠組・限界を示しているようにも思われる。

ではその社会モデルとは何か。それは、私の理解では——それは結局、私自身が述べてきたことなのだが——個人のできる／できないと、得られる／得られないとを切り離すことに眼目がある。そしてより積極的に、得られることが、おおまかな言い方では社会によって、もうすこし進めればなすべきことが公平に近く配分されることによって(↓第5章)、得られるべきことを言う。

そのように考えないと、また予め否定的な価値を付与していると、それは「本来」不幸なこととされる。もちろん、見てきたように、内的賦与に「不具合」がある人になにがしかをすることに全面的に反対する人はそうはいない。ただ、その手前で、あることを当人が行なうこと、行なえることがどのようによく、またできないこと、しないことがどのようによくないのか。そこがどうなっているかである。すこし大きく構えて、ことのよしあしがどのように言われるのかを並べていくことにしよう。

それを言う場合に示されるのは——結局はなにをよしとするかという原理・基準が問題になるという点では同じなのだが、その上で——大きくは二通りある。一つには、あることとそれ自体のよしあしというより、そのことが誰に何をもたらすか、それが誰かに生じさせる結果において判断することである。そしてさらに、なぜそれを採用するのかと問われると、誰かによしとされたもの、誰かに選択されたものがよしとされるものだと、まずは答えることになる。もう一つには、誰がそれを支持するか否かとは別に、ことのよしあしを言うものである。

前者は、誰かにとってよしと受け止められたことによってよしと判断されるものとするという点で帰結主義的な原理と言える。ただ、誰かの選好・選択・決定を、それがその誰かの選好・選択・決定であることが尊重されるべきであるがゆえによしとするという意味では、それ自体が規範原理である。（そしてさらにその正当性が問われうる。）

では誰かにとってのよさなのか。一つは、当人によい・よくないとして選ばれたものがよい・よくないものとされ、それを認めるべきであるとされる——「自律」「自己決定」原則。そして次に——こちらは、さすがに「主義」と言うのは憚られるから名前はないが——当人以外の人々にとっての効果・影響である。そして、これらの人々全体を、ときによくわからない方法で集計してよしあしを言う立場がある——「功利主義」。あるいはみな（多数）がよしと言ったものをよしとする——卑俗な意味での「民主主義」。もちろんこれらを分ける必要がある。またこれらの各々がどのように正当化されるのかという問題がある。

ここで検討してきた非優越的多様性の場合には、誰にとってのという点は——誰か一人がという基準そのものは示されたが、その正当性は——はっきりしなかった。ただ、その出発点にあるのが、ある内的賦与が本人にとって（も）よくないものであることは前提されている。そして他にもそのように断ずる人たちがいる。[★09] このように断言されると、すこし違うとは言っておく必要があると私は思う。そこで立岩［2002a］といった文章も書いたのだった。そこで明示的に書かなかったことをすこし加え、そしていま述べた正当化の仕方という観点から、以下記しておく。

まず、こうした主張に全面的に反論する必要はない。病や障害が否定されることに抗議しようとして、それを肯定しようとすると、かえってそれに対抗する側も苦しいことを言ってしまうことになる。困る場合もたくさんあるだろう。しかしそうでない場合もあるなら、そう言えばよい。そしてそうでない場合はある。

まずいわゆる生産活動、経済活動について。自分の身の回りのことを行なうといった細々とした活動も含めて、生産が大切であるのは確かである。そしてそれは基本的に生活のためのたしかに不可欠ではある手段であり、その限りで道具的なものである。そして内的賦与の様々と異なり、その活動また産物は、特定の人を離れて存在し消費されることができる。だからこそそれは交換や贈与の対象にもなる。すると、そのようなものである限りにおいて、そしてそれが実際に他から供給される限りにおいて、ある人が、それを相対的にあるいはまったくできないこと、内的賦与に恵まれていないことは、本人にとって望ましくないことであるとは言えない。

次に、他の様々な決定、例えば政治はどうか。それは多くの場合、経済活動よりも高級なことであると思われている。そうかもしれない。しかしその政治的決定にしても、皆が政治的主体である必要はない。政治にしてもまた経済にしても、それに関わる人が一定の数、量あればそれで足りる。実際に関わらない人がいてもそれでかまわないのではないか。にもかかわらず、その人（たち）自身が決めるのがよいとすればそれはなぜか。人任せにすると、任せたその人が都合よくものごとを決めて動かしてしまい、その人（たち）に害をもたらすことがしばしばある。それを防ぐ一つの方法が自分たちで決めることである。それが民主制が他に比べてましな制度である一つの理由である。また自己決定が（他人による決定に比べて）よい一つの理由である。このことは、もし、このように不都合なことが起こりにくい仕掛けがうまい具合に存在するのであれば、自分たちで決めたり、自分で決めたりすることが、またそのための能力があったり、そのような欲望や義務感があったりすることが、その本人たちにおいて、本人において、とくによいことであるわけではないことを示す。★10

つまり、生産能力や思考し決定する能力を有していることは必要であるとして、そのことは、それを「その人」がもっていなければならないことを意味しない。もっていなくてもうまくいく。それだけの余剰があることの方がむしろ普通だ。そしてそのことはその人自身にとってはよいことでありうる。労働は、喜びでもあるが、労苦でもある。むしろ経済学の定義的には労苦である。ならばせずに済み、得られるのであれば、その方がよい。

しかし話はそのように運ばない。そのように思われないことは不思議なことである。どうしてか。まず、「誰にとって」にもう二つはあると先に述べた。その二つについて。

全体としてはどうか。生産活動について、いくらかあるいはまったくできない人がいくらかあるいは相当の割合でいるとして、そのことは、そういう人がいない場合に比して、全体をいくらか減らすだろう。しかしここでも私たちは間違ってしまうことがあるのだが、そのできない部分が所与のものとして、

「賦与」として存在するのであれば、その値は固定されているのだから、そのことを問題にする現実的な意味はない。そして、自分のことを自分がするのと、自分がせずに（できずに）他人がするのと、なされることの総量は変わらない。

では他人たちにとってはどうか。決定の場合には、その人が決められないことをよいことに他人たちの好きなようにできるというのであれば、それは利益になることがある。ただそんな勝手なことができなければ益はない。ただ、この世で決めなければならないことはそうたくさんはない。たいした違いはないというところかもしれない。他方で、生産活動については、生活の水準を維持しようとするなら、その人の代わりに自分たちがやらねばならないのだから、負担は増える。他人たちにとってはよくない。

こうして、本人にとって、本人ができないことがよくないとは言い切れない。すくなくともこのように言える場合「も」ある。ところがそのことは言われない。逆のことが言われる。なぜか。

一つに、その利害がじつは本人でない人たちの利害であることを隠し、本人の利害・不幸であることにして、代わりに行なうといった様々なことをしないことが他人たちである自分たちの利害に関わることであることを隠そうとし、また同時に、財の供給等をその本人を救うためのことであることにしようという作為が働いていると考えることもできるかもしれない。そのように邪推することはしないとしても、しかし、現実にそのような効果をもたらしていることは事実である。

一つに、自分にまつわること（さらにそれ以上のこと）を自分がするという一つの社会のあり方が、一つの社会のあり方であるということに気がつかれてないのかもしれない。そしてたんに気がつかないというだけのことでないとすれば、社会的な活動に参加すること、自らが行なうこと、何ごとかの主体であること、社会の創造に関与すること、そうした事々が、それ自体としてよいことであると思われているということである。

これはさきにあげた二通りの正当化のうち後者のものである。自分ができないことは自分にとってわるいことではないかもしれない。しかしそれは周囲の者たちにとってはよくないことだとも言わないとすれば、できないこと自体がよくないことであると思っているということらしいのだ。考えてみても、そう思わなければならない理由は私には見つけられない。けれどもそのように言われる。

所謂経済活動、生産活動については既に述べたから略す。それ以外の決定の活動、例えば政治的活動について。社会を形成・構築するにあたって、そのきまりその他がその成員たちによって決定されることがよいことであるとする主張がある。しかしなぜそうか。一つは先にあげた帰結主義的な正当化だ。つまり、他人まかせにするとよいことはない、だから自分たちが決めた方がよい。それは認めよう。それ以外に、自分（たち）のことは自分（たち）が決めた方がよい理由があるだろうことも認めよう。そうであるとしても、ある人（たち）において、そのような欲望や価値観や能力が欠けていること自体がなにかそれ自体としてよくないということのその根拠を、あげることができない。しかし話はそのように運ばない。★11

8　ぎこちなくなる

それは、極端には、その人々を社会の「正規の」成員として認めないという話にも至る。もちろん、そのように条件を厳しくして社会の成員資格を狭めるといったことがよくないと考える人もいる。ここでよくもって来られるのは子どもである。一般にはそのうち独り立ちするにしても、すくなくとも子どもの時には非力で依存している。人間は最初から独立・自立しているわけではないという、事実その通りのことが言われる。そのことを引き合いに出し、なされてきた議論の修正が計られることもある。しかしその場合には、同情とか共感とかケアとか、別の原理が求められることになる。[★12]

事実として、そのような心性が「依存」する人たちの暮らしを可能に、すくなくとも容易にすることはたしかであり、その暮らしが実現されるべきであるとするなら、そうした心性が十分に存在すること、それが大切であるとされていることは大切である。ただその手前で確認しておくべきことがあった。できないことが困る状態が自然の状態であり、そこで困っている人を、なにかの心性によって助けてあげるのが望ましい社会であると考える必要はない。

同様のことは、例えば、「グローバル・ジャスティス」についてのよく知られた著作として、このたび翻訳書が出版され、また『現代思想』二〇一〇年三月号（特集：医療現場への問い）にもその一部が掲載されている、トマス・ポッゲの『なぜ遠くの貧しい人への義務があるのか』（Pogge［2008＝2010］）に現れている。著者は、貧困が人々がなされるべきでないことをしたこと、なすべきことをしなかったことによって生じている場合、その状態についてその人々には責任があり、その状態を解消するべき義務があるとする。しかし他方、「自然」なものによって生じるできごと、そのできごとに関わる不具合については、それを解消したり軽減したりすることは、よいことであるとはされるものの、人為的な加害に関わる義務ほどには大きくないとされる。[★13] わからなくはないようにも思える。例えば意図的な加害はそうでない場合と違ったように扱われるべきではあるだろう。しかし、前者についてもそうではない場合、つまり加害が意図してなされているのではない場合はある。だから違いはここにはない。

例えば、多くの人々が豊かな国々が押しつけた規則によって――その規則がなければあるいは別の規則にするなら回避できる――多くの人々が貧困に苦しんでいるとして、その貧困について責任があり、それを解消させる義務があるとしよう。では、不便が生じないようにできるとして、それを行なわないことは別のことだろうか。できない人が不便でなく不利益を被らない社会は――可能な範囲において――可能であるにもかかわらず、その社会が実現されていない。そのことについて責任があり、その状態を解消する義務がある。そのように同じく考えてならないことはない。

当人のできる／できないが当人に有利／不利をもたらす社会と、そうでない社会と、両方を社会のあり様として等しく並べてみることはできる。そして前者が正当化されるかを考えればよい。またいずれが望ましいかを考えればよい。説明を略するが、前者を基本的に正当化することはできず、後者の方が望ましい。ならば後者の社会の方に行けばよい。可能でありまた望ましい状態を実現することができないのに実現しないのであれば、そのことについての責任は実現しない側にあり、その状態を解除し、望ましい状態を実現することは、ポッゲがまずなさねばならないことであるとする「消極的義務」の履行であると見ることができる。

実際には人はなすべきことをなさないことができる。その気にならないことはある。その気になるためには、「利他的」な気持ちになってしまうなんらかの契機があることはたしかに有効でもあるだろう。そのことはおおいに認めよう。しかし、その事実があることを認めつつ、そうした心情の有無とは別に、しかじかがなされるのが当然であるなら――グローバルな貧困が解消・軽減されることが、そして／あるいはすべての人の自由のためにＢＩが支給されるのが当然であるなら――、同じに、「内的賦与」に関わってなされるべきことがなされればよいと考えるべきであるということである。そのように考えない場合に、なされるべきことがなされず、あるいは特別のこととしてしかなされず、結果、個人とその個人の状態を、その個人に帰属するできごとであり――今さらそんなことを言う人はいないと思われるかもしれないが――、「本来」「誰にとっても」その個人に帰される不幸とされる。同時に、そのような自然の、個人のものであるとされることによって、その対応は、なされるとして、特別のものになる。それは繰り返せば、飽きもせず繰り返し述べていること、生産者による取得を基底におき、そうした存在を基底に置くことによっている。そのように考える必要はない。

ここでとりあげた著作の著者ヴァン・パリースは、政治・経済哲学の論者の中では、珍しく、相当に「脱力系」の人物であると思う。そうであっても、不思議なところがいくつかあった。それであえて取り上げた。ここまでで、BIそのものについてそれほど前向きの議論をしたわけではない。また、所得保障政策について具体的に論じたわけではない。ただ必要なことではあったと思う。より基本的であり、また同時に穏当でもある案については第1章で述べた。

★注

01　この案について、まだ日本語の論文で本格的に検討されてはいないのではないかと思う。紹介はヴァン・パリースの諸説の検討の中でいくつかは出てくる。そして批判的な言及は多くない。この概念の経済学的な含意については、吉原・後藤［2004］、吉原［2007］に記述がある。また村上［2006］［2008a］［2008b］で検討されている。この案を簡単に紹介し、簡単に問題点を示した後、この案から離れ、「ケイパビリティ」の方に行こうという筋になっている――ごく大きな流れについては異論はない。この村上の紹介を引いている報告として岡部［2008］がある。以下は訳書の解説より。

「この基準は大まかに言って、ある社会において、ある個人Aよりも劣っていると満場一致で見なされる別の

個人Bが存在しないのであれば、個人間での「平等」が達成されていると考えるものである。」(齊藤［2009b:403］)

★02　北田［2003］がこの問題に取り組んだ。この著作についての私のメモがある（立岩［2004b］）。

★03　このような策をとることは認められている。

「ベーシック・インカムの最大化は非優越的多様性原理という制約の下で行なわれる必要があるので、この制約条件を満たすのを非常に容易にしてくれる数々の政策にとくに注目せねばならない。(予防医療のような) 現物の普遍的給付、(例えば、公的交通へのアクセスといった) ハンディキャップをもつ人々に対する特別な給付、または、(例えば学習遅滞者に対する特別な教育支援といった) ハンディキャップを阻止する特別な給付、さらには、特別なニーズを持つ人々に対する機転の利いた効果的援助の精神を促進すること、これらはごく一部の実例に過ぎない。これが暗に示しているのは、ヘルス・ケアや教育システムの形成をリアル-リバタリアン的な見地から導出するにあたって、経済的効率性のみがその唯一重要な考慮事項ではないということである。」(Van Parijs［1995＝2009:137］)

齊藤［2009b:404］でもこの箇所が引かれており、ヴァン・パリースが、BI支給の手前の段階で、ベーシック・ニーズが万人に充足されていることを求めていること、現金給付でなく現物給付の意義を認めていることを示しているという。

★04　(1) のなおすことをめぐる得失を本人と周囲の人たちとその双方において見るべきであると立岩［2001b］で述べた。(1) と (2) とを比べた時、本人においては (2) の方がよいことがあること、周囲の人にとってはそうでないことがあることを立岩［2002a］で述べた。

★05　いわゆる適応的選好形成については立岩［2004a］で考えている。

★06　「死や苦痛や不便をもたらした者たちは、それだけで十分に糾弾されるに値する。その者たちを追及するのはよい。ただ、第一に、そのことを言うために、その不幸をつりあげる必要が出てくることがあるとしたら、それはなにかその人たちに対して失礼なことであるように思えるということだ。だから、それはしない方がよいと思うようになったということだ。」(立岩［2008c］)

★07　もちろん私たちはこの社会に生じている格差がすべて内的賦与によっているなどと言いたいわけではない。様々に、利害関係、偶然的事情その他が関わっている。ただ、そもそも能力そのものが関係において現れてくるものである。人が必要としない能力の多寡が問われることはない。必要な行ないとされるものがあり、その行ないにおける差異が見出され、それをその当人の方に投影し帰属させたものが能力と呼ばれるものである。それを、本人に真に帰されるものとそうでないものとを仕分けようとされることがある。時には必要であるかもしれない。しかし厳密にこのことを行なうことはできない。それをできるとした上でなされることはしばしば誤った行ないとなる。ここでは、個々人の内的付与とその周囲との関係において差異が生ずること、このことだけを確認しておけばよい。

★08　そこで非優越的多様性の方だけをとって（正当に）これをもっと拡張して考えていけば、内的賦与への対応だけで十分な水準になることがあるかもしれない。ただこの場合には、主要な主張であるＢＩを言う意義がなくなる。そして、それはかまわないとしても、次に、見てきたように、非優越的多様性が正当と考えられるだけのものを分配するようになるとは思えない。

★09　例えば、土屋貴志［1994:139］で引用され、検討・批判されている、また立岩［2002a］でも引用・検討されている以下の文章。

「動き回るためには車椅子に頼らざるをえない障害者に、奇跡の薬が突然提供されるとする。その薬は、副作用を持たず、また自分の脚を全く自由に使えるようにしてくれるものである。このような場合、障害者の内のいったい何人が、障害のある人生に比べて何ら遜色のないものであるとの理由をあげて、その薬の服用を拒否するであろうか。障害のある人たちは、可能な場合には、障害を克服し治療するための医療を受けようとしているのが、その際に障害者自身が、障害のない人生を望むことは単なる偏見ではないのだということを示しているのである。［…］

歩いたり、見たり聞いたりできること、苦痛や不快をある程度感じないでいられること、効果的な形で意志疎通できること、これらはすべて、ほとんどどのような社会状況でも、真の利益である。これを認めるからといって、これらの能力をすべて欠いている人々がその障害を克服し驚くべき豊かさと多様さを持った生活を送ることがありうるということを否定することにはならない。」（Singer［1993:54 = 1999:65］、「真の利益」は genuine benefits）

ここでは「本人にとって」という話になっている。ただ、この立場が常に取られているわけではない。そうであると決めてしまっている場合もある。そして両者の差異はあまり気にされていないようでもある。そうした議論については『唯の生』（立岩［2009c］第1章「人命の特別を言わず／言う」）で検討している。

また、Silvers［1998］では以下が引かれ、批判されている。

「［…］障害は望ましくないものである。なぜなら、障害は意義のある任務を行うのを、また価値ある社会的関係に完全に参画することを妨げるからである。ゆえに、障害は望ましくないものではない、あるいは障害のある人にとって障害は不利なものであるとは限らないと言うのは間違いである。」（Buchanan［1996:38］）

★10　こうしたことを、立岩［2006-］のうちの数回「できないことのよしあし」に、やさしく、書いている。そのうち理論社から「よりみちパン！セ」シリーズの一冊として本になる。

★11　例えば Silvers［1998］の冒頭ではロールズの以下の文章が引かれ、批判される。

「人（person）とは市民であることのできる誰かである。［…］私はここで、生涯にわたって身体的な障害——とても深刻なもので正常であることができずまた普通の意味で社会で協働してやっていく成員であることができないような障害——を有する人を脇においておくことにする。」（Rawls［1985a:233］）

また、竹内章郎の著書では同じ人の同じ年の文章が引かれてやはり批判される。

「あらゆる人は、正常範囲内の肉体的必要性や心理的力量をもっている、と私は仮定する。そこで、特別のヘルスケアや精神障害者の取り扱い方に関する問題は生じない。こうした困難な問題を考察することは［…］、われわれと隔たりのある人々を考えざるをえなくするために、われわれの道徳的な知覚を混乱させてしまう」（Rawls［1985b:206］、竹内［1993:194-195］に引用）

こうした文言をどのように理解するかについてはここでは論じない。ただ、それを正当にも批判する側が、障害者は実際にはそう依存しているわけではないのだといった言い方で反駁すること——シルバーズの批判にはそんなところがある——については、実際そんなことが多々あるとしても、支持できない。

★12　ヌスバウムが障害のことを含めて論じている（Nussbaum［2006］）。柏葉［2008］でその論が検討されている。

★13　「普遍的かつ中核的な基本的正義基準を受け入れたからといって、特定の社会が自国の制度をより強い正義基準——それは人間的豊かさについてのより具体的な尺度を含む——に従わせようとすることが排除されるわけではない。そのような国内的尺度は以下のような追加的基本ニーズを市民たちに付与する。すなわち、特定の法的（憲法上の）諸権利をもつこと、社会的不平等によってあまりに深刻な不利益を蒙らないようにすること、生来のハンディキャップや不運が適切に補償されること、重要な宗教的義務の履行に対する補助金を受給すること、である。とはいえ、このような付加的な基本的ニーズは、世界のあらゆる場所においても、グローバルに共有される人権概念によって承認された普遍的な人間のニーズに比べれば、二次的なものと見なされるだろう。強制力をともなうあらゆる制度体制に何を措いても求められるのは、基本的な諸自由と参加の最小限に適切な取り分への確実なアクセス、および、食べもの・飲みもの・衣類・住居・教育・医療の最小限に適切な取り分への確実なアクセスを各人に提供することである。この要求を定式化し、グローバルに受け入れられるものとし、実現することこそ、我々の時代における最上の道徳的課題にほかならない。」（Pogge［2008＝2010］）

第2部　政治哲学的理念《イデオロギー》としてのベーシックインカム

齊藤拓

本書はベーシックインカムについての解説やこれまでのBI論議をわかりやすく示すことはしない[★01]。ゼロ年代からはBI論壇の主流は、いわば「理念としてのBI」から「政策としてのBI」に移ってきた。本稿ではあえて、時代遅れとも思える「理念としての」BIに焦点を当て、どのような理念がBIという制度提案を最も無理なく導出するのかを、またむしろ、(狭義の)BIという政策構想にはどのような政治哲学的理念が伏在しているのかを、提示したい。この目的のために、今のところ最も精緻な「理念としての」BI論であると評される、ベルギーの政治哲学者フィリップ・ヴァン・パリースによるBI正当化論を紹介する。その際、彼の「リアル・リバタリアニズム」と自称される政治哲学の全体的なスタンスや主張をどのように解釈すべきかを提示する。ヴァン・パリースを選択するのは、その主張が政治哲学にもとづいたBI擁護論のなかでは最も大部かつ精緻であること、さらに、筆者自身がその論証やその背景にある政治哲学的直観におおむね賛同していることによる。そのため、本章はヴァン・パリース政治哲学体系の紹介を兼ねた筆者自身のスタンス表明でもある[★02]。なお、彼の主張に賛同しかねる部分はその都度明示する。

一　いわゆる雇用レント説という理解[★03]

ヴァン・パリースの主著『万人のリアル・フリーダム』(Van Parijs [1995])によるBI正当化論はそ

の第4章「資産としてのジョブ」論に特徴があるとされる。この「資産としてのジョブ」論はいわゆる「雇用レント説」として単純化され、次のように説明されるのが一般的である：

「ある人間が雇用されているということは、別の人間の雇用の機会を奪っていることを意味する。現に雇われている人間を雇い続けるよりも、その人間を解雇して安い賃金で働いてくれる新しい人間を雇った方が雇い主にとって利益になることが少なくない。……現に働いている人間の賃金と低賃金で働いてくれる人間の賃金との差額……がここでいう「雇用レント」（雇用の差額地代）である。現在働いている人間はこの雇用レントを独占していることになる。……、雇用レントの部分は、雇用レントを享受できない人間に対するBIの財源として拠出してもよいのではないか……」［武川 2008: 35-6］。

以上のような考え方はBIを正当化するというよりは雇用レントの公正な配分を目指すことになり、ジョブ・オークション、ないしはジョブへのアクセスのトレーダブルな権利を各人に均等に賦与［endow］しそのうえで各人がその権利を市場で売買するという考え方を導くものである。★04 雇用レント説によって一律給付のBIを正当化する議論は、雇用レントの独占が個人の能力の違いによって生じているケースとジョブの不足によって生じているケースを差別的に扱えない、および／または、各人のジョブ選好の度合いを反映しない、という問題がある。さらに、ジョブというものが常に定数であるというありえない想定に基づいている、との批判にも脆弱である。くわえて、数多あるジョブはそれを遂行する際に「スキル」を必要とすると一般的に考えられており、スキルの高低にかかわりなく各人があらゆる種類のジョブ・オークションに参加できるなどという制度構想は、規範的に馬鹿げている、および／または、生産性の甚大な毀損を招く、という批判を惹起する。ヴァン・パリースの「資産としてのジョブ」論は、このような批判にオープンな、分かりやすい「雇用レント説」とはまったく異なる。

二　ヴァン・パリース政治哲学の全体像

ヴァン・パリースのＢＩ論を十全に理解するためには彼の政治哲学の全体像である「ギフトの公正分配としての社会正義」を理解しておく必要がある。彼の政治哲学的ＢＩ論は左派リバタリアニズムと左派ロールズ主義という二本の柱からなる。ここでは、とりあえず、左派リバタリアンとは「自然の共同所有」と「完全な自己所有権」を要求する立場、左派ロールズ主義とは不平等が正当化される条件としてより不遇な人の境遇がより改善されること（レキシミン）を要求する立場であるとしておく。

まず、左派リバタリアンについて。「リバタリアン」を客観的かつ包括的に定義するならば、「財産権（所有権）の理論に基づいて正義を語る論者」とするのが妥当と思われる。[★05] 所有権に関する議論は、（１）自らの身体およびその労働に関する議論（自己所有権）と、（２）外物に対する専有の正当化に関する議論（原初的専有）からなる。あらゆるリバタリアンが完全な自己所有権［full self-ownership］を認めるよう要求するが、左派リバタリアンは身体所有権［body-possession right］と所得所有権［income-possession right］を分離し、市場からの（労働その他の要素がもたらす）所得に対する一定の課税を認める（つまり、完全な自己所有権に所得所有権までは含まれない）。次に、外物に対する所有権に関しては、左派リバタリアンを標準的（右派）リバタリアンから画すのは、単純化していえば、「自己所有権を完全に認めつつも自然の共同所有joint ownership of the Worldを擁護する」という点である。リバタリアンと呼ばれる人たちはロックの「自然の共同所有」に関する解釈をめぐって論争を続けてきた。ロックは、各人が自身の貢献による生産物に対して所有の権利を持つとしたが、これは逆から言えば、生産全体のうち自然資源の貢献によるものは集合的決定によって分配されてよい、と読むこともできる。ロックおよびその追従者たちは自然の貢献を少なく見積もり、〈現実の生産〉と〈自然の貢献のみによる生産〉の差が人間の労働に帰される生産であり、これはそれを創り出した個人にのみ帰すべきものであり彼らから取り上げてはならない、と主張した。しかし、逆の見方がありうる。〈現実の生産〉と〈人間の労働のみによる生産〉の差を自然の貢献に帰される生産であるとしたら、これらは集合的に分配方法が決定されてよいことになる。しかも、〈人間の労働のみによる生産〉がほとんどありえないとしたら、この集合的決定に服する部分――これを便宜的に「自然資源プール」と呼ぶ――が生産全体のほとんどだということになる。ロックの論法は生産された総量のうちの相当な部分の分配方法を集合的に決定することを妨げるものではない。

自然の共同所有をどう解釈するかは各論者の先‐理論的な「価値観」に依存するし、ロックの解釈のみが「正しい」わけでもない。規範理論とは、諸解釈間の「説得力」ないし「訴求力」を競うものであって、時々の人々の選好や文脈から離れた「正しい」解釈が存在するわけではない。「自然の共同所有」はほぼ全ての政治的立場によって直観のレヴェルでは受容されているが、その解釈やそこから引き出される制度的インプリケーションの違いこそがむしろ問題となる。結局のところ、この自然の共同所有をどう解釈するか、社会的に分配方法を決定すべき「自然資源プール」をどの程度と見積もるかによって、さらにはその自然資源プールの分配に関する制度構想の違いによって、各政治的立場は様々な分岐を見せている。これから見るように、ヴァン・パリースの「資産としてのジョブ」論はそのような解釈のありうる一つであり、ベーシックインカムはその分配手段提案の一つなのである。

次に、左派ロールズ主義について。「ロールズ主義」によってヴァン・パリースが意味しているのは、個人間での不平等が許されるのはそれがより不遇な者に便益をもたらす限りにおいてである、といういわゆる「格差原理」の擁護である。これに対して、彼が「右派ロールズ主義」と呼ぶのが、不遇な者のわずかな改善さえあれば格差がどれだけ甚大であろうとその格差は正当化できると強弁して再分配を縮小させてきたネオリベ論者たちである。「左派ロールズ主義者」は、それとは異なり、格差原理を普通にマキシミンないしレキシミンと解釈する立場であり、いわゆるトリクルダウンとは逆に、より不遇な人の境遇改善をより重視する。さて、ここで「何の格差か?」が問題となる。現代の規範理論――のなかでも大きなウェイトを占める分配的正義論――においては、「何の平等か? Equality of what ?」がその中心的論題となっている。この論題の周辺で言説を展開しているのがリベラルな平等主義［liberal egalitarianism］と呼ばれる人々であり、ヴァン・パリースもそこに含まれる。そこでの各論者に共通するのは「自由を分配せよ」という主張である。ただ、その「自由を分配」するためにより具体的には何に注目するのかが各論者で異なっている。ヴァン・パリースはVan Parijs［2006］において、（1）ロナルド・ドゥォーキンやアマルティア・センのような、賦与（ここでは主に個人の能力を指している）における不公正な格差の矯正を問題とする分配的正義構想、（2）ロールズのような、社会的ポジションへのアクセスおよびそれらポジションに付随する社会-経済的利得の見通しを問題とする分配的正義構想、の二つに対置して、「われわれが人生全般を通じて非常に不平等に受け取るギフトの公正分配を問題とする」分配的正義、として自らの社会正義構想の位置づけを明確にした。通常、リベラルな平等主義の文脈では、個人が自らの選択によって独力で手に入れたのではないものを「賦与 endowment」

と呼ぶのだが、とくに遺伝的賦与（生まれつきの才能）と投入される教育的資源とが想定されており、これらを均等化することが「機会の平等」であるとされる。ヴァン・パリースは、社会正義にとってはそのような狭く定義された「賦与」の公正分配だけでは不十分であると考える。というのも、人々は成人した後もさまざまなかたちで「ギフト」を受け取るし、それらギフトは捕捉するに値するほど大規模なので、（マキシミン正義の観点からは）再分配すべきだと考えるからだ。これに対して、「自然の不運bad brute luck」に補償することのみが社会正義の役割であって、「自然の幸運good brute luck」による利得を個人がキープすることは許されるべきだと考える論者はリベラル平等主義の中にも数多く存在している（例として、Vallentyne［2003］）し、運を含む「ギフト」を各人にレキシミン分配するというアイデアが平等主義的過ぎるとの批判はありうるので、これについては後に詳しく述べる。ヴァン・パリースはVan Parijs［1995］の時点でも「賦与」を一般的なリベラル平等主義者よりも広い意味で使っていたが、それを敢えて「ギフト」と言い直したのは、この点を明確にする意図があってのことであり、この「ギフト」という概念こそがヴァン・パリースの――BIを含んだ――全体的な社会正義構想のキーである。要するに、ヴァン・パリースの「左派ロールズ主義」者としての立場とは、このギフトを個人間でできるだけ公正分配することによって、各人の実質的自由を――かならずしも平等化ではなく――マキシミン化ないしレキシミン化せよと主張することなのである。

三 「ギフト」の公正分配

リベラルな平等主義の立場に立つ人々にとって（のみならず一般的な人々にとっても）、各人が独力で獲得したのではないもの（ギフト）を課税対象とすることには心理的な抵抗感は少ないと思われる。

そのような課税の対象として、（土地を含む）自然資源、所有者の人格と切り離しやすい生産手段、通常の個人が持て余すほどの莫大な遺産、文化財、人類に共有されるべきものとしての文明・文化・技術・知識、といったものが考えられてきたわけだが、これらをそのままのかたちで各人に分配することは技術的に困難であり、生産性の観点から非効率でもある。そこで、これらそのものではなくその「価値」を分配しよう、ということになるわけだが、その価値をどう評価するかが難問である。資本主義社会としての我々の世界ではそれら自然資源や社会的承継財産もすでに私的所有されており、その所有者が個人の判断によってそれら要素を市場に投入し、収益を自らに帰属させている。各人が支配している生産諸要素は各人が単独（独力）で自ら使役・運用するよりも、市場に投入してその他の要素と結合させるほうが、シナジー効果や規模の経済によって、はるかに大きなアウトプットとなるわけだが、そのとき、この資本主義社会および市場社会の現実において、増大した収益のどれだけがどの要素の「貢献」であるかを物理的に測ることはできない。つまり、現代の高度に分業化された諸社会では、限界的に生産された富のどの部分が自然や先行世代からの「ギフト」による部分であるかは客観的に決定できない。これこそ、「自然資源は共同所有であるからその部分の価値は万人に分配せよ」とする左派リバタリアン的論者たちの主張はナンセンスである、として却下したがる標準的リバタリアンの典型的な論難である（例として、ナーヴソン［2009: 20］）。しかし、ヴァン・パリースはそのような論難はとうに想定済みで、むしろそのためにこそ、ジョブという地位に注目して「ジョブ資産」という概念に訴えたと言えるだろう。

前段落で言及したのは、いわば「社会」が享受するギフトであるが、ヴァン・パリースの分配的正義の構想において注目されるのはむしろ「個人」が享受するタイプのギフトである。人々が「ギフト」を受け取る形態のなかでも、ジョブという地位の占有にはその個人がその人生においてどれだけ「ギフト」に恵まれてきたか、そして恵まれているかが最も凝縮したかたちで表われる。例えば、労働市場の二重構造というどこにでもある、そしてこれからますます遍在的になると予想される事態を考えてみよう。プライマリ市場のジョブにエントリーできる人間は、通常、公的資格であるとか一定以上の教育的達成（学歴）であるとか、何らかの「スキル」を認定される。上述のように、このエントリー資格の獲得そのものが「ギフト」──当該個人が賦与された遺伝的賦与、および、扶養者によって賦与された教育資源と家庭的環境などの文化資本──を反映している。一般的な機会の平等では、このジョブへのエントリー資格獲得の過程における機会の平等（＝公正な競争）を志向し、それを担保することが正義であると考える。★06 しかし、それ以後にも、とくにジョブ獲得をめぐっては、ギフトの分配はあまりにも不平等かつ道徳上恣意的であり、「ギフト」を非常に多く受け取れる人と極端に少なくしか受け取れない人とが生じる。コネ、情報の偏在、就職時における景気、運不運（たまたま条件のよいジョブが空席になったときにそれを見つけられたか否か）など、ジョブという地位の配分は偶有的な要因によってかなりの部分が規定されるからだ。人々がこれらの幸運によって受け取るギフトは、多くの場合、相殺するものであったり、社会的コストをかけてまで捕捉するに値しないほど小さかったりするわけだが、ジョブの獲得に際して人々が享受するギフトは、その規模が膨大であるだけでなく、捕捉するのが容易でもあるため、追跡して再分配することが望ましい。

四　資産としてのジョブ

われわれが、社会でどのような貢献をし、どのような受け取りをしているのか、という分配をめぐる

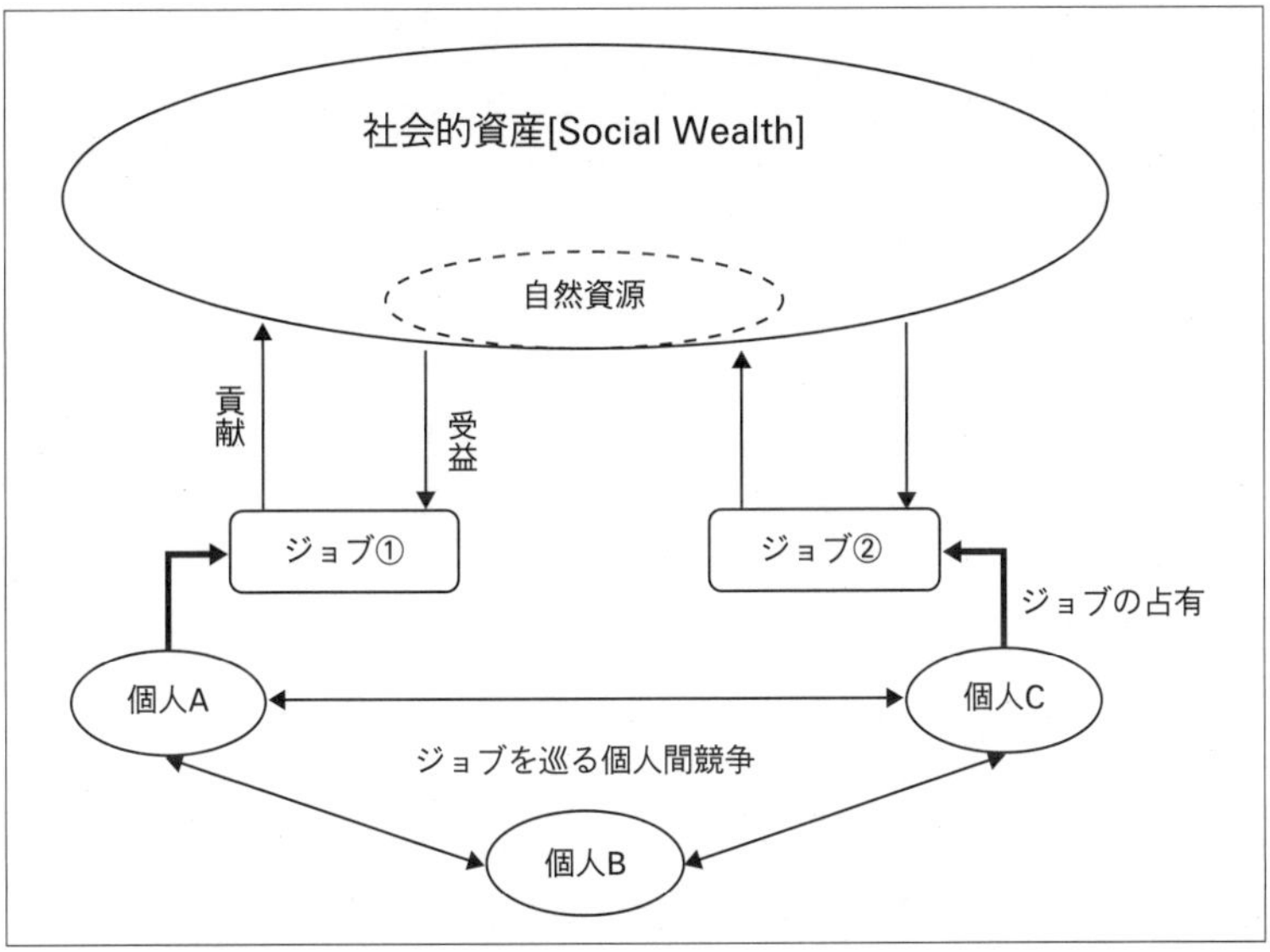

図1：社会的財産から受益する地位としてのジョブ

「事実」は、むしろ様々なかたちで「説明」されているのである。例えば、一般的なエコノミストの説明では、サラリーとは労働という生産要素が産出に与えた限界貢献に報いるものである、ということになっているが、それは——少なくとも筆者から見れば——よく言っても人々の現行の規範意識を満足させる弁解的な説明に過ぎない。ヴァン・パリースの「資産としてのジョブ」論とは、乱暴に要約すれば、人々は「ジョブ」という地位を占有［occupy］することによって社会的財産（の一部）を専有［appropriate］しているという説明である。ヴァン・パリースの「資産としてのジョブ」論によれば、労働者は生産要素としての労働そのものに対する（限界貢献に応じた）報酬を受け取っているのではなく、むしろ「ジョブ」という地位に付随する身分給を受け取っているのだ。これは、いまや「労働者」すべてがレントを引き出す特権的地位を占めている、という趣旨ではない。「労働者」という地位の保持者たちは、たしかに、「労働」によって社会全体の生産に貢献している（蓋然性は高い）だろう。ただ、彼らは「ジョブ」という地位を占有することによって、社会的財産へ貢献する経路だけでなく社会的財産（の一部）を専有する経路をも確保している。つまり、ジョブ占有とは、一方において自らの労働を社会的財産へと貢献するパイプであり、他方において社会的財産（の一部）を専有する（社会的財産から受益する）ためのパイプでもある（図1参照）。そして、このジョブという地位は往々にして希少である。ある地域に、二つのジョブしかなく、それに対して適性の認められる［qualified］個人が三人存在するとしよう。個人AおよびCは個人Bより労働生産性が高い（と雇用主が判断した）ため、このジョブは個人AおよびCが占有する。個人Bには生産への「貢献」を社会に対して顕示するパイプがなく、ひるがえって、個人Bには社会的財産から便益を受けるパイプも開かれないのだ。

ヴァン・パリースの資産としてのジョブ論が一般的な「雇用レント説」よりはるかに優れているのは、ジョブを専有できた者とできなかった者との非対称性だけに焦点化していない点である。このジョブという社会的財産に繋がるパイプはそれぞれに多様なものであり、そこから引き出せる利得も遂行される職務の内容も大きく異なる。つまり、ジョブを得られた者たちの間でもレントを多く専有する者と僅かしか専有できない者とが生じるので（場合によっては負のレントを負わされている者さえ存在するかもしれない）、それらはマキシミンないしレキシミン正義に資するよう再分配されねばならない。非自発的失業者のみを対象とした施策が支持されないのはこのためである。

五　「ジョブ」概念に関する注記

このとき、「ギフトの公正分配」を実現する手段がジョブ資産への課税であるとするヴァン・パリースの意図を正確に理解するためにはこの「ジョブ資産」という呼称がいささかミスリーディングである点を認識せねばならない。彼は「ジョブ」概念を被用者としての地位に限定しておらず、自営業者にも適用可能であるとする。このように、法律で規定される所謂「労働者としての地位」を越えて「ジョブ」概念を適用すると、その適用範囲は原理的には限定されなくなる。ヴァン・パリースはVan Parijs [1995: s 4.8] でジョブとパートナーシップとを類推的に比較しているが、そのアナロジーが言わんとしているのは、ジョブ資産とは、被用者が雇用主との間に構築する個別的な人間関係そのもの、および、そこから引き出される様々な利得であるということなのだ。また、自営業者にとってのジョブ資産とは顧客や取引相手との間に構築した関係から引き出す利得なのだということである。このように、ジョブとは社会的ネットワークにおける枢要なポジションとして規定されているのであり、このように規定すると、それはいわゆる「雇用」や「労働」の局面だけで通用する概念ではなくなる。ゆえに、ジョブ資産とはむしろ、「市場所得を得る希少な社会的ポジション」という一般的な定義をする方が適切だろう。

ヴァン・パリースを単純な左派リバタリアンと解釈すると、自然資源と同じように「ジョブ」そのものもまた外的な資産であると真面目に思っているかのように誤解してしまう――そして多くの人はそう誤解している――が、ヴァン・パリースは標準的な外的資産とジョブ資産を明らかに区別している。「資産としてのジョブ」論は、ジョブを外的な（譲渡可能な［alienable］）資産と見なしてその専有から生じる収益（賃金）に課税することを正当化する論法であるが、あくまでもそう「見なして」いるだけであって、ジョブが事実として土地と同じような外的資産であると言っているわけではない。社会構造の変化や好不況、諸個人の選好の変化、技術革新などに伴ってジョブの数もその内容も変化する。また、ジョブは通常その業務を遂行する個人の人格と結びついていることも多く、一般的に観念されるジョブは必ずしも譲渡可能な資産ではない。むしろ、ヴァン・パリースの言う「資産としてのジョブ」とはある種の社会関係資本［social capital］として理解すべきであり、★07「社会的財産」——図1で示したように、これ自体が自然および先行世代からの諸々の「ギフト」の混交物である——から受益するための地位なのである。

この点は例示した方がわかりやすい。企業に勤める研究者甲氏は、それだけでは何の役にも立たない知識やスキルを持っているが、彼がそれを有効活用できるのは、研究装置や施設といった物理的資本を所有する企業組織のなかに「ジョブ」という地位を有しているからだ。また、ある企業で営業を担当しているサラリーマン乙氏が他社の営業担当者よりも多くの売り上げをあげているとして、その売り上げすべてが乙氏の「貢献」であるはずはなく、大部分がその企業の培ってきた営業ノウハウや業界内でその企業が占める位置に因るだろう。また、大したスキルを必要とせず、漫然とルーチンワークをこなしているだけで安定した収入を得ている非熟練労働者丙氏でさえも、長年にわたる経営学の成果によって可能となった労務管理ノウハウによって便益を受けている。このようなノウハウは誰もが無料に近い値段で知ることはできるが、それを活用するには生産手段や労働者をまとめる組織を所有している必要があるし、それによって実現した産出増大の一部を専有する——給与をもらう——ためにはその生産手段を所有している組織に属している必要があるのだ。このように、「ジョブ」というものは自然資源を直接的に使用・用益したり、自然資源の使用にあたってその使用効率を高める知識・技術を活用したり、社会や組織の効率的な運営を可能とする編成方法やそのノウハウを活用したり、といったことを行なうための地位なのである。その地位は、それを実際に占有しなかった（図1の）個人Bが占有していたとしても、個人Bは個人Aや個人Cと大して変らない貢献を社会的財産に対してなすことが可能であったかもしれない。その地位を得られた個人の「その」労働が生産全体に対してなした貢献はすべてその個人のものであり、その貢献に対する報酬もその個人のみに帰するべきであるかのように映るのは、われわれの現行の分配のあり方がそうなっているからという事実にもっぱら依拠している。

六　給料が違うのは労働生産性が違うから？

この観点からすれば、「個人の生産性」や「生産性の高い個人」という物言いはほとんどナンセンスであるか、その扱いに高度の限定が加えられねばならないことが示唆される。「資産としてのジョブ」論の観点から言えば、そのような物言いはジョブという生産ツールの性能の違いを個人の能力の違いと錯覚しているに過ぎない。「労働生産性」という概念は、より一般的な概念として使用する場合、個人の能力やスキルを指すものではないはずなのだが、一部の経営者や一般人は往々にしてそのように誤解し、そのように「生産性」ということばを使いがちである。また、「労働生産性」概念はその学術的な定義や測定の際には慎重な扱いを受けているが、その向上をどうするかといった政策提言の段になると、このような錯覚が専門家たちの間でも広範に顔を覗かせるようになる。

社会経済生産性本部［2008］によれば、二〇〇七年度の「日本の労働生産性」は約八〇三万円であった。産業別に見れば、不動産業が最も高く四〇四三・七万円、医療・福祉が最も低く七三〇・二万円となっている（パート・アルバイトを含む）。労働生産性とは、効率性に関する一つの指標であり、一単位の労働という生産要素が当該期間中にどれだけの付加価値を生じたかを示すものである：

労働生産性＝付加価値額／労働投入量。

このとき、分子にくる「付加価値」とは、諸々の経済活動によって新たに生み出された金銭的価値であり、社会経済生産性本部［2008］では人件費・労務費、賃借料、租税公課、減価償却費、支払特許料、純金利負担、利払い後事業利益の合計とされている。つまり、労働生産性とはある特定の個人の労働がどれだけ高い変換係数で付加価値という金銭的価値を創造したかを表すものではなく、あくまでも、その期間内にその産業ないし企業に投入された総労働から平均として抽象される「労働」一単位が、どれだけの付加価値を創造したかという効率性を表す概念に過ぎない。例えば、あなたがある年に不動産業に従事し、次の年に気が変わって医療・福祉部門でジョブを得たとしよう。労働生産性という言葉を正確に使うのであれば、あなたのスキルや能力はほとんど何も変わっていないにもかかわらず、「あなたの」労働生産性は四〇四三・七万円から七三〇・二万円に急落した、ことになるわけではない。労働生産性はあくまでも当該期に投入されたあらゆる労働を抽象化した一単位の労働がどれだけの付加価値を創出したかの変換効率を指す概念であり、あなたという特定の個人の「その」労働がどれだけの付加価値を生み出したかを表すものではないからだ。つまり、「労働生産性」によって特定個人の能力の高低を発想するのは純然たる勘違いである。★08 ただ、これは「付加価値労働生産性」についてのみ完全に妥当することで、一部の限定された状況では「労働生産性」を個人の能力として観念することも許される。それは、まったく同じ生産ラインで、まったく同じツールと原材料を使って、同じ製品財をつくる複数の個人を比較するような場合である。個人Aが一時間当たり一〇単位生産するのに対して個人Bは五単位しか生産しないとしたら、この製品をこのラインで製造するという非常に限定された状況のみに関しては、個人Aの労働生産性は個人Bのそれの倍である、という言明も妥当である。「個人間で給料が違うのは個人間で労働生産性が違うからしょうがないじゃないか」とよく言われるが、それは個々の労働者がどのような状況で働いているかを知悉している経営者やその同じ職場にいる労働者仲間に限って許される物言いなのである。

労働生産性は同一産業内の企業間で比較することでさえ相当に問題含みであり、それを別々の産業間で比較することはさらに問題である。比較自体にほとんど意味がないと言っても過言ではない。例えば、社会経済生産性本部［2008］で労働生産性上位の五産業は、上から、「不動産業」、「電気業」、「鉱業・砕石業・砂利採取業」、「情報通信業」、「ガス・水道業」である。高い労働生産性とは、分子である付加価値総額の高さ、および／または、分母である労働投入量の少なさ、によって達成される。付加価値の高さはその産業が販売する商品・サービスがどれだけ高い価格を付けられるかに依存し、労働投入量の少なさはその商品・サービスの生産・流通・販売に際してどれだけ省力化（コスト削減）のノウハウが蓄積されているかに依存する。これらの産業はいずれも、人々が生きてゆくうえでの必需となる財・サービスを販売する伝統的な部門であるか、政府の規制ゆえに独占的・寡占的である部門であるかのいずれかまたは両方である。これらの事実は、その諸部門に存在する諸企業は人々の購買力（可処分所得）のうち少なくとも一定部分を確実に引き付けられることを意味している。また、伝統的な産業はそれまでの資本蓄積の結果として高い資本装備率を達成するとともに、その業務を効率的に遂行するノウハウを蓄積させている。さらに、土地や鉱物資源など字義通りの「自然資源」を占有していることも多い。つまり、「資産としてのジョブ」論から見れば、これらの産業部門の経営者および被用者は、自然資源と人類の社会的承継財産という「ギフト」を多く受け取れることになる。そのギフトとは、その企業が専有している自然資源やそれまでに蓄積された物理的資本、そして何より、それら物理的な資源を効率的に使用するための科学技術・知識・ノウハウなどである。とくに最後の種類のギフトこそは、その産業のいわゆる全要素生産性――生産性上昇率のうち、労働投入と資本投入によって説明される上昇分を除いた部分であり、「イノベーション」がもたらす生産性向上であると一般的に考えられている――の大部分を説明している。

さて、以上を踏まえて、「資産としてのジョブ」論が言えることは何か？「労働生産性の高い個人」などという物言いはほとんどナンセンスである一方、「労働生産性の高い（または低い）ジョブ」や「高い労働生産性を発揮できるジョブ」というものは存在する、ということだ。そして、「労働生産性の高いジョブ」とは、定義上、それに就く個人にとっては「労少なくして益多い仕事」のことである――なぜなら、少ない労働時間でより多くの購買力を引き付けられるのだから――可能性が高いだろう（これが可能性にとどまるのは、そのジョブの労働分配率が極端に低い場合は、そのジョブに就く個人にとって「益多い」とは言えないからだ）。ただし、この説明は、「デキる」人は給料が高いという直観――能力という原因（説明変数）が給料という結果（被説明変数）をもたらしているという直観――と必ずしも矛盾するものではない。また、教育が所得配分に及ぼす影響を説明する際によく持ち出される「人的資本論」や「シグナリング理論」のいずれとも矛盾しない。そこでは「能力」の定義次第である。生産性の高いジョブに就けた人々は「そのジョブに就く能力」が高かったのである。このジョブに就く能力が学歴によって「シグナリング」されると考えればシグナリング理論と両立するし、教育とは「ジョブに就く能力」の開発なのだと考えれば人的資本論とも両立するのである。

いずれにせよ、資産としてのジョブ論からすれば、ジョブとはクラフトマンにとっての工具や農民にとっての土地と類比的である。まったく同じ肉体的および精神的な能力を持った農民が二人いるとして、土地が肥沃であるか貧弱であるかによって、そこに労働を投入する彼らの「労働生産性」は異なってくる。個人の「労働生産性」――付加価値創出の能力――はその個人の身体的・精神的な属性よりも、ジョブというツールの性能の違いによって、よりよく説明がつくのだ。誤解して欲しくないが、「生産性の高いジョブに就く努力に報いる必要などない」と主張するつもりはないし、「ジョブに就く能力」はその産業における生産関連業務に対する個人の適性を反映していることも往々にしてあるだろう。しかし、多くの人が信じたがる、「賃金は個人の生産性の関数だ」という過度なまでに分かりやすい想定はまったく客観的な事実ではないし、もっと言えば、賃金によって個人の生産性が「説明」されているだけのことであり、多くの人がその説明に納得している／しようとしているに過ぎないのだ（齊藤［2009b］）。

「資産としてのジョブ」論から言うべきは以下の点である。個人の賃金は、その個人の労働生産性によってではなく、その個人の所属する産業や企業の労働生産性によって、決まる。そしてその労働生産性はまさに「ギフト」を反映している。ただし、それはその産業や企業が享受する種類のギフト――自然資源、蓄積された資本、生産された物理的資本、技術・知識・ノウハウなど――である。これに対して、個人が享受する種類のギフト――遺伝的賦与、親によって投入される教育資源、縁故・情実、運など――は上の意味でのギフトをより多く享受している産業や企業におけるジョブの獲得機会に反映されるのだ。規範理論が問題としているのは（またはすべきなのは）、あくまでもこの個人の享受する種類のギフトができるかぎり公正に分配されることであり、個人間の分配的正義である。

七　「生産性」を上げろ？

ジョブとは市場所得へアクセスするための地位である。そして、この「市場所得へのアクセス」は、原則的には、その総量が「事業機会」によって限界付けられている。多くの場合、事業機会（として認識されるもの）――すなわち、人々のニーズに応えるがゆえに彼らの購買力を惹きつける事ができるだろうという見通し――はすでに先行の諸企業によって占められている。従業員一人を雇用するのに支払わねばならないコストが一定以上と決まっているとしたら、それら諸企業で雇用される個人の数もおのずから限定される。ある政治家が、現行の正規労働者に保証されている労働条件を堅持せよと言いつつ、希望する全ての人に正規ジョブを約束するとしたら、彼にはその正規ジョブ希望者全員を養うことのできる事業機会が存在するとの見通しがあるのだろう。だとしたら彼は政治家をやめて起業家に転身し、自らの経営する会社でより多くの人をより良い労働条件で雇用すればよい（あるいは自分の党でシンクタンクやコンサルタント部門を立ち上げ、その事業機会がいかに魅力的かを諸企業に売り込めばよい）。そうする方が政治家でいるよりもよほど社会のために貢献できるだろう。

この度の不況では経営者たちの経済に対する見通しの甘さが批判されているが、その批判の意味するところはなんだろうか？　経営者たちが経済環境の見通しに対してもっと目ざとくあるべきだったというのであれば、それはもっと慎重に人を雇用すべきだったということしか意味していない。すぐにポシャるような雇用を与えることによって、その雇用に就いた人に対して別にありえた訓練や雇用の喪失という逸失利益を生じさせた、という趣旨の批判なのだとしても、解雇された非正規社員たちが、そのときに、それを上回る就労機会や訓練の機会をそもそも持ちえていなかったとしたらその批判も的外れであろう。経営者が近視眼的な選択しかできないのは今日の（とくに製造業の）企業経営がそうならざるを得ないかたちに枠付けられているからであるし、誰も市場を支配し得ないという意味ではそれが健全な市場経済の姿である。健全な市場経済とは、権力を分散して持つ諸主体が自らの周辺環境の変化に関する局所的な知識に基づいて自らの判断で局所的な適応行動をとる、その累積であるほかないのだから。

怪我の功名というべきか、このたびの不況を受けて、フリーターや非正規社員たちの労働運動が盛んになりつつある。これを受けて、右寄りの論者たちは「これこそ真の弱者たちの連帯である」と持ち上げつつ、それにひきかえ既存労組の体たらくはなんだというメッセージをにじませている。左派はこのような分断工作に乗せられまいとしているようで、正規社員の厚遇への批判は同士討ちにしかならず最終的に自分たちの不利益になるとの判断にもとづき既存労組への批判を手控えている。だが、「労働者」という一般的カテゴリーが共闘することができるような共通の目的や共通の敵が存在していると今でも信じているのだろうか？　正規労働者への厚遇を見直さないまま非正規の取り分を上げることを目指すとしたら、その場合、彼らの主張とは、論理的な帰結として、何を含意するだろう？　彼らが成長重視の「上げ潮派」に与して、サプライサイドの改革を支持するとは考えにくいし、彼らからは「外需主導から内需主導へ転換せよ」との声は聞こえてくるが「新しい成長戦略を」という主張はあまり聞かれない。彼らが「分配派」であることは間違いないだろう。残る可能性は労働分配率全体を上げることしかない。だが、それが最低賃金のような規制に依るとしたら企業活動を萎縮させる。結果的に労働分配率を上昇させること（労働がより高く評価されること）が善いのだとしても、それは個人所得の段階で、労働所得以外の所得をよりよく捕捉し最適に課税することによって達成されるべきである。

エコノミストは二言目には「生産性を上げろ」と言うが、彼ら自身その自分の主張が両義的であることを認識しているはずである。「労働生産性の高いジョブ」はそもそも少ないのである。と言うよりむしろ、分母としての労働投入量を少なくする努力やノウハウを蓄積した結果として、それらジョブの労働生産性は高くなったのだと言うべきだろう。かねてより日本の労働生産性が欧米に比べて低いことが指摘されており、その格差の縮小が叫ばれている。たしかに、国際価格で計測した上で日本のある産業が欧米における同種の産業よりも労働生産性が低いということは日本のその産業における省人力化が後れていることを意味する。だが、省人力化によって進むのは雇用の減少である。失業時の豊かな所得保障や、新規雇用を吸収する新しい産業分野、および流動的な労働市場といったものがない状況で、必然的に雇用減少を伴う生産性向上を進めるインセンティブがその産業の被用者たちに生じるのだろうか。日本の現状とは、個人単位でのセーフティネットとフレキシブルな労働市場の存在しない文脈に大量の安価な労働が流入しているということである。そこで実現するのは、すでにジョブを得ている個人たちがなるべく生産性を向上させずに既存のジョブにしがみつくという事態である。各人が生存のために市場労働を強いられるせいで、われわれはこの労働投入削減型の「生産性向上」を素直に喜べないのである。

そこで、「後ろ向きの」――分母である労働投入を削減する方向での――生産性向上ではなく、分子である付加価値を増大させるような「前向きの生産性回復」が模索されるわけだが、この付加価値増大型の生産性向上にしても大幅な雇用の吸収源になる見込みはない――し、私から言わせればその必要もない。付加価値増大型の生産性向上にしても、量的な側面と質的な側面がある。日本の各企業――製造業に限らず、サービス業や農業も含めて――が国外の市場に新たな販路を見出すというのは量的なそれである――ただし、その市場が持つ特有の「嗜好」にあわせてマイナー・チェンジ（現地化）する必要はある。新興国の人々の旺盛な「ニーズ」に応えること、さらには、彼らが気付いていなかったニーズに気付かせやることは、成熟した日本の消費市場でノウハウを蓄えてきた日本企業には比較的見通しの立てやすい、しかも見込みのある途だろう。だが、それが日本企業の生産性を上げることにはなっても、日本の労働力人口の労働生産性を上げるとは限らない。日本の労働人口がアクセスできる国内のジョブ数が増加するとは限らないからだ——ましてや大幅に増大することはほとんど考えられない。

サプライサイダーを自任する人々が、量的には、需要は供給によって喚起され引き上げられると信じているとしても、市場経済を考えるにあたっては——少なくとも質的に考えるにあたっては——欲望を起点とせざるをえないことは同意するだろう。人々の欲望がどのようになっているか（選好構造）を参照せずしては「サプライサイド」をどのように改革すべきか分かるはずはないからだ。一般に「ニーズ」と呼ばれるものは、市場での財およびサービス購入によって充足される傾向の強い欲求の質と量に関する見込みのことである。国外では、いまだに満たされていないニーズやこれから顕在化が見込まれるニーズに対処するだけだから、困難はないだろう。だが、国内で高付加価値化を目指すとしたら、質的な側面を考慮せねばならず、市場で満たされるべき新しい欲望を見出すことを迫られる。経済成長とは市場で取引される財サービスの量と質——正確にはその貨幣価値——が増えることでしかない。「新たな成長戦略が必要だ」と言う人々は縮小均衡に向かっているかにしか見えない現状を嘆くが、それは人々の生活のより多くの部分が市場に取り込まれることがよいと言っているのである。市場経済の規模にアプリオリな「適正水準」などないし、大きければ大きいほどよいわけでもない。口を開けば「新たな成長戦略を」が連発されるのは、市場労働（これは経営者も含む）による稼得がなければ人々は困窮するほかないという現状とその現状は不変である（べきだ）という思い込みによる。

ＢＩ論者の見方はそれとは異なっており、「失業は成功である」（ヴェルナー［Werner 2006 = 2007］。）

市場で満たされるあるいは満たされうる欲求の水準は現代の人口が完全雇用されねばならないほど高くはないようであり、われわれは自分たちのこの「慎ましい」欲望を幸いと考えてもよいはずである。(何が贅沢であり慎ましいかはその社会に賦存する何らかの財を尺度として判断される。労働供給量を尺度とするかぎり、われわれの現行の欲求水準は「慎ましい」のである。)むろん、これはあくまでも「現行の」欲求水準についていえることであって、労働時間を増やしてでもそれを手に入れたいと思わせるような、これまでになかった新しい機能やサービスを開発する質的な改善(高付加価値化)が諸企業には求められているし、諸個人には新たな——かつ市場で満たされうる——欲望を抱くことが求められている。見田宗介の『現代社会の理論』(見田[1996])で指摘されたように、我々はもはや情報の差異を享受することに躍起になっており、先進国の諸企業はもうだいぶ以前から、たとえ製造業であっても、新しい機能やサービスというイメージとしての情報を売るようになっている。製品のマイナー・チェンジを定期的に積み重ねるのは製造業の「情報産業」としての側面である。だが、現代の人々に「たとえ労働時間を増やしてでも」と思わせるほどの、欲求喚起的な、その意味で真に「クリエイティブ」と言えるような高付加価値化がどのように可能であるのか、教えてくれる人はいないだろうし、明確な見通しを持っている人もいないだろう。ましてや、政府が「成長戦略」として計画することなど出来はしない。

日本の現状が問題なのは、高学歴で実力があるとされている諸個人ほど安定した雇用に就いて流動性が低いのに対して、低学歴で知的生産の土壌がない諸個人ほど不安定雇用を転々とせざるを得なくなっているという点である。このような環境においては、高付加価値化のスローガンは、現にある産業部門でのジョブからあぶれて不安定就労する諸個人に「クリエイティブ」な仕事を要求することになってしまう。これに関しては、規制緩和によって流動化した労働市場に就業希望者向け生活保障と積極的トレーニングとを組み合わせたフレキシキュリティが有効な対策であり、それが北欧で成功しているかのように伝えられているので、日本でもそのような政策提言が主流となりつつあるし、一部は実行されてもいる。だが、高付加価値化戦略を実行するには人的資本の蓄積があり知的生産に向いている層の流動性を高めることのほうが必要だろう。さらに、国内製造業の生産調整のために国内の生産ラインを転々としてくれる低スキル労働者もまた流動性の高いままにしておく必要がある。いずれの層にも求められているのは雇用の流動性とそれを支える生活の安定なのである。

個人主義的な観点からすれば、生産性は需要側からも考える必要がある。通常、生産性概念やその向上を図る政策に関する議論は、それが注目する情報の性質、またはそれが依拠するモデルや分析用具(たとえば、コブ-ダグラス型生産関数から合成した成長会計など)のせいで、概して供給派的になりがちである。つまり、供給が需要をつくるというほとんど——短期的には——ありえない想定に依拠している。ある企業やそこで雇用されている人たちが新たなサービスや機能を一生懸命考え出してそれを従来の商品価格よりも高い価格で販売するという「高付加価値化戦略」を実行したとして、その「付加価値」を需要する購買力がなければそこに投入されたアイデアや労力は「付加価値」として実現しない。需要派は「付加価値」は事後的な説明に過ぎず、そもそもその「付加価値」を需要する購買力ないし購買層のボリュームは所与であると考えるが、供給派は「付加価値」が産業・企業・個人の努力の関数であると考えているフシがある。長期的に考えれば、供給派の想定も十分に許容できるものであるが——実際のところ、需要派と供給派の違いは経済を短期で見るか長期で見るかの違いでほとんど説明できる——、高付加価値化に従事させられる諸個人の観点——これは概して短期的である——からすれば、努力が足りないから付加価値が生まれないのだ、という単なる根性論にしか思えない。そして現状の日本においては、この根性論は既存産業部門の雇用から締め出されやすい――概して人的資本の蓄積の乏しいとされる――人々に押し付けられるのである。

八　ベーシックインカム論者の「市場原理主義」

個人間での分配的正義を問題とする規範理論家であるならば、「競争」や「市場原理」を推奨するにしても、それを諸個人の利得分配がより善くなるかどうか――ここではレキシミン化されるかどうか――にもとづいて現状判断や政策提言を行なうべきである。いわゆる「競争原理」や「市場原理」に対して諸個人がどのような態度を取るかは、競争社会としての資本主義が豊かさの実現において優れていると言われるときに具体的にどのようなメカニズムが想定されているか、その想定に依存して異なってくる。その想定の一つが、分配が不平等であるという事実そのものから人々がより高い分配を求めて「競争」する結果、人々の努力水準が引き上げられて結果的に生産水準も上昇する「インセンティブ・メカニズム」であり、個人（のモチベーション）に焦点を当てる。いま一つは、生産手段を最適に利用できる主体に集中させるという「選別メカニズム」であり、組織・集団の編成や制度の効率性に焦点を当てている。社会主義に対する資本主義の優位を個人のモチベーションに与える影響によって説明しようとする人々――たとえば、「いくら働いても給料が同じだからみんな怠ける」といったありがちな「社会主義」批判（筆者の感覚では「努力に応じた分配」や「頑張った者が報われるべき」というメンタリティこそ「社会主義」的である）――は前者に言及しているわけだが、むしろ後者こそが資本主義がもたらす豊かさをよりよく説明すると考えられる（Van Parijs [2003: 203-4]）。それは「動態的効率性」に注目することであり、ある所与の時点や局面での一見したところ「非効率」な（かつ著しい格差のある）配分は、動態的に見た場合に甚大な効率性をもたらす前提条件であるかもしれない、という可能性を重視する。（むろん、「市場原理」のまとも説明では、集団（選別メカニズム）と個人（インセンティブ・メカニズム）の相互作用として市場原理を説明する。つまり、諸個人がより高い生産性を発揮できるジョブへとインセンティバイズされる結果として、より生産性の低いジョブしか提供できない組織は淘汰される、というものである。この説明は概ね妥当であり、筆者も認める。それゆえ、ここで筆者が排除したいと考えるのは、個人間の競争を言い募って諸個人の努力支出を上げろと迫ってくる「精神論的な市場原理主義者」である。）

インセンティブ・メカニズムを強調する人々は、主体間の「競争動機」ですべてを説明しようとする。そしてその際、それらの主体は自然人としての個人のように他の個人に優越したいという心理的機制を内蔵しているかのように擬人化される。そのため、この「競争動機」を強調する文脈では「公正な競争」が精神脅迫的《オブセッシブ》に要求される。しかし、現実の市場経済において企業や組織の間で「公正な競争」がなされていると思う人はよほど観察力のない人だろうし、そこで「公正な競争」を追求すべきだと考えるのはよほど愚かな人だろう。市場における「競争」とは競技スポーツで想定される「公正な競争」とはまったく違う概念だからだ。「公正な競争」とはいわば「よーい、ドン」の世界であり、そこでは、事前に制定された明示的なルールが存在する。そのルールは、特定のパフォーマンス遂行という所与の目的を達成するにあたっての優劣を競う際の公正さを担保するために、または、その競争をより伯仲させるために、プレーヤー間の差異（不平等）をなるべく縮減するように設定されている。しかし、市場での企業間競争がそのような「公正な競争」であった例は一度もないし、動態的効率性の観点からはそうある必要もない。個々人が享受できる豊かさを世代を超えてより向上させるためには、組織間での

「公正な競争」などほとんどどうでもよいこと——むしろネガティブでさえありうること——なのだ。市場競争とは生産のための資産を非効率な組織から取り上げてより効率的な生産編成をその時点で実現している組織に集中させるためのメカニズムであり、資本主義（大部分の生産手段の私的所有）とは超世代的に動態的効率性を実現する過程であると言える。ある個人や家系、企業への生産手段の偏在は、過去においてそれら主体が生産において他を圧倒するパフォーマンスを見せたことを反映しており、その結果として、それら主体が以後において更なるパフォーマンスを発揮するだろうとの期待を反映しているのだ。

例えば、生物進化論のアナロジーで市場競争を語り、「競争」の効能を説くとともにレッセフェール志向を正当化しようとする向きがある。このアナロジーがアナロジーとして適切であることを認めたとしても★09、生物進化論的な「最適者生存」のアナロジーを市場に持ち込む際には「最適者」をどの単位で捉えているかの問題が残る。遺伝子、個体、集団、生物種など、いずれに注目するかによって進化論のアナロジーが市場競争に適用された際の含意も変わってくるはずである（ただし、進化理論は一般的にその認知的特性から言って、個体（の生存）に焦点化することはほとんどありえず、個体への注目は実はその個体の遺伝子やその他の属性——利他的であるか利己的であるかといった——への注目である）。市場競争においては集団を単位として想定するのが妥当であり、その場合、市場原理とは、劣った編成原理をもつ集団・文化・組織・企業を潰すためにあるのであって、諸個人に競争を強いるためにあるのではないという結論を引き出すことはそれほど牽強付会ではない。いわゆる「市場原理」が適者生存と競争を揚言するとしても、それが集団間の競争であり、諸個人間の競争圧増大を必ずしも伴わず、むしろより不遇な個人に利得をもたらすのであれば、市場原理主義は歓迎されるべきである。現代の規範理論にとってレレヴァントな主体は個人であり、本稿で取り上げている「ギフトの公正分配としての社会正義」においても、より平等主義的に——単純な平等ではなく、諸個人の自由を持続的にレキシミン化することに資するように——分配されるべきは個人が享受するタイプの「ギフト」の方である。先述したように、産業や企業が享受するタイプの「ギフト」ができるだけ平等に分配されている必要などなく、むしろ、ある産業や企業にギフトが偏在していることは、その産業や企業が——「選別メカニズム」の結果として——より効率的な組織編制やノウハウを備えていることを示しているかもしれないのだ。企業間の「公正な競争」が必要と感じられるのは、現状では、ギフトの偏在している企業に所属していない個人はギフトの分配から排除されるような制度的枠組みになっているからだろう。個人主義に立つならば、組織や集団の間での競争が諸個人にとっての便益を向上させる蓋然性を高めるような制度的諸装置を推奨すべきであり、BI論者たちはベーシックインカムがそのような装置の一つであると言っているのだ。

この際、BIは資本主義の道具的価値を高めることによって「資本主義を正当化する」(これはVan Parijs［1995］の副題である) ツールであると見なしてよいのかもしれない。市場に投入された要素はその限界貢献に応じた分配を受け取るという、いわゆる「限界生産力命題」は単なる後付けの説明であって、その要素が受け取った分配によってその要素が限界的に寄与した「生産力」と定義しているだけである。このような事後的説明は規範的な分配的正義論にとって全く文脈的関連性(レレヴァンシ)はないが、もたらされる報酬によって要素投入が決定されるというのは、資本主義の静態的および動態的な効率性にとってのキーであることは認めざるをえない。それは、大きなアウトプットをもたらすためには、どのような要素がどこ(の時点と地点)に必要とされているのかを教えてくれる。そして、要素所有者が利潤動機に動かされてより高い報酬をもたらすところに自分の要素を投入することは、経済的産出を増大させ、一人当たりＢＩの増額となる（この主張は経済成長を量的にしか考えておらず、成長の質を無視しているのが問題である、との批判がありうる。それについては一四節）。このとき、ＢＩは資本主義の不備を補完する。社会全体の産出に対する各要素の貢献は市場が事後的に決める（と我々は見なすことにしている）わけだが、その市場は生存権や（規範的に）公正な分配を考慮するようにはできていない。だとしたら、市場が要求する最適な要素投入と個人の生活保障は（少なくともある程度）切り離すべきだという結論になる。再分配を認めず、要素に対する市場からの報酬を厳密に守ろうとする場合、要素所有者のリスク回避的な行動や思惑によって要素のスムースな配分そのものが妨げられ、結果的に産出を最大化しない可能性があるからだ。要素所有者たちの支配する要素を手放しやすくすることで要素の最適配分を目指しつつ、諸個人の生存権を保障する方策がＢＩなのである。

九　「機会の平等」批判

個人間で「ギフト」――それは、定義上、人の「努力」に因らずに個人に享受される利得である――がより平等に分配されることは望ましいが、それを完全に平等化することはおそらく忌避すべきである。それは、いわゆる「水準引き下げ［leveling-down］の平等」（「共産主義」を揶揄したつもりでよく使われる、「みんなで平等に貧しくなろう」）を回避するためでもあれば、組織間のみならず個人間においても「公正な競争」などありえないからでもある。この点では、いわゆる「機会の平等」を唱えたがる人たちとは少し意見が異なる。例えば、われわれはあるジョブをめぐって同学年の人間とだけ競争するわけではない――新卒一括採用が主流の日本ではこのようなイメージが主流だが。ある所与の時点で、ある個人がある資産の専有をめぐる競争において別の個人よりも明らかに優位にある状況があるとしても、そのことは、過去から現在までの過程を反映しているだけかもしれない。その意味では、例えば、ある年長者がある年少者よりも社会‐経済的利得のあらゆる面で上位にあるという事態は妥当なことである。また、家族制度を含めた私的所有体制としての資本主義における「スタートラインの不平等」(機会の不均等)は、常にすでに、ある過程の結果である。この遍在する不平等、そして、それを完全には排除しないこと(機会の「平等」を断念すること)、これらは資本主義社会の本質なのだ。われわれは資本主義から離れるべきだろうか、または、離れたいだろうか？　正当化されない不平等が遍在することは我慢がならないとして、資本主義の(超世代的な)動態的効率性を放棄するのが賢明なことだろうか？　そのうえで、厳密なルールが支配し厳格な「スタートラインの平等」が達成されているゲーム盤の上で競技を続けることが「善き生」だろうか？　多くの人がそうは思わないだろうし、その具体的インプリケーションを少しでも想像してみれば、機会の平等は魅力のないアプローチであることが判明する。同じ遺伝的賦与を持つクローンを大量生産し、同じ環境で、同じ教育方針で、同じ教育資源をつぎ込んで、同じ資質の教育担当者によって、育てたとしても、完全無欠な「機会の平等」が確保されると断言することは終に叶わないはずだ。さらに言えば、なぜある同齢集団(コーホート)のみでの競争が想定されているのか？　なぜ、ある所与の時点での何らかのパフォーマンス(たとえば高校卒業時点での学力)に特に注目されねばならないのか？　「機会の平等」とは、概して、その具体的適用において各人のどの時点のどの要素を「平等化」すべきかについての説明を欠いた、「悪平等でない健全な平等主義」の曖昧なイメージに過ぎない。それを主張する人々も、具体的には何を提言していることになっているのか自分でも分かっていないことが多いのではないだろうか。

ただ、ヴァン・パリースは言うまでもなく、筆者にしても「機会の平等」的なメンタリティのすべてを否定しようとは思わない。先述のような極端なまでに「厳格な」機会の平等イメージをでっち上げて機会の平等を揶揄するというのは低質な保守系論壇でよく見られるが、機会の平等を掲げる人々がそんな極端な政策的インプリケーションを念頭においているのでないことは明らかだ。それでもなお、機会の平等的なメンタリティには三点ほど危惧を感じる。第一には、実証的な原因を名指してそこでの平等化をオブセッシブに追求するという左派にありがちな態度が（少なくとも筆者には）ヒステリックに見えるという点。これは筆者の主観なので大した考慮には値しないかもしれないが、人生の特定の局面での特定の格差に排他的に注目しても、それでも救われない人間はやはり残り、「機会の平等」政策が広く実行されたあとでもダメだったような人々はかなり肩身の狭い思いをすることだろう。第二点と第三点はかなり両義的である。一方においては、すでに述べたように、機会の平等では再分配が過小である（スタート時点以降の「ギフト」を考慮しないから）という点がある。他方において、社会的な慣習や現状維持がデフォルトである大多数の人々の感情を無視して盲目的に平等化を進めることには人々の反発という心理的コストを買うし、上述の本質的に不平等な競争がうむ動態的効率性を犠牲にするという生産性の面でのコストも招くという点がある。機会の平等は理想ではあっても決して厳密には達成されえないものである。あらゆる公共政策は機会費用を生じるわけだが、機会の平等政策といえども、諸他の政策より多少は優遇されることがあっても、その機会費用に敏感でなければならないはずである。

いずれにせよ、筆者から見れば、「競争」を揚言する人々も、「機会の平等」を求める人々も、ともに「よーい、ドン」の競争が好きである点では同じであり、動態的効率性をもたらすような市場競争の本質を捉えていない、と映る。市場競争に介入してその競争圧に制約をかけることよりも市場競争が確実に諸個人に恩恵をもたらす方策を考えるべきだろう。われわれが資本主義の動態的効率性を手放すことなく、そのうえで、本質的に（機会の）不平等を前提とする資本主義というものを正当ならしめるものがあるとしたら、各人の「機会のレキシミン化」――機会の平等ではなく――を目指し、より不遇な人々の漸次的な改善を不断に追及してゆくことが正解なのである。

一〇　個人所得への最適課税

前節では、「機会の平等」というスローガンやそれに伏在するメンタリティ（平等なスタートラインを各人に用意し、そこから「よーい、ドン」するのがよい）にケチをつけ、そんなものより「ギフトの公正分配」を通じた機会のレキシミン化がよいのだと主張したのだが、では、それは具体的な制度的インプリケーションとして何を提言することになるだろう？　先ほど、「ジョブ」というものを「市場所得を得る地位」と広く定義したが、そうすると、個人所得全体が原理的に正当な課税ベースとして選択されるように思える。あるいは、個人所得を遅行的に近似する個人消費への課税でもよいだろう。[★10] ヴァン・パリースが最終的に提言したのもまさにこの方向性である。彼は最終的に個人所得への最適課税を正当化したのだが、それはどのような規範的理由によるのだろう？

まず、課税ベースが個人所得である点から。労働所得に限らず個人所得全体への最適課税が採用されるのは、ここで問題となっているのが「事業機会」だからである。労働者・起業家・投資家のいずれにとっても、自分がそこに人的資本および／または資金をつぎ込む事業がどれだけの収益を上げられるかが一義的な関心事であるはずだ。そして高い収益を上げられる事業機会はそもそも限られている。高収益の事業機会を専有できた企業およびその事業に出資できた投資家は、その希少な事業機会から諸他の競合者を「排除」したのである。むろん、そのような事業機会を見出したこと自体に起業家および投資家のその収益全体への有資格性［deservingness］を認めるのがいまのところ主流な見解だろう。また、そのような事業機会は当該企業が蓄積してきた資本・ノウハウ・技術などがなければそもそも存在し得ないものだった、あるいは、その事業機会は当該企業の宣伝広告その他営業戦略がもたらしたものだった、ということも大いにありそうなことだ。とはいえ、これら企業家や投資家の役割に関する議論はひとまず措き、「ジョブ」（先述のとおり、これは「市場所得を得る希少な地位」であるから、労働者だけでなくキャピタル・ゲインや配当を受け取る出資者も占有していることになる）をめぐる個人のレベルで議論を進める。本稿の特徴はこの個人主義を方法論にとどまらず規範的にも貫徹することにあり、その全体的な主張もそこから導かれている。さて、収益性の高い事業機会が限られているということは、そこでの事業機会を占めることのできた企業で雇用される個人の数も限られるということである。そこからあぶれた個人はより収益性の低い事業機会しか存在しない産業部門で雇用されることとなる。資産としてのジョブ論および「ギフトの公正分配としての社会正義」の観点からすれば、資本所得に対する課税も労働所得に対する課税も、根本的なところでは、課税原理は同じである。それは希少な資産を占有することによって専有されているレントは再分配すべきである、というものであり、この際の希少性とは事業機会である。よって、最終的に個人所得——それが賃金であれ、配当であれ、事業収益であれ——を課税ベースとすることが原理的（規範的）に正当化されるのだ。

次に、なぜ最適課税なのかについて。現にある様々な課税は、その課税の原理的正当性——つまりその課税が行なわれることとの妥当性を説明する何らかの理屈——をいくつか指摘できるものが大半だろう。所得に対する課税については、そもそも誰のものでもなかった希少なものを占有したことに対する補償として、リバタリアンであってもその原理的正当性を一定程度認めるだろう。しかし、徴税がどの程度の頻度で行なわれ、どの程度の税率が課されるかはまったく恣意的に決定されているように思える。例えば、ある土地の専有をめぐって三人の個人が少なくとも潜在的な競合関係にあるとする（「潜在的な」というのは、三人全員が当該土地の専有への関心を実際に表明している必要はないということ）。理論的にはこの三人の間だけで当該土地の競争均衡価格が決定され、専有者はそれを支払えばこの土地を専有（所有権を獲得）できる。しかし、この土地の専有者が決まった直後に別の個人が来て「私もその土地を所有したかったのだ」と主張したらどうなるか？　本来的に共同所有である自然資源の個人専有を認める条件として競争均衡価格が選ばれるのは、非専有者の機会費用を反映するからなのだが、この「非専有者」は次々に出てくるので、専有時点での一回限りの市場価格の支払いだけでは不十分なはずだ。そのため、無主物の原初的専有を無条件で正当化する標準的リバタリアンの議論に対しては常に「早い者勝ち批判」がなされてきた。しかし、左派リバタリアンのように国家所有の自然資源を一定期間レンタルするというモデルにしたところで、そのレンタル料を決定する当事者たちは限られているのだから同じ問題は残るだろう。つまり、左派リバタリアンの議論では、どのような課税がどの水準で認められるのかまったく明らかにならない。

　そこでVan Parijs［1996］が重視したのが要素レントの解釈である。さきほども述べたように、われわれの経済ではあらゆる生産要素は私的な主体（これには政府も含まれる）によって所有されており、経済に投入された要素はその限界貢献に応じた報酬をその所有者にもたらす。ヴァン・パリースは素朴な左派リバタリアンとは異なり、現代の我々の社会に賦存する富のうち、どれだけないしどの部分が自然資源や社会的継承財産としての「自然資源プール」――これはその分配が集合的に決定されてよい――であるのかをわざわざ問うことはしない。資本主義経済において、各私的所有権者たちが所有し市場に投入する諸要素（労働や資本）がもたらす報酬（つまりは個人所得）のうち、課税で没収されてよい部分（要素レント）はどれだけか、を直接問えばよいと考えたのである。この個人所得のみに注目するというのは一見すると左派リバタリアン的発想（典型的には共同所有の自然資源に対する一人当たりシェアの均等分配）からの飛躍であるかに見える。だが、ヴァン・パリースの理論においては個人所得への最適課税は左派リバタリアン的直観との整合性が十分に保持されている。それは、「ジョブ資産」について述べたくだりですでに見たが、「ギフトの公正分配としての社会正義」の観点では、諸個人が所有するある要素がある時点で甚大な報酬を惹き付けることができるという事実は、その要素所有者の――主に幸運としての――ギフトを反映しているからである。

ヴァン・パリースが労働や資本という生産要素にもたらされる利得のうち「要素レント」であるとみなすのは、デイヴィッド・ゴティエ（Gauthier［1986］）によって定義され、Van Parijs［1996］において「希少性に対する報酬［Scarcity Remuneration］」と名付けられたものである。それは「その相対的な希少性ゆえにある要素にもたらされる支払いであり、すなわち、ある要素からの報酬のうち、その要素が社会的インタラクションのおかげで引きつけることのできる部分」（Van Parijs 1996: 173）と定義される。この要素レントはゴティエが考えた要素レント概念のうちレント部分を最も大きく見積もったものであり、それによって正当化される再分配はかなりジェネラスなものとなる可能性が高いため、再分配を好まない人々はこの要素レントの解釈が恣意的であると批判するだろう。ヴァン・パリースはこの定義を採用するにあたってロールズのいわゆる「才能のプーリング」論を援用している。これに拠れば、人々が社会的協業［social cooperation］関係に全く依存することなしに彼ら自身の才能（および競合者のいない外的資産）のみによって生産しうるものは彼らのものとして残されねばならないが、それ以外の部分、すなわち、社会的協業関係の便益は万人にシェアされてよいことになる（Van Parijs 1996: 174-5）、と考えられる。現代社会において、この社会的協業による便益が生産全体の殆どを占めることは明らかだろう。★11 そして、このように広く解釈された要素レント概念は、生まれつきの希少な才能の不平等によって一部の人々が引き出す利得だけでなく、不平等な機会の利用可能性（つまり各人の運不運）から引き出される利得をもカヴァーする。ヴァン・パリースは厳密な平等よりもレキシミンをよしとするので、そのレントすべてを没収するのではなく「最適課税」つまり税収最大化ポイントで課税すべきと結論した。そして、その課税スケジュールが諸主体に事前に知られているのであれば彼らはそれを前提に労働および資本という要素の投入を決定するだろうから、「負のレント」を負わされる主体（狭義の自己所有権を侵害される個人）が出てくる心配はない。最後に、個人所得税への最適課税を選択することには、以上のような原理的な正当性だけでなく、現実の経済における諸主体の行動決定を踏まえているという実践的な利点もあることを指摘しておく。

一一　シンプルであることはそれほど魅力的か？

「個人所得への最適課税」といったところで、この「最適」（税収最大化）課税点が「どこであるか」は――ラッファー曲線と同じように――実証的にはわからない（「どこであったか」を事後的に知ることも不可能だろう）。この「最適税率を採用せよ」との主張は規範理論としての意義は大きいかもしれないが、政策実務家はあまり意義を感じないだろう。結局のところ、「最適」な個人所得税とはどのようなものであるかについて、課税当局プロパーの判断に委ねねばならない部分が相当にある。本当の意味で税収最大化を目指す「最適」課税であれば、包括的な個人所得に対する最適課税であるとは限らない。例えば、「二元的所得税」論のように労働所得と不労所得とで税率に格差をつけることが勿論ありうる。このとき、規範的には労働所得を優遇すべきと思えるが、現在の文脈では「最適な」二元的所得税とは、逃避しやすい不労所得の方が労働所得よりも税率を優遇されることを意味するだろう。また、持続的な税収最大化を目的とする以上、累進税率も理論的に排除されていない——むしろ、累進課税が要求されるかもしれない——のである。ヴァン・パリースは、自己所有権保護の観点から、正義に適う諸制度には予測可能な税制体系が含まれねばならないとしたが、それは税収増のために様々な課税項目の諸税率を試行的に上下させることを厭わない最適課税の理論とは根本的に矛盾すると思われる。

多くのBI提案が「就労インセンティブの向上」をその利点として売り込んでいるのは、それらのほとんどがフラット税率を想定していることに因る。累進税制下においてしばしば見られる高い限界税率に直面した個人の就労抑制がないことがフラット税の魅力であるとされているからだ。また、複数のジョブを掛け持ちしていたり、様々な所得源泉があったりする個人にとって、包括的な個人所得に対するフラット税であれば税制上最も有利な活動は何かを気にする必要もなくなるだろう。このようなことから、BIを何らかの目的税によって、かつ、フラット税率で賄おうとする際にそのシンプルさが魅力的に映るわけである。しかし、部分的に生じるそのような就労抑制による税収減が累進税にすることによって得られる税収増を上回るなどということは、よほどおかしな課税スケジュールを採用しない限り、そうそう無いのではないか？　また、IT化の進んだ（さらに進むと予想される）徴税行政のコストは課税スケジュールを多少複雑化する程度のことによって大きく変化するようなものではないだろう。BIの理念的な「シンプルさ」はたしかに魅力的に映るが、制度的インプリケーションまでもが「シンプルでなければならない」と考えてしまうのは本末転倒ではないだろうか。

実際のところ、これまで実際にベーシックインカム構想として提案された数々の先行研究を見れば、BIのシンプルな原理にコミットする政策作成者たちといえども、現実的なBIスキームを構想する際にはかなり「状況」に妥協した複雑な政策立案を余儀なくされることが分かる。それら先行研究はいずれも各国・地域の事情や文脈に応じて様々な制度的詳細を伴うものだった。そこで提案されるベーシックインカム構想のほとんどは、「フラット税による全国民一律の金銭給付」という一般的なBIイメージとは乖離したものがむしろ大半である。管見の限り、それら先行研究においては、(1)貧困防除を目的とするならば、一律給付のBIはコストがあまりにも高いうえに妥当な方策とは思えない、(2)フラット税率では普遍的に貧困を防除する財源を確保することは難しい、という二点が共通了解として形成されているように思える。そこでは、論者たちは何らかの「選別性」を導入しつつもBIの理念を損なわないよう腐心していた。それは無条件で一律の給付というBIというよりは、むしろデモグラント(デモグラフィー特性に基づく給付)へという方向性を示唆していた。これはBI構想に対してなされてきた、ライフサイクルの視点が欠けているという批判(成瀬[2003; 2009]など)を海外のBI論者の多くがすでに受け容れていることを示唆するものであり、ひるがえって、BI構想は少なくともこのライフサイクル批判に対応する程度の複雑さは許容しなければならないことが示唆されている。

一二 法人課税 企業と家族はどう違うのか

ここで、法人課税について注記しておきたい。まず、立岩・村上・橋口[2009]が指摘するように、法人が人格を認められる(つまりは所得や資産を保有するひとつの単位《まとまり》として制度上扱われる)以上、なんらかの外形標準的な課税は必要だろう。ただ、現行の「法人税」のような企業の「所得」に課税する根拠は薄いと思われる。個人主義に徹するとしたら、原理的に正当化されるのは個人所得に対する最適課税のみであり、法人課税についてはアプリオリに結論は出ない。ヴァン・パリースはジョブ占有に伴うレントを「雇用レント employment rent」と呼び、大まかには、被用者が実際に受け取っている賃金と市場均衡水準の賃金との（正の）差額であると規定する。しかし、雇用レントは賃金としてのみならず、業務内容そのものや様々なフリンジベネフィットのかたちでも顕現するはずだ。ある企業が同業他社よりも賃金を抑えて社内の福利厚生に力を入れるとしよう。個人所得に対する包括課税だけではこの企業の従業員が享受するこれら「現物の雇用レント」を捕捉することができない。レントの最大捕捉が目的であれば、行政が監視の目を光らせて「フリンジベネフィット税」のようなものを——企業が従業員にどれだけ快適な労働条件を与えているかの関数として——課すことも考えられるが、一般的に、そのような行政コストは膨大なものであると予想されるし、この種の現物雇用レントが当該企業の従業員の生産性を高めるのであれば、長い目で見て課税ベースを拡大させることになるので、捕捉して課税対象とすべきではない。ヴァン・パリースは個人所得に対する最適課税を原理的に正当化する理路を提供したが、その際の「最適」性とは単なる税収最大化ではなく、「持続的な」税収最大化である。それゆえ、最終的な個人所得の低下をもたらすような、企業活動が結実する前段階での規制や介入は「蕾を摘み取る」行為として忌避されるべきなのだ。持続的な税収最大化を考慮するなら、むしろ企業が利潤動機に駆動されざるを得ない税制を設計することを要求すべきだろう。現時点での雇用レントをできるかぎり捕捉することを目的としてしまうと、「現物の雇用レント」が直観的に見てあまりにも甚大であることだけで十分な課税の根拠であると思えてしまうが、もう少し長い目で考える必要があるのだ。

また、本来は個人所得として捕捉されていたはずのものが帳簿の上で法人の「経費」となってしまうことがあるのは明らかに問題であるように思える。しかし、各企業がその被用者たちに与えるフリンジ・ベネフィットのなかで、どれが「本来」現物ではなく現金で各人に支払われるはずだったものであるのか、自明な判断基準はないのだ。企業が被用者に提供する便益のうち、〈生産性を高めるもの〉と〈労使双方にとっての節税となる便宜供与〉との間で線引きするのは困難で、それはその企業の経営者や被用者の心の中をのぞいたとしても分かるものではない（Googleの社員たちに与えられているそれ自体創造的で知的興奮に満ちた仕事内容、無料で提供される健康かつ魅力的な食事、アメニティに配慮した職場環境、娯楽・遊戯・フィットネス・リラクゼーションなどのための諸施設、託児所、等々は「社員の生産性を高めるため」と称されており、経営者も被用者もいくらかはそう信じているようだ）。ヴァン・パリースにとって、ここで問題なのは、私的な協業関係のうち、なぜ、企業法人という協業体に所属することで享受される便益のみが課税対象とされるのか、という点である。家族やサークル活動に所属することによって得られるなんらかの便益があり、その便益はそこに所属する個人がさもなければ個人所得から割いて市場で購入せねばならなかった種類のものであるとしたら、これは企業が被用者に提供する便益とどう違うというのだろう？　ヴァン・パリースの答えは次のようなものだ：

魅力的な雇用関係の中にあるという特権を享受することが一個人の外的賦与と見なされるのであれば、魅力的な婚姻関係の中にあるという特権を享受することはどうなのだろう？　私の（いくぶん錯綜した）結論は、正義を問題とする限り、はっきりとしたラインを引く根拠は全くないというものだった。一部の関係性を正当な課税から除外する規準を定式化する最上の方法は、ベーシックインカムを（部分的に）現金ではなく現物にすることを正当化した際に使ったタイプの主張（RFA 2.4節）とアナロガスなものになる（Van Parijs [2001: section 5]、強調引用者）。

ここで、「ベーシックインカムを（部分的に）現金ではなく現物にすることを正当化した」主張というのは、そうすることがベーシックインカム水準を持続的に上昇させるかどうか、というプラグマティックな判断基準を採用したことを指す。家族やサークルのような「私的」とされる諸関係が課税を免れるのは、それらを課税対象として扱うことが不適切であると原理的に判断されるからではなく、純粋にプラグマティックな理由による。つまり、それらを課税対象としたところで、そこで生じる様々なコストを十分に凌駕するだけの税収は見込めないだろうということである。結局のところ、ここでも、持ち出されているのは「最適な」課税の追求であり、様々な法人課税——それらは「二重課税の排除」という課税原理と矛盾することが多い——が正当化される余地があるのだとしても、それは、持続的な「税収の最大化」という、あくまでもプラグマティックな理由によってなのである。

ただし（これはかなり強調すべき「ただし」である）、現時点の雇用レントを最大限捕捉することが目的ではない、ということは銘記しておくべきだ。個人間で雇用レントそのものをできる限り平等に分配すること自体が目的ではないのだ。目的は、各人の自由をできるだけ大きくすること——社会的にはレキシミン化すること——なのである。たとえば、聡明で気立ての良い秀才たちの始めた事業が大当たりし、上場企業並みの利益を上げるようになったヴェンチャー企業があるとしよう。彼らの会社は事業拡大の余地も大きく雇用を生み出す余力もあるが、彼らは決して別の人を新たに雇おうとはしない。そうすることによって、彼らだけに共有される空気が損なわれるからだ。彼らに新しい人を雇えと強制することは不当である。そのような良好な雰囲気の中で働いている彼らと、はるかに劣悪な労働条件で働いている人との格差それ自体が問題ではないのだ。問題とすべきは劣悪な条件で働いている人々の人生の選択肢が拡大することであり、彼らに保証される「ミニマム」が持続的かつ確実に改善してゆくことなのだ。結局のところ、この上なく魅力的な労働条件で現に働けてしまっている諸個人の享受する所得以外の利得を、それ以外の人々との格差解消を目的として、課税対象とすることが議論の余地なく是認されるのは、その利得をもたらしている組織があからさまに公的なかたちで独占的地位にあるとか、その利得を取り上げて分配することが各人の自由にとって持続的にプラスであることが明らかであるとかいった場合に限られるのだ。

一三　「ギフト」は個人間分配すべきなのか？

「自然の共同所有」という考え方を——少なくとも原初状態としてであれば——受け容れるリバタリアンは、「社会」にとってのギフトという彼らの論敵がよく持ち出してくる考え方に対して一定の理解は示すだろう——その「理解」によって彼らがどのような制度的インプリケーションを引き出してくるかは措くとしても。しかし、「個人の」ギフトという考え方や、ましてやその個人間分配という構想には理解も共感もしないかもしれない。それは自称／他称リバタリアンではない多くの人も同様かもしれない。たとえば、四節で社会的財産へのアクセス経路がジョブなのだと説明した。このとき、ジョブを占有した者は、ジョブを占有できるのに「しなかった」者と、ジョブを占有しようとしたのに「できなかった」者と、いずれに対して補償が必要だと考えるだろう？　一般的な平等主義の理論が間違いなく後者への「補償」を容認ではなく要求するのとは対照的に、リバタリアンはむしろ補償の対象は前者のみであると考えるはずなのだ。それは、リバタリアンの理論が、一概に、各人がほぼ対等な——少なくとも他主体の身体所有権を侵害できるだけの——力を持った存在であることを前提しているからだ——そうでなければ、財産権を定式化する動機も、わざわざ政府を創ってその遵守を担保する動機も生まれない。つまり、少なくとも潜在的に自分の脅威となりうる存在との間でしか相互の財産権尊重の同意は生まれてこない。ヒュームやロールズが「正義の環境」と呼んだこの問題は、「ジョブ資産」という概念の説得力を考える際にも生じてきそうである。非常に高いスキルを持つ個人（たとえば医者）が、自宅に引き篭もってダラダラしているニートや路上でプラプラしているホームレスによって自分のジョブが脅かされると考えることなどないだろう。このようなことから、子供や深刻な障害を持った諸個人を正当な権利主体として扱えない点がリバタリアンの致命的な難点であるとか、リバタリアンには妥当かつ十分な社会正義の構想を提示することができないとか主張されてきた。ここで標準的リバタリアンは一定の譲歩をすべきだろう。彼らが理論モデルにおいて各主体の大まかな勢力均衡を仮定しているのであれば、そのモデルの現実適用およびその適用結果の正当化に先立って、その仮定が満たされていることを担保せねばならず、機会の平等的なメンタリティはどうしても要求される。ヴァン・パリースもそれを否定しないどころか、むしろ彼は、一般的ないし常識的な、わかりやすい「機会の平等」構想とは異なるかたちの機会の平等を提示しているのだ。それはすでに見たとおり、「スタート」前のギフト——一般的な機会の平等論者たちが注目するタイプのギフト——に留意しつつもスタート後のギフトを強調する結果、ギフトをより包括的に捉えるような機会の平等構想となっていた。

　とはいえ、運を含めた「ギフト」を公正に（人為的に）分配するというアイデアそのものに対する直観的な反発は強いだろう。現代人の多くは、各人の享受する「運」もまた「その人のもの《プロパティ》」である（ないしそう扱うべきだ）と考えているだろうし、人々が享受する利得のうち「ギフト」に起因するのではない部分まで没収することは許されない。また、ここで規定されている「ギフト」の中には個人の「才能」も含まれている。それは遺伝的賦与といった「生の才能」だけでなく、個人がそれに努力と資金を付け加えて獲得した「スキル」や、その個人のスキルが当該社会の全体的な選好の分布ゆえに希少となることによって生じる「希少性への報酬」も含まれている。しかし、Van Parijs［2003］の指摘を俟つまでもなく、「選択の運《オプション・ラック》および努力は、あまりにも不平等に分配された自然の運《ブルート・ラック》を背景にして作用する」ことは誰もが認めるところだろう。その人が長い人生に亘って享受する利得のうちどの部分が「自然の運」、「選択の運」、「努力」、「環境」に帰するかを客観的に測定することなどできない。さらに、ローマー（Roemer［1998］）も示唆しているように、「努力」の支出性向でさえも生育環境や投下される教育資源に依存する可能性が高い。たとえ、現実の世界での各人間でのジョブ獲得の成否が個人の「実力」の差を反映しているとしても、ヴァン・パリースの「ギフトの公正分配」の観点からすれば、その実力の違いも各人が享受してきた「ギフト」の多寡を反映しているに過ぎないので、各人間での再分配はどうあっても要求されることになる。むしろ、個人の享受する人生の質は様々な諸要素が複雑に絡み合って形成されているのであって、何が「ギフト」であるのかは事後的にしかわからない、ということなのだ――もっと言えば、個人所得に対する「最適課税」とされる税制を前提とした上で、諸個人がめいめいにスキル獲得と就労先と就業時間とを決定したときに、この最適税制によって捕捉され没収される部分は議論の余地なく「ギフト」と見なして大過ない、ということなのである（それでもなお捕捉されないギフトは残るが、それを各人が保持することは許容されねばならない）。

市場社会たるわれわれの社会はこのような不確実性（というよりも「未確定性」と言うべきだろう）

の遍在によって特徴付けられている。この事実をできるだけ正義に適う方向に矯正することこそがヴァン・パリースの「ギフトの公正分配としての社会正義」という構想である。このとき、「公正分配」と言っても、それはギフトそのものを完全に均等分配するのではなくレキシミン自由に資するようなかたちで分配することであるし、ベーシックインカムによって不就業の実質的選択肢が保障されること、および、労働所得や資本所得、贈与や相続を含んだ個人所得全体に対する税制がどのようなものであるかを周知すること（各人はその上で自らの労働や資本の投下を決定すること）が制約条件として担保されていることを考慮に入れれば、「ギフト」に恵まれた人々にとっても、酷なことにはならないだろう。遺伝的賦与、親の投下した資源、コネクション、幸運などのギフトに恵まれた人たちは、再分配の機構によってそれらのギフトを取り上げられることにはなるが、それは一部であって全部ではない。取り上げられるのはマキシミンないしレキシミンな自由に資する範囲までであり、しかも自己所有権や家族制度を前提としたうえでのことである。ゆえに、多くの人はなおその恵まれたギフトの大部分を保持することが許されるだろう。

一四　市場とは認識装置である

市場とは、様々な未確定要素が確定される過程であり、何が「ギフト」であるかも、この市場がもたらした資源配分を事後的に眺めることによってしか分からない。このような洞察はいわゆる「成功者」と見なされる人々の反感を買うだろう。財・サービスの配分に関して市場がドミナントな社会では「成功者」とは市場で多くを得る人を指すのが一般的である。そのような「成功者」たちの少なからぬ部分は、その所得が自分の過去の判断・着想・洞察・努力などによるものであると考え、それによって自分はその所得を受けるに値する存在である［deserving］と考えたがる。人々は「勝軍の将」によって兵が語られるのを好んで聞きたがる傾向があり、成功者と見なされる人々は注目を集める。その際、彼らの過去の選択の中にその成功の原因が遡及的に見出され、彼らに「先見の明」があったことが説得的に語られる。しかし、冷静に考えれば、多くの場合、成功者たちの自己分析はアテにならず、成功者たちの話を聞くのは――社会や各個人にとって有益な何らかの一般的教訓を引き出すことが目的なのであれば――時間の無駄である。成功者たちの自己分析はその成功体験ゆえに歪められているというのは大いにありうることで、彼らの多くはすでに成功した時点から自らの過去の選択を振り返って目に付きやすい特異な要素を成功因として認識し紹介してしまう傾向があるからだ。また、仮に冷静な第三者が多くの成功者たちの体験を調べ上げたうえである程度普遍的な「成功者の条件」のようなものを抽出したとしても、それで成功の十分条件が得られることはない。せいぜい「成功者となるための必要条件」のようなものが得られるにとどまるし、その必要条件にしたところで、ほとんど実用性のない一般論――たとえば、成功する人は常に機会を窺っていた、とか、成功する人は自らの着想を具体化する手法を常に模索していた、といったもの――が並ぶだけだろう。

ヴァン・パリースの理論に基づいて再分配を要求する人間というのは、「あなたは自分が市場から得た所得のすべてに値するわけではない、よって、しかるべき部分は課税されるのだ」と主張していることになる。この種の物言いは、市場の未確定性という事実に訴えたところで、ある意味で「負け犬の遠吠え」であることは事実である。だが、分配の公正性に関する議論において提出される各主張の適否を判断する際に重要なのは、その主張の出自来歴やその動機ではなく、あくまでその内容自体の妥当性である。たとえば、市場での成功はその当人の「選択」の結果であるのは動かしようのない事実であるが、その成功がもたらす報酬への有資格性について成功者たちもわざわざそれを問題としたがる——つまり、彼らが自分は多くを受け取ることには何の後ろめたいところもないのだと主張したがる——のは、彼らもまた、その「選択」という単なる外形にとどまらずその内容——つまり、どの程度が当人の「努力」に起因するもので、どの程度が当人の「境遇」に起因するものか——にまで掘り下げなければ、個人間の（規範的に）公正な分配を判断することはできないと考えているからだろう。しかし多くの場合、それらは各人の主観的な評価に依存するし、客観的には窺い知ることのできない各人の個別的事情もある。それゆえ、成功者たちは自分の閃きや社会に対する洞察から選択した行為が自分の成功をもたらすことをその選択時点で「分かっていた」と主張したがるわけである。しかし、各人の市場における「成功」を決定的に左右する社会や市場のニーズ（選好構造）に関する洞察の正しさは、本質的に、事後的にしか検証し得ない性質を持っている。サミュエルソンやヒックスが効用関数を顕示選好から逆算したように、各人のニーズなるものは彼らの実際の消費行動として顕れたもの（顕示選好）を事後的に参照することでしか、客観的には語れない。だから、論理的に言えば、彼らがそれをどれだけ強く「確信」していたとしても、将来の自分の成功をその時点で「分かっていた」ことはありえないのだ（少なくとも、その時点で「分かっていた」ことを「証明」することはできない）。★12 規範理論にとって、あるいは規範的な評価にとって、「分かっていたか否か」はきわめて重要であり、それは市場による配分をどう評価するかにとっても同様である。そのとき、市場というものをどう理解するべきか、いわゆる市場論が不可欠となる。そこで、本稿の依拠する市場論について短く述べておく。

本稿が依拠するのは、市場とはそれ自体が仮説の検証過程である、というハイエク流の市場観である。このとき、この検証過程に持ち込まれる仮説とは、各人がそれぞれに抱いている、「私が観察によって引き出した市場のニーズ予測は正しいし、そのニーズに対して私が提供するソリューションは多くの人々に支持されるはずだ」という彼らの確信である。この彼らの確信を負荷されて市場に投入された様々な商品（財やサービス）が市場という検証過程で淘汰される。その淘汰過程を生存したものがそのときの市場環境やニーズによく適応していた商品だったのだ、と事後的に検証されるのだ。その意味で、市場とは事前的に未来を教えてくれるものではありえず、進化論的な過程の連続として回顧的に記述されるシステムである。そこで客観的に語れるのは、諸主体間での過去の諸要素の賦存状況から現在の賦存状況への変遷のみであり、それらの変遷が経路依存的に選択されてきた履歴が詳説されるだけなのだ。

　たとえば、いわゆる「社会主義計算」論争に関してしばしば誤解が見られる。少なからぬ人々がこの論争を計算能力に関するものであると考えるのだが、計算能力が問題になるのは選択に直面した際の取引コストを考量する各主体にとってのことである。それに対して、「市場」それ自体には計算能力など必要とされない。市場とは、各人の欲求する財の全体の賦存量がすでに決まっている場合にそれを各人の選好に応じて最適に分配するための機構ではない。市場とはわれわれが局所的な知識に応じて最適——この「最適」が何らかの極大化を目指すものとは限らない——と判断した諸行動の累積を言うものに過ぎない。たとえば、需給曲線のようなものを念頭において、市場とは適正価格を教えてくれる計算機のようなものだと考えがちだが、それは株式・債券・為替や一部の均質な商品財といったかなり特殊な（新古典派理論の想定に近い）市場が一般的な「市場」のイメージとされていることによる誤解であろう。多くの場合、私たちは「市場」というブラックボックス計算機と直接かかわることはなく、さまざまな購入および売却の機会に際して様々な値段の商品に直面するだけである。多くの財に関して、現実経済の市場における需給の均衡とは、あくまでも過去の一定期間および一定空間における人々の販売・購買行動が集計されたものに過ぎない。それを参照することによってその財の需給トレンドが知られるのはたしかだが、それによって「あるべき」価格が語れると思うのは勘違いである。「市場」とは、諸々の機会に直面した諸個人がそれに対してなした行動の集計的累積を事後的に眺めた場合にはじめてその一定の規則性が知られるような形態の秩序を派生させる、ひとつのシステムなのだ。その意味では、知識の局所性・分権性・非集約性こそが市場というシステムの基本特性である。それら各主体の持つ知識が、各主体が望んだ場合に可能な限りスムースに伝達されるのが良い市場であって、それらの知識すべてを一元的に管理するメタ主体が存在するような市場は、そもそも「市場」と呼ぶべきものではない。新古典派が想定するような完全市場とは、うまくいく計画経済そのものであり、全知全能のオークショニアによって一分の隙もなく適時適切に裁定される社会主義的市場と同じものである。「市場原理主義者」の多くはそのような計算機としての市場という（誤った）市場観によって、分配に関する誤った規範的判断を引き出しているし、往々にして政策選択をも誤っている。さらに言えば、「市場原理主義」を効率性至上主義と同視して目の敵にする人々もまたこの誤った市場観を共有しているがゆえにアンチ市場志向となっている。

一五 「ニーズに基づいて」という主張

これまでに述べられたのは、ヴァン・パリースの資産としてのジョブ論が個人所得に対する最適課税を――左派リバタリアン的な財産権の理論に基づいて――正当化する論証の理路であった。それは生産されたものの相当な部分を「集合的に分配の方法を決定する」ことの規範的妥当性を主張しただけであり、その分配方法を、定期的な所得の均等分配というベーシックインカムにする理由はまだ示されていない。二節で述べたように、ヴァン・パリースも「自由の平等（というよりも正確にはマキシミン化）」を唱えるリベラルな平等主義の立場を共有している。そして、通常、自由の大きさとはその人が実質的にできることの多さであると規定されている。つまり、ある個人の自由の大きさとは、その人の機会集合の大きさのことだとされている。結局のところ、求められるのは、人々がより「自由」になること（＝人々の行為の可能性集合ができるだけ大きくなること）であって、人々の所得がより高くなることでは必ずしもないはずだ。

ベーシックインカムは社会正義に関する——とくにアカデミズムの世界で——有力な「必要《ニーズ》に応じて各人に」という原理と相容れないように思える。まず、ＢＩ論者はしばしば、「ベーシックインカムは一律額の金銭給付であるから各人がそれぞれに持つニーズに適切に対応できない」と批判される。ＢＩ論者が一概にニーズに基づく分配を否定しているわけではないだろう。例えば、稼得能力のより大きい人々からより多く徴収し、全ての人に基本的必要《ベーシックニーズ》を満たす一律給付をすることは十分に「ニーズに応じた」分配であると主張できるかもしれないし、多くのＢＩ論者は障害年金や障害者給付など特別なニーズを持つ人への特別給付を認めている。しかし、「特別なニーズ」にどの程度対応するのかについて、ＢＩ論者は概して寡黙であるというのは否定しようがない。次に、さまざまな現物給付や公共財のかたちで生産物を分配した方が人々をより自由にするのだとしたら、定期的な金銭給付としてのベーシックインカムにこだわる理由はないはずだ。「ニーズ中心の」国家を提唱する人々はＢＩのような金銭給付中心の福祉国家は家族やコミュニティの機能を当てにできた時代のものであり、これからは北欧のように各人のニーズにあったサービスを普遍的に給付する現物給付型の福祉国家を志向すべきだと主張する。

ヴァン・パリースがこれらの論点を無視しているわけではない。彼の全体的な制度構想のなかには特別なニーズを持つ人に対象を限定した特別給付や諸施策が含まれているし、そこでは公共財やメリット財についての議論もなされている。以下では彼の社会正義構想が導く具体的な国家像を導出し、それが「ニーズ中心の」国家のあり方を提唱する人々と、さらには標準的なリバタリアンたちと、どのように違うのかを示そうと思う。それにより、ヴァン・パリースの社会正義構想の背後にある政治哲学の根本理念――国家とはいかにあるべきか――がどのように理解されるべきかを提示する。

人類はすでに十分な「生産性」を達成している、といった類の想定ないし実感はBIが二〇〇年以上の歴史を持つことからも、すでにかなり以前から多くの人々に共有されてきたはずだ。現代の先進国においては特にそうだろう。しかし、抽象的な「生産」一般についてそれは言えるとしても、「本当に必要なもの」は足りていないと多くの人が感じており、特別なニーズを持つ人々（およびその周辺の人々）は常にそう叫び続けてきた。そして、政府の役割とはこの「本当に必要なもの」へのアクセスを万人に保証することであるとされ、ことによっては政府が直接その「本当に必要なもの」を提供する主体となるべきだと主張される。この、「本当に必要なものへのアクセスを万人に保証せよ」という考え方は規範理論の中でも主流にあると言ってよく、きめ細かい「当事者主権」のサービス給付を目指す福祉国家を正当化するために使われてきたし今でも使われている。ただ、あくまで「アクセス」提供が国家の役割なのであって、本当に必要なものやサービスを国家が直接与えることまでは必ずしも要求されていない、というのが主流の見解だろう。むしろ、国家は家族やコミュニティなど親密圏の機能を回復・支援する役割を担うべきであり、そのための法整備や予算措置による後押しをせよという主張が最近ではよく聞かれる。市場、国家、第三セクター――NPOやコミュニティ――の最適ミックスによって結果的に万人が必要な財・サービスを手にすることができればよいとされているのだ。例えば、所得への「アクセス」を万人に保証せよとの主張は、労働市場での稼得を基調とし、それをできない個人に対してのみ資力調査や労働調査を伴う保証所得制度で対応するという現行福祉国家と矛盾しないのである——BI体制とも矛盾はしないが。

さて、問題はこの万人にアクセスが保証されるべき「必要」の解釈である。何らかの意味で平等を目指す人は、「そこからのわずかばかりの乖離でさえ正当化を必要とするような、基底的なベースライン」（Van Parjis 1995 = 2009: 日本語版への序）を設定しようとする。このベースラインこそが社会的《ソーシャル》ミニマムやベーシック・ニーズと呼ばれるものだが、これらのミニマムを現実の欲求の充足水準と規定するのが厚生主義と呼ばれる立場である。しかし、この立場は適応選好や欲求操作、高価な嗜好などの難点から今日の規範理論ではあまり有力とは言えない。社会的な利得の分配状況を評価するに際して終局的には厚生を参照しなければならないと考える論者（厚生主義者）たちでも、平等化されるべきは「厚生への機会 Opportunity for Welfare」であると主張することが主流となっている（Arneson［1989］; Vallentyne［2003］）。

社会的ミニマムやベーシック・ニーズというものは個人の主観や現実の選好とは分離して（ないしそれらから抽象して）、客観的・科学的にとまではいかなくても、少なくとも間主観的に同定できる（すべき）と考えるのが一般的である。福祉［well-being］の概念および尺度についての不合意は長いあいだ既定の事実とされてきた。ヒューマン・ニーズなど存在しないとするネオリベおよび新古典派経済学の主流的見解のみならず、マルキストの文化帝国主義批判や現象学者および社会調査従事者、ポストモダンの批判理論およびラディカル民主主義者といった左派からも、あらゆるニーズは相対的であるとしてベーシック・ニーズ概念は攻撃されてきたのだ。しかし、近年の動向は社会的ミニマムやベーシックな必要といったものは具体的なモノやサービスではなく、それらが各人にもたらす何らかの機能として理解されていて、そのような意味で「本当に必要な機能」、ないし、人間として尊厳のある生を全うできていると言えるために満たされねばならない「ベーシックな機能」は普遍的・文化横断的に特定可能であると主張されるようになっている（ケイパビリティ主義）。この、「必要」を機能として解釈する考え方は言うまでもなくアマルティア・センによって先鞭が付けられたが、彼はどのような機能が普遍的にベーシックなものとして公的に保証されるべきか、それらの機能をリスト化する試みには明示的に距離を置いている。そこで、このリスト化ないし具体化の作業がドイヨル＝ゴフ（Doyal and Gough［1991］）やヌスバウム（Nussbaum［1990］）によって追求されてきたし、理論よりも実践に関心のある人々は基本的なケイパビリティは特定化・指標化が可能だしすべきだと考える傾向が強いようである。

それはさて措き、センがケイパビリティ・アプローチを生み出したのは、厚生主義と並んで資源主義をも否定するためだった。資源主義とは「何が人生に基本的な価値および意味を与えるのかについて理性的な人々は不合意であろうが、それでもなお、彼らの持つあらゆる人生プランの追求に役立つ特定の「汎用的手段 all-purpose means」を持つことが重要であることについては合意できる」（White［2004］）という立場のことである。これは「高価な嗜好」を有利に扱うことがないので人々の選好の間で中立的であるが、センが指摘したように、その汎用的手段を「在りよう being」や「すること doing」といった諸機能に変換する個人の能力の差異を無視してしまうという欠点がある。そのためドゥウォーキン（Dworkin［2000: ch. 1-2］）など資源主義者とされる論者でも、個人の能力をも「資源」の計算の中に含めねばならないと主張するようになっている。しかし、そうなってしまっては何が「普通の」能力であり、「障害を持った」個人とはどのような能力が欠損している個人なのかが問題となり、結局はケイパビリティ・アプローチが関心を寄せている問題に直面せざるを得なくなる。これら主要な三つの立場の分岐があるものの、厚生（への機会）主義者、資源主義者がともにケイパビリティ主義者の問題提起に答えようとしており、「何の平等か？」という現代の分配的正義論における論争の到達点は今のところケイパビリティ主義であると言ってよいだろう。

しかし、センがあえて普遍的なケイパビリティのリスト化に踏み込まなかったことに示唆されているように、「どの」機能ないしケイパビリティが人間にとって中心的であるかはいまだにオープンな問題である。この残された問題について、現代の規範理論の穏当な立場は「熟議によって応えるべし」というものだろう。つまり、各人の善の構想（各人が善き生だと判断する生き方）の多様性を尊重するという意味でセクト主義的でなく、かつ、各人の現実の選好にすべてを委ねてしまうという意味で相対主義的でもない、そんな社会的ミニマムを導出するための手続きやその手続きを体現する具体的な制度・政策が模索されるに際して、それらは常に討議と論争の対象であり続けるし、むしろそうあり続けるべきなのだ、というわけである。何が「ベーシック」であるかや「ミニマム」であるべきかは「集合的な決定」に拠るほかない、むしろ拠るべきだ、ということでもある。そして、ここでいう「集合的な決定」とは、人々が現に持っている選好の単純な「集計」から自動的に決定されるようなものではなく、理想的なコミュニケーション空間において、専門家だけでなく非専門家も含めた理性的な成人たちが合意しうるようなものとして、その社会における不断の討議のなかで決定されるということである。もっと客観的で科学的な決定手続きが可能だと思う人にとって、これは単にお茶を濁しているだけのように映るかもしれないが、熟議としてのデモクラティズムを重視する人々にとっては、その熟議の過程こそが大事だとされていて、最終的な回答がないことがむしろ肯定的に評価される。だが、社会がより多様化・

流動化するにつれて、ベーシック・ニーズや社会的ミニマムをそのように「集合的に」定義することでさえもますます困難になってゆくだろうし、その決定過程自体の正当性にも疑義の呈されることが多くなるだろう。

一六　現物給付のBI

このような「ベーシック」を定義することの困難を自覚しつつヴァン・パリースが提出した具体的制度構想は以下のような制約条件付最大化の定式として要約される：

目的関数：Max. 一人当たりBI（現金部分）
　制約条件Ⅰ：形式的諸自由の保護
制約条件Ⅱ：UD基準の達成（機会平等およびベーシック・ニーズ充足）
（制約条件Ⅲ：税制の予期可能性）。

「自由の平等」にコミットする現代の規範理論において、多くの論者にとって議論の参照点となるのが有名なロールズの社会的基本財の理論とその分配を規定する「正義の二原理」である。社会的基本財とは、先に述べた、各人のあらゆる人生プランの追求に役立つ特定の「汎用的手段」であり、Rawls［1971＝1979］では（1）基本的諸自由、（2）公正な機会、（3）所得および財産、権力および特権、自尊の社会的基盤、が列挙される。（1）は第一原理（「平等自由の原理」）に、（2）は第二原理第二項（「公正な機会平等の原理」）に服す。そして、ベーシックインカムは（3）に含まれるが、これは第二原理第一項（いわゆる「格差原理」）に服する。このとき重要なのがこれら三つの原理の優先順位――換言すれば、三種の社会的基本財それぞれに付与される重要性――である。ロールズはその優先順位を（1）、（2）、（3）のシリアルオーダーであるとしたが、ヴァン・パリースはそう考えなかった。

先ほど述べたように、現代の分配的正義論では、「自由の平等」が重要であるとの広範な合意があり、その自由の平等を達成する手段について論者の間に分岐がある。「ニーズ中心の」主張をする人たちが言うように、所得の平等だけでは社会正義の理論として不十分である。ヴァン・パリースにおいても、一見すると「BＩを最大化するのが正義である」と主張しているかのようだが、注目すべきはそこで同時に規定されている制約条件の方なのだ。ヴァン・パリースもロールズの「正義の二原理」の精神を踏まえ、現金のBＩ（一般的にベーシックインカムと呼ばれるもの）が、基本的には、形式的諸自由の保護と公正な機会平等に優先されると考える。その結果、（Ｉ）形式的自由の保護、および、後述する（Ⅱ）UD基準の達成（＝公正な機会の平等）、という二つを制約条件としてBＩを最大化することが「実質的自由のレキシミン化」だと主張する立場をとることになる。ここで、（Ｉ）形式的諸自由の保護も現物給付と関わりがある――たとえば、形式的自由の保護にしても、法律の規定だけでなく、その執行や権利侵害に対する矯正という「現物サービス」が要求されるはずである――が、現物給付がとくに問題となるのが、（Ⅱ）「UD基準の達成」である。

左派リバタリアンとしてよりもリベラルな平等主義者としての関心を優先させるヴァン・パリースは、万人に無条件のBＩを給付する制約条件として、特別なニーズのある人に補償的な支払いが（概念的には）BＩに先行してなされることを要求する。しかし、通常、どの程度補償されるべきかが問題となる。ヴァン・パリースがこのとき持ち出すのが「非優越的多様性 Undominated Diversity」という平等の基準（UD基準）である。この基準は、大まかに言って、ある社会において、ある個人Aよりも劣っていると満場一致で見なされる別の個人Bが存在しないのであれば、個人間での「平等」が達成されていると考える。

この優先的に満たされるべき二つの制約条件を効率的に満たすために、ヴァン・パリースは「現物給付のベーシックインカム」について論じているが（Van Parijs［1995 = 2009: s. 2.4］）、そこでは以下の三種類が挙げられる：

（a）「警察および司法、外的脅威に対する実効力ある軍隊または自衛力、様々なレベルの領域における集合的決定作成のための適切な機構」といった「形式的自由の要請から生じるもの［ibid.: 42］」

（b）「教育やインフラ整備のための資金提供」のように「生産性の向上につながり、最高水準のベーシックインカムの永続的な提供に対して純効果をもたら」し、「最高水準のベーシックインカムの永続的な提供に対して純効果をもたらす（ibid.: 43）」もの

（c）各種のメリット財や、市場では提供されにくいまたは国家が提供した方が明らかに効率的な財・サービス。

前節で述べたとおり、ヴァン・パリースはジョブを含む「外的資産」の専有に伴うレントに対して最適課税をせよと主張するわけだが、原則としては、その税収歳入はすべてベーシックインカムの財源である。しかし、上記二つの制約条件を満たしつつベーシックインカムを最大化するには、ＢＩの原資となる税収を増やす、および／または、二つの制約条件をより少ないコストで満たすことが模索される。そのため、原理的には個人に直接再分配されるべきＢＩの財源を割いてでも現物給付をする方がよいの

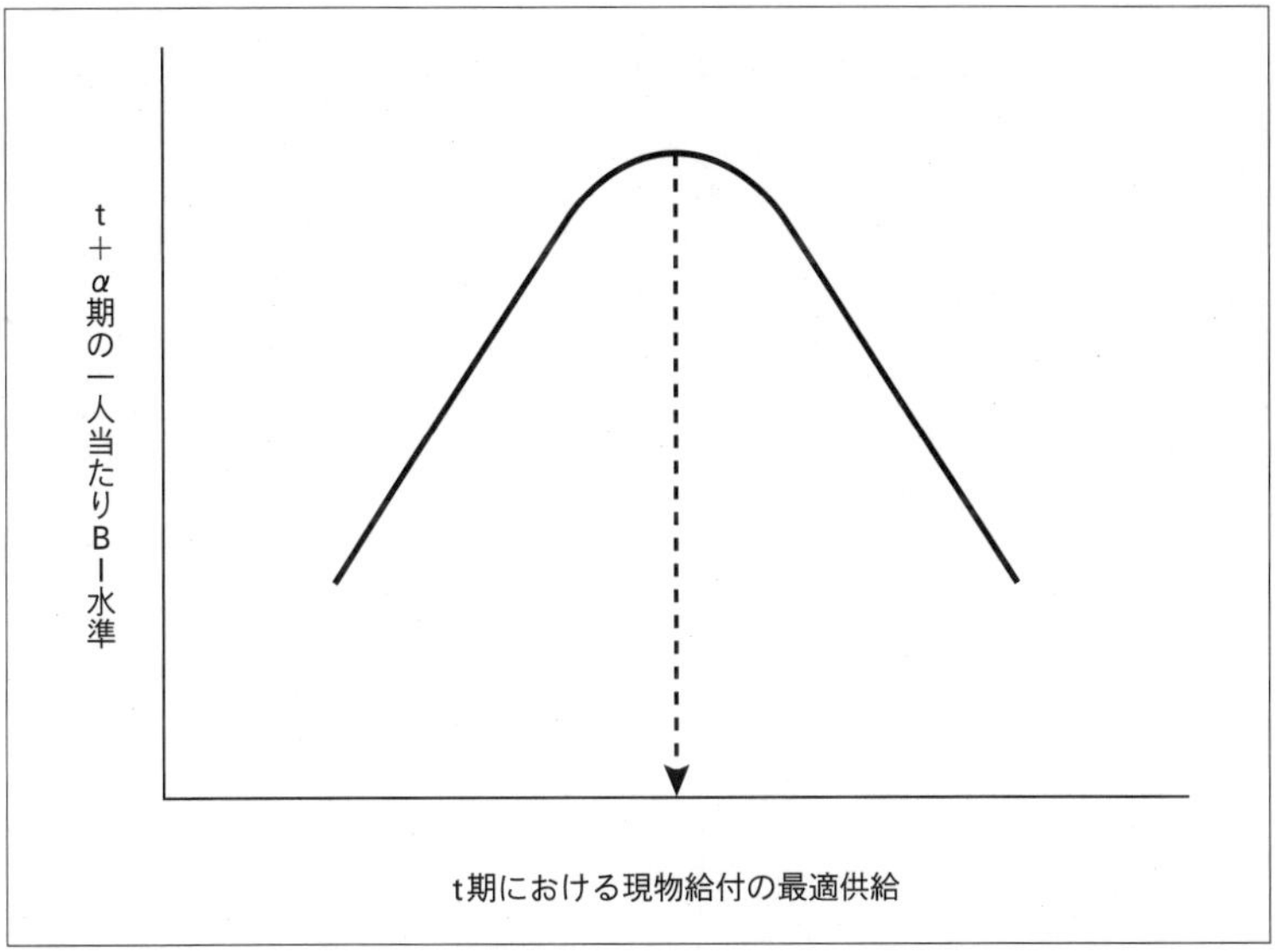

図2：BI曲線

である。そのような現物給付は将来の税収そのものを増大させるものであったり（b）、上記の二つの制約条件を満たすためのもの（a）であったりする。それらを支出することによって、結果として一人当たりのBI額やそのBI額での実質購買力はそれらがない場合よりも上昇するのである（図2参照）。つまり、ヴァン・パリースの具体的な制度構想としては、さまざまな公共財や現物給付サービスを提供したり、特別なニーズを持つ人々に対象限定した給付を行ったりするための資金が全体の税収歳入から支出され、残ったものがいわゆる「ベーシックインカム」として万人に均等分配される。これは、最低限の生活費をカバーする「ベーシック」インカムをすべての人に給付しておいて、そこにさまざまな「上乗せ」や「横出し」をするという、一般的なBI論者たちの制度構想イメージとはかなり異なっている。つまり、ヴァン・パリースの全体的な制度枠組みにおいて、BI

（水準）はそれ自体が目的関数であり、更に言えばフォーマルな諸制度が奉仕すべき目的なのである。そこでは、あらゆる政策がこの制約条件付きＢＩ水準を最大化させるための手段と見なされるべきなのだ。

一七　最大限に分配する最小国家

ヴァン・パリースにおいてもベーシックインカムよりも「形式的諸自由の保護」と「機会の平等」のための諸施策が優先されているので、彼の制約付きＢＩ最大化という定式はロールズの正義の二原理と同じではないかと誤解される。しかし、ヴァン・パリースの二つの制約条件はあくまで制約条件であって、前提条件ではないという点が重要である。つまり、形式的諸自由の保護と機会の平等が達成されないかぎりはベーシックインカム給付も開始されない、ということにはなっていない。例えば、形式的諸自由は、狭義の自己所有権としての身体を侵害するような雇用契約からの自由を保障するＢＩがあるほうがない場合より、より容易にかつより完全に達成される可能性は十分考えられる。さらに、金銭ＢＩが存在しない場合には多くの人についてＵＤ基準が満たされていないが、金銭ＢＩが制度化された途端にＵＤ基準が満たされるという可能性も十分考えられる。通常、政府による「再分配」政策の出番は、形式的自由の保護（を法律で規定すること）および機会の平等——と、その結果としての市場による分配——のあとで「事後的」になされる（べき）と考えられているが、これら二つを厳密に達成することは容易ではなく、ＢＩが存在するほうが、これら二つの達成可能性は高まるだろうし、よりよく達成される蓋然性も高いだろう。ここには、形式的自由や機会の平等というものが〇か一かの問題ではなく、「程度問題」であるという認識があるのだ。形式的自由や機会の平等の「完全な」達成を待っていたのではいつまでたってもBIの出番は回ってこない。

ヴァン・パリースの非優越的多様性（UD）基準に対しては、弱者に同感的な人々から、そんなものがミニマムや平等の基準であるべきではないといった直観的な批判が絶えない。というのも、この基準においては身体的・精神的な能力における不平等を理由とした再分配が生じるのは、二人の個人の能力の間に「明らかな」――その社会の成員が満場一致で認める――優劣が存在する場合のみだからである。その「明らかな」優劣がなくなる時点で「ニーズにもとづく」再分配は即座に停止されてしまう。しかし、ヴァン・パリースの制度構想においてこれで終わりではない。このUD基準の満足――諸個人の能力における「明らかな」不平等の解消――が達成され、個人間の一応の「平等」が達成された時点で（あるいはそれに並行して）、「無条件の」再分配――ベーシックインカムの最大化――もスタートするのである。そして、このベーシックインカムは、上述した様に、諸個人間の「ギフト」の不平等をより平等化する試みであり、障害を持っている人たちの稼得能力における身体的・精神的な不利も平等化されるのである。

むしろ、このUD基準が興味深いのは、その社会の豊かさの水準が高ければ高いほど、そしてその社会の善の構想の多様性が狭ければ狭いほど、「優越」されていると判断された個人への支払いが多くなる、という点であろう。つまり、「多様な社会」とは、人々の間で何が人間の尊厳ある生にとって不可欠なものであるかについて人々の合意できるものが少なくなる社会なのである。[★13] ヴァン・パリースは人々の善き生の構想が多様化した社会においてベーシック・ニーズや社会的ミニマムを定義することの困難さを重視する。それゆえに、「明らかな」不平等を是正した後は、ベーシックインカムを不断に最大化してゆくことによって、最不遇者――BIしか所得源泉を持ちえない人――の機会集合を不断に拡大させてゆくのがよいと考えているのである。

「最不遇者の機会集合を不断に拡大させてゆく」というヴァン・パリースの分配的正義構想こそが彼の社会正義論の魅力の一つだろう。リバタリアンは左右を問わず課税の正当性に神経質になる。特に標準的な（右派）リバタリアンにとって課税は必要悪であり、最小限に抑えられるべきものとされるので、小さな政府が推奨されている。それに対して、課税の正当性を担保しつつもリベラルな平等主義者としてマキシミン正義にコミットするヴァン・パリースは、持続的な税収最大化を主張する。そして、その税収歳入はあくまで各個人の実質的自由の保障に使われ、個人を超えた「公共善」や「国益」を追求することが目的とされることはない。そこでは、国家の諸機構は個人に分配される（実質的自由の近似としての）ＢＩ水準を最大化するために存在するのであって、政治家や役人にはそれに資する以外の権限や裁量は認められない。つまり、国家による介入や規制を極力避けるという意味で最小国家論者ではあるものの、「税金はできるだけ取れ、そして、できるだけ個人に再分配せよ」と主張するのだ（ただし、あくまでも「持続的な」税収の最大化であり、個人のインセンティブに配慮した課税スケデュールが採用される）。これは「分配する最小国家」（立岩［1998］）をさらに超えた、「最大限に分配する最小国家」と呼ぶべきものである。

右派リバタリアンのみならず一般大衆でさえも、課税は少ないほどよいと考えるだろう。たしかに、より少ない税収で国家の標準的機能を賄う「効率的な政府」が実現することは望ましい。しかし、効率性が語られるとき、その目的は所与とされ、その目的を達成するためのインプットが少なければ少ないほどよいとされる。そこでは、アウトプットの部分、つまり「国家の標準的機能」なるものは既定であるとされている。そこには政府の保障すべき社会的ミニマムやベーシック・ニーズの内容および水準も与件として与えられるとの想定が含まれているだろう。この想定は最小国家を提唱するリバタリアンにはとくに顕著に見られるが、彼らはこの想定の妥当性を証明できるのだろうか？　財産権を保護するための国防や警察は「どの程度」供給されるべきなのか？　財産権の侵害があった場合の矯正的正義を執行する司法サービスは「どの程度」であるべきだろうか？　国家の果たすべき機能に極端な限定を加える最小国家論者といえどもその国家機能の最適規模に関する論争、つまり程度問題を避けることはできない。また、日本のリバタリアンたちは微温的であるから再分配的配慮に寛容であるが、その際にあまりに安易に「最低限の保証」であるとか、「絶対的な最低水準の保証」と言う。[★14]しかし、もはやわれらの多様な社会においては、そのような客観的なミニマムやベーシックに関する合意はおよそ成立しないと想定すべきだろう。それゆえ、形式的諸自由の保護と非優越的多様性基準（明らかな不平等の解消）を優先的な制約条件としつつも、それらに厳格な優先性を与えることはせず、それらと並行的に最不遇者の機会集合としての予算集合（ベーシックインカム）を最大化してゆくことが正解だとされたのである。これは「ニーズ中心の」議論をする人々とも明らかに違う点だろう。ニーズ中心の議論をする人たちもまた、国家が各人に保証する機能は所与としてあると考える点は最小国家論者たちと同じであり、その水準が違うだけで、「必要」の水準が——非常に高いものであるとはいえ——満たされさえすればそれでよいと考えるだろう。筆者は、それらとは根本的に異なる発想に立つものとして、ヴァン・パリースの政治哲学の理念を「最大限に分配する最小国家」と呼ぶこととしたいと思う。BIを基軸として含む彼の諸制度提案はこの「最大限に分配する最小国家」という政治哲学的理念を具体化して推奨するものと理解すべきなのである。

ただ残念なことに、「最大限に分配する最小国家」の理念は政策担当者にとって何らかの実証的にヒユーリスティックなガイドラインとして機能するものではないだろう。「状況」や人々の選好構造およびその分布次第で、どのような現物給付や公共財がどの程度供給されるべきかの判断は変わる。また、現物給付がBI水準に与えるインパクトのタイムスパンをどの程度と想定する（べき）かは、政策担当者にとっては言うまでもなく規範理論家にとっても、重要な問題だろう（例えば、「米百俵の精神」よろしく、「将来の」BI水準の向上のためと称して、文教族や文部官僚が「現物給付のBI」名目で多額の教育予算を要求するような事態は大いにありそうなことだ）。しかし、諸々の現物給付プログラムは、目的関数としてのBIを最大化するための個別具体的な「政策」手段のレベルの政策論議として、現場の政策担当者や政策作成者が実証的な諸事実を踏まえつつピースミールな評価・実行・改善を不断に追求してゆくしかないのである。

「最大限に分配する最小国家」という理念をうち出したところで、それがどのような制度的詳細を帰結するかはまったく答えが出ない。一般的に言って、「平等な自由」や「レキシミンな実質的自由」といった抽象的な概念や規範的諸原理から具体的な「政策」が一意に導かれることなどありえない。しかし、それによってこの「最大限に分配する最小国家」という理念が無意味なものとなるわけでもない。最大限に分配する最小国家という理念を背景とする、二つの制約条件を満たしたベーシックインカムの不断の最大化という定式は、われわれの多くが持つリバタリアン的直観――各人の自律的決定に対して国家の権力・権威が介入することは極力排除すべきである、各人はそれぞれに確固とした消極的自由の領域を持つべきである、など――と平等主義的直観――社会は人々に可能な限り大きな「ミニマム」を保証すべきである――とを整合させる試みとして、なお意義深いものであることは疑いないだろう。そしてそれは、市場原理主義的かつ個人主義的でありながらも大きな再分配を厭わない、そんな理念《イデオロギー》である。

一八　市場に対する信頼——「どのように」信頼するか

以上は、ヴァン・パリースの「ギフトの公正分配」という社会正義構想とそこから派生する彼のＢＩ論を解説し、さらに、それがどのような制度的インプリケーションを伴うかを推論したものだった。筆者はヴァン・パリースの社会正義構想については概ね共感する。だが、市場に対する信頼の強さ、人間の社会生活において市場がどの程度ドミナントであるべきか、については筆者の方がより市場寄りであると思われる。筆者は市場というものにこのうえない信頼を置き、人々の社会生活のできるだけ多くの局面が市場という秩序に服するのがよいと考える。以下はヴァン・パリースの政治哲学を踏まえたうえでの、さらに市場志向を徹底させた筆者なりの市場原理主義的なＢＩ擁護論である。とはいえ、市場原理主義者としてのＢＩ擁護論を展開する前に、筆者がどのような意味で「市場原理主義者」であるかを述べさせてもらおう。

小泉政権による二〇年後れのネオリベ改革を経た後、多くの人が「市場原理主義」は間違いだったと感じている。中谷［2008］に見られるような市場原理主義者の「変節」もそんな世間の認識を強めている。中谷［2008］は、主張内容やその水準については措くとして、かつての所謂「構造改革」論者が規制緩和や市場開放といったネオリベ市場原理主義路線の片棒を担いだのは、そして、その後市場原理主義から「転向」したのは、いかなる市場観に基づいてのことであった（ある）のか、が語られているので、ここで取り上げたい。

市場原理主義と呼ばれていた諸々の市場志向の主張には、論者たちも明確に自覚していない区別されるべき二つの市場観があった。一方は静態的なそれで、言わば「計算機としての市場」観である。民営化や規制緩和といった市場任せが人々に恩恵を与えるという、手段としての市場志向でもある。中谷氏のような新古典派の経済理論家がよく展開するのがこのタイプであり、厚生経済学の二つの命題を持ち出して、市場は効率的かつ公平な資源の配分をもたらすことができると説く。それは洗練されたミクロ経済の理論モデルに依拠した主張だが、純化された理論モデルに依拠しているというまさにその点に限界のある主張でもある。厚生経済学の第一命題——競争均衡によって達成される配分はパレート効率的である——にはタイトな条件がいくつもある。簡単に思いつくだけでも、完全競争を想定することの妥当性（これはさらにいくつかの条件に分節できるが、後述）、私有制の確立（所有権の明確性）、その社会で市場が十分に優勢であること、競争均衡が存在する為の条件（規模に関する収穫非逓増、選好の凸性）、等々とあるが、現実の経済は概してこれらの前提条件を欠いている。次に、この第一定理だけでは個々人の初期賦存量を所与としたパレート最適点に均衡するだけ（つまり「効率性」が達成されるだけ）なので、それを補完してそのパレート最適点がより「公平」でもあることを担保するのが厚生経済学の第二命題——任意のパレート最適な資源配分は適当な所得再分配を行なう事によって市場均衡として実現できる——である。つまり、ミクロ経済の理論モデルに依拠して、「市場は効率性と公平性を両立させることができる」と主張することは、この第一命題と第二命題をセットにして——さらにはそこで想定されている前提条件をクリアして——初めて可能となるのだ。中谷氏は第一命題の前提条件がタイトであることは以前から認識していたものの、第二命題の「適当な所得再分配を行なう」ことがどれだけ困難なことであるのか、アメリカというおよそ民主的であるはずの国家において統治エリートたちがここまで露骨に恥知らずに私的利益の極大化に奔り、「公平な」分配を顧みようともしないとは想定しなかった、と述べている。彼はこの点で自分が不明であったと判断し、かつての自らの「市場原理主義」を取り下げたのである。中谷氏は、自らの依拠する理論モデルとそれが導く「市場が機能すれば効率的で公平な分配が達成される」という命題自体に誤りはなかったと今でも確信しているものの、そう言えるための前提条件——第一命題に付随するタイトな諸前提および第二命題そのもの（政府再分配政策）——が整えられることは期待できないと悟ったので、市場志向は止めるべきだ、と判断しているようなのだ。

このような中谷氏の「懺悔」に対する反応は概して予想通りのものだった。中谷氏の述べた程度のことは夙に指摘していたつもりの左翼たちは「何をいまさら」という反応だった。「そんなことにもっと早く気付かなかったのか」となかば勝ち誇っていた。脳天気な一部左翼はよほど気を良くしたのか、この「懺悔の書」を取り上げつつ中谷氏の「過ちをあらたむる」潔さと勇気を称えることで勝者の鷹揚さを見せつけようとしていた。それらの反応に一応尤もなところがあるのは、中谷氏の変節の仕方がまさに「何をいまさら」というかたちの変節だったからで、それゆえにこそ、中谷氏はおそらく大半の知識層の間ではその威信を低下させたはずである。研究者・学者や論壇のオピニオン・リーダーたちの多くは、中谷氏が自ら依拠する理論の前提条件やその認識枠組みにそこまで鈍感なままものを喋りあまつさえ政策提言までしていたのかと呆れたはずなのだ。本稿にとっても問題としたいのは、彼の政策提言を導いた政治経済的な状況認識が誤っていたか否か——つまり彼が慧眼であったか否か——ではなく、むしろ、彼の政策提言の背景にあった理論的前提や認識枠組みであり、なかんずく、その市場観である。

中谷氏のような厚生経済学の理論モデルに依拠した「ベタな」市場原理主義はその前提条件のタイトさに直面するとすごすごと自らの主張を取り下げて市場志向までをも否定してしまう傾向がある。その意味では、中谷氏が辿ったのは、新古典派的な静態的均衡理論とそれに基づく市場観――市場は私たちがそれを参照点として行動するべき、「正しい」価格や供給量を教えてくれる精密な計算機であり、この精密な計算機が正しく働くためには厳格な諸条件がそろわなければならず、そろわなければこの計算機は使えない――の持ち主が典型的に陥りがちな市場志向とその否定の軌跡だった。これに対して、妥当な市場観――それは動態的な市場観であり、ここでは「プロセスとしての市場」観を呼ぶ――に基づくならば、先述のような理論モデルの前提条件が崩れている程度のことで市場志向に幻滅することも、ましてそれを放棄することもありえない。それは市場というものの利点を動態的に捉えているからだ。

こちらの市場原理主義にとって、市場志向とは、何らかの所与の時点での・所与の主体の・所与の目的のために資する手段ではなく、動態的な過程の中で永続的に追求されるべき目的なのである。それは言ってみれば、完全な市場ではなく「より完全な」市場を不断に追求するための条件整備やそのための障害除去を漸進的に進めることであり、それが正しい意味での「構造改革」となる。その意味で、市場志向という構えは、それ自体、手段ではなく目的なのだ。こう聞くと、手段の自己目的化のように思えるだろう。多くの人にとって、市場原理主義者の市場志向の勧めとは、「市場志向が恩恵をもたらす」という市場を手段視した帰結主義的な約束だと受け止めるのが一般的だろう。しかし、そのような約束は具体性に欠ける言明であって、「恩恵」というのがどのような実証的指標によって測られるのか、その恩恵がどのような主体にもたらされるのか――消費者か労働者か？　現役世代か将来世代か？　地方住民か都市住民か？　など――が具体的に特定されないかぎりほとんど意味がない。そして仮にそれらの事項が具体化された場合、市場は一般的にそのような具体的約束を果たしうるものではないはずなのだ。一般的に言って、市場とは、各主体がその時々に直面する環境（制度、諸財の賦存状況、他主体の選好など）を参照しつつ、自らのその時々の選好に基づいて自らがその時々に所有する諸要素を取引することによって、生存を維持したり厚生を向上させたりする場であるに過ぎないからだ。それは、いかなる特定の時点の特定の主体の特定の目的に対しても、資することを約束できるような性質のものではないのだ。にもかかわらず、ある自称「市場原理主義者」が何らかの市場志向的な改革（たとえば、規制緩和や民営化）が何らかの特定の恩恵をもたらすと約束するとしたら、彼はある特定の所与の時点での制度的背景や特定の主体を念頭に置いてものを言っている利権屋であって、「市場」という一般的秩序を擁護しているのではない。

真正の市場原理主義とは、ある特定の市場経済が特定の時点に特定の主体にもたらす特定の便益を理由に市場志向を擁護するものではありえず、市場の一般的な性質を理由に市場志向を擁護するものである。その一般的な性質とは、ハイエクが指摘したように、新古典派的な静態的市場観が概して見落としがちな、市場の動態的なメリットである。ハイエクによれば、新古典派的な現代の競争均衡論は「本当の説明なら競争の過程の結果として解き明かされなければならない状態」をあたかも既定の前提として想定してしまっている。その状態とは、大まかに言って、（1）あらゆる参加者がプライスメーカーたりえない状況で供給される均質の商品群、（2）市場への自由な参入、そして、価格や資源の動きに対するその他の束縛のないこと、（3）市場におけるすべての参加者が、関連のある諸要因について完全知識を備えていること、である（ハイエク［1986: 81-2］）。しかし、ハイエクが指摘したように、市場とは、これらの状態を前提にしなければ機能しない硬直的システムなのではなく、むしろ、競争を通じていこれらの状態に近づくという一般的性質を持ったシステムなのだ。中谷氏のような新古典派や市場嫌いの左翼たちが、現実の市場があまりにもこの完全市場からかけ離れていること（それゆえに、パレート最適としての静態的効率性を達成できないこと）を理由に市場に幻滅を抱いてしまうのは、彼らが市場とは動態的な効率性（典型的にはイノベーション）をもたらすことにその主要な利点があるシステムだという点を認識できていないからだと思われる。

結局のところ、新古典派が前提と考えた状態は、市場の各プレーヤーが競争することによって、気付かないうちに追求されている（がおそらく現実には到達することのない）ような、ある状態なのである。市場とは、たとえこれらの状態から大幅に乖離していたとしても、競争が——たとえそれがどれほど低度であろうと——存在しさえすれば、その状態に近づくという一般的な性質を持ったシステムである（また、この際の「競争」とは特定の主体間でのわかりやすい「よーい、ドン」の競争ではなく、潜在的な新規参入に開かれているといった程度の意味である）。この市場システムの一般特性を高く買う者にとっては、市場には「公正な競争」の前提条件が整備されていなければならない、とか、完全競争市場が望ましい、とか、市場が公正な分配をもたらす条件整備をする必要がある、といった主張は勘違いである。そのたぐいの主張は、市場というものを、暗黙に想定された何らかの主体——個人や企業——たちの間での競争のための場であると勝手に解釈しているに過ぎないからだ（八節参照）。そして、この類の主張をする人びとは、競争が好きな、競争それ自体を目的とするような種類の人間である。彼らは往々にして、市場規制や諸々の政策誘導というかたちをとった集合的（政治的）権力の行使によって、その勝手な解釈を本来は非設計主義的な自生的秩序であるはずの市場に押し付け、かつそれを捻じ曲げている（その「捻じ曲げ」が社会的な公正さに資するものであるとしても）。

本節で述べられた市場の一般的特性——競争があれば市場は主体間の公正競争条件に接近する——を洞察したハイエクが、まさに「原理主義的な」市場原理主義に援用され、俗流市場原理主義の思想的支柱として誤用されているのはこのうえなく心外である。ハイエクが提供したのは妥当な市場観であって、それに基づいて特定の具体的な政策提言が直接的に導かれることはない——彼が実際にどのような政策提言をしたかは彼の「好み」の問題であり、それによって彼の市場観の妥当性が毀損されるわけではない。ハイエクの市場観からは、競争があることが望ましいと言えるだけであって、競争の強度については、強度であればあるほど善いなどという含意は全くない。競争の強度を扱うのは一般的な政策エコノミストたちの仕事であり、彼らがエンピリカルな状況を踏まえた具体的な政策提言として特定の産業分野のプレーヤー（と見なされる主体）たちに特定の競争を強制することはあってよいかもしれないが、それは、ここで述べた「市場」というものの一般特性に基づいた、アプリオリに擁護できる不断の市場志向という構えを導いたものとは別の思考の産物なのである。

筆者が自らを「市場原理主義者」と規定し、市場志向を称揚するのは、以上のような市場観に基づいてのことである。つまり、（規制緩和や民営化といった）言わば政策提言としての市場化がよいと述べているのではなく、動態的な市場の一般特性——競争を通じて「より」完全競争の状態に接近する——がもたらすメリットを認識したうえで、可能なかぎりの市場任せ（できるだけ市場を規制しないこと、および、より多くのものが市場で交換されうる可能性を残しておくこと）がよいと主張しているのだ。このとき、この市場志向の構えはそれが「われわれにとって」恩恵をもたらすから、という理由には拠っていない。つまり、市場志向を現在の状況に即した良い政策として勧めているわけではないのだ。★15 市場志向は現在世代のわれわれという特定の主体にとっては辛いだけの方向性かもしれない。市場の一般特性を踏まえるならば、市場志向（規制撤廃）に反対する人間はすべからく、相対的な意味では「既得権益者」である。たとえば、労働規制の強化によって参入障壁を高めようとする人々は、主婦や年金生活者などの低い賃金率を受け入れることのできる人々、移民労働希望者や不法滞在労働者から見れば十分に既得権益者であると映る（特に後者から見れば日本国籍を持つ人々はそれだけで希少な地位としての「ジョブ」を専有しているように思える）だろう。このような物言いが歓迎されないのは、その既得権益があまりにささやかなものであること、現に行なわれてきた市場志向の諸改革がそのようなささやかな既得権益しか有していないような——先進国のなかでは苦しい生活を強いられている——人たちにとってのみ深刻な影響を与える蓋然性が高いこと、などに因るのだろう。ここで思い至るべきなのは、市場志向によって奪われるものはその「ささやかな」既得権益——全体的なボリュームは大きいとはいえ——に過ぎないこと、アンチ市場（規制強化）は底辺での足の引っ張り合いであり、中間以上の階層の既得権益には何ら影響がないこと、である。BIという選択肢を念頭に置いたうえで言えることは、自分がこれまでやってきた労働をより低い賃金でやってくれる人々が参入してくることはむしろ歓迎すべきであり、市場規制以外の手段（典型的には課税による所得再分配）によって底辺層の諸個人を保護することを考えるべきだ、ということになる。

一九　生存経済と市場の外部

先述の中谷氏が完全競争の想定の妥当性——とくに完全情報の仮定——について強調していたのに対して、BI論者としては、それ以上に、「私有制が確立しているのか（所有権の明確性）」という前提が重要であることを強調しておく。時点1の賦存状態から、市場での交換を通じて、時点2の賦存状態に移行したとき、それが——各人の選好を所与として——パレート「改善」となっているためには、各人は気乗りしない市場交換には応じないものであるという合理的経済人の想定どおりに各人が行動することが要請される。それは労働市場で言えば、自分の労働を売りたくないときには売らないということであり、合理的に行動するためには「売らなくてよい」という物質的条件が担保されている必要がある。市場が登場してよりこのかた、市場経済での取引が多くの場合パレート改善であったのは生存経済にとっての余剰を取引していた――売りたくないものはそもそも商品とされなかった――からである。翻って、市場（労働市場を含む）への参加が各主体にとって「改善」であることを担保するには、なんらかの生存経済が必要ということだ。市場経済が拡大しきった現在、「市場の外部性」をもたらしていたような、文字通り市場の外にあったかつての生存経済を復活させることは考えにくい。ＢＩは市場経済のなかに生存経済を創り出し、かつて生存経済が諸個人に与えていたものを現代の諸個人に与える試みでもあるのだ。

市場経済の効用は諸個人が必要とするモノとサービスを効率的に配分することであったはずであり、現在これほどに市場経済が拡大したのはその面でのパフォーマンスの優位性を反映している可能性が高いと思われるのだが、他方で、現代の我々は市場経済の「使い方」を誤っているようにも思える。このとき、ＢＩ論者からすれば、その誤りは端的に、各人は自らの生存のために所得を稼がねばならない、という観念に主因がある。この観念によって現代社会は実に戯画的な状況を現出させている。需要の落ち込む不況期には特にそうで、この観念が支配するところ、多くの人がやらずもがなの労苦を強いられる。例えば、スーパーの棚にモノは溢れており、モノの生産も流通も遅滞なく行なわれているにもかかわらず、消費者たちには購買力がなく、彼（女）らは多数の店舗をはしごして自らの購買力の範囲で収まるように必要な（と判断した）モノを買い揃えようとする。小売店舗の方でも売り上げを上げるために営業時間を延ばしたり客寄せを工夫したりと、非金銭的コストを増大させて対応する。その延長された営業時間を埋めるためにさきほどの消費者たちがパート労働者として働きに出ることもある。また例えば、自分の近しい者たちのために提供したはずのサービス（ケア労働）をわざわざ市場で購入して、所得を得るために遠い勤務地でその当のサービスを市場で見知らぬ人を相手に提供していることも往々にしてある。中小企業の経営者たちはありそうもない受注を必死に探し回って割りの悪い仕事を取ってきたり、金策に駆けずり回って高い金利で金を借りさせられたりする。現代経済においては、モノがあるにもかかわらず購買力がないことが問題の大半である。BI論者は政府によって個人に購買力を分配すればよいと考える点でケインジアン的であるが、雇用を分配するのではなく単純に各人にカネを配ればよいと考えるのだ。「タダ飯のどこが悪いというのか？」[★16]、と。

市場原理主義に対しては常々「外部性」の軽視が批判されており、その外部性を提供してくれるような市場の外部——市場の論理とは異なる論理で統制される領域ないし意思決定システム——をどのように担保するかが現代社会の大きな課題となっている。現行の「小さな政府」論は日本では財政改革としてしか語られないが、地方分権や地域コミュニティ・地域社会の復興といった諸論点と不可分である。とくにアメリカのリバタリアンは「草の根右翼」でもあるため、国家の肥大化に対しては、財政的見地よりはむしろ、国家が人々に諸機能を保証してしまうとコミュニティ——地域共同体や宗教共同体、企業共同体——の機能が弱体化し、延いてはそこでの社会的紐帯やそこに所属する諸個人の責任感が弱体化してしまい、社会が薄っぺらなものになってしまうという事態の方を問題視する[★17]（Murray [2006; 2008]）。各人が市場ではなくコミュニティでの関係性を重視し、なるべくコミュニティの環境やそこでの関係性の維持に自分の持つ資源や時間を割きたいと思うならば、BIはそのような各人の時間と労力の使い方を全面的にサポートする。じっさい、現状では市場での支払を受けることのない様々な社会的に必要な「労働」に報いるため、または、それらの労働――がもたらす機能――が永続されるためにBIを導入せよと主張されることが多い。例えば、老親の介護や子育てといったサービスは家族やコミュニティの責任なのだと考え、BIがコミュニティの再生に資することを根拠にBIを支持するコミュニタリアン的BI論者もいる（Etzioni［2008］; Murray［2006］）。

ただ、このようなコミュニタリアンな理屈によってBIを擁護することは必ずしも無条件給付としてのBIに説得力を与える立論ではなく、むしろ「参加所得」を支持する論拠だろう。また、コミュニティ強化の方策ならBI以外にももっと安価で効率的なものがいくつも考えられるし、ケア労働を口実とした所得保障は多くの国ですでに――その水準が十分であるかは措くとしても――実行されている。BI論者は、共同体主義者・エコロジスト・フェミニストから市場原理主義型のリバタリアンに至るまであらゆる政治的立場に良い顔をするものであり、BIは彼らにとって「中立な」ツールであると売り込む傾向がある。だから、BI論者が共同体主義やエコロジズムの価値に依拠してBIを擁護することは自然なことだろう。しかし、それは安易かつ安直な途でもある。個人を超えた集合的な善に依拠してBIを擁護しても原理的にBIを正当化したことにはならない。原理的にBIを擁護するにはおそらく個人主義道徳を貫徹する必要があるし、それは本稿で筆者が主張する最大の価値判断でもある。「原子化された atmized 個人」――コミュニティに包摂されることなく浮遊している個人――が増えている現代において、原子的個人たちにとっては「コミュニティの再建とそこへの個人の再包摂」などというほとんどありえない処方箋よりもBIの方がよほどためになる、という状況依存的な立論にとどまらず、「原子化された個人」のどこが悪いのか、諸個人が可能な限り「自由な」決定をできることが理想であると主張し、この上なく素朴に、各人の「個人」としての個人的自由（消極的自由）を最大化することこそが目指すべき方向性となる。[★18] この立場からすれば、「社会への包摂」もまたその個人的自由を前提とした上での各人の「再帰的な」選択であるべきなのだ。

純粋なBI論者であるならば、市場の外部性や市場外的な諸価値を担保するための方策としてBIを売り込むよりも、より「市場原理主義」的な主張をするはずなのだ。原理的なBI論者にとって、より多くのモノ・サービスが市場で安く購入できることが望ましいし、BIはそれを実現する方策でもある。市場の繁栄とコミュニティの衰退という事実は、モノ・サービスの効率的な配分という観点にとどまらず、近代的な個人にとっての自由感という観点からも、後者が前者よりもシステムとして劣っていたことをおそらくは示唆している。例えば、育児ケアや老人介護のように近親者に対して提供できるサービスをわざわざ市場で買ってまで所得を稼ぐという事態をコミュニタリアンは嘆くが、経済学でお馴染みの比較優位説が述べるように、育児に特化した個人にそれを任せ、他の人々は別の生産活動に従事するというのは当然の経済合理的帰結である。モノであれサービスであれ、生産・流通・消費などの際に人の労働(ある個人が他人のためもしくは外的な報酬——典型的には賃金——のために取ってくれる労苦)を必要とする。この労働を提供してくれる他者が身近に数多くいればその人の人生は豊かであろうが、そのような親密な人に恵まれない人にとってはそれらのモノ・サービスが市場でなるべく安価に購入できる方がありがたい。むろん、BIは親密圏で労働を提供したい人にとっての直接的な補助金となるが、それ以上に、市場でサービスを提供する企業にとって、そこで労働する個人に支払わねばならない労働コストの低減となるので、そのサービスはコミュニタリアン的BI論者が想定するよりはるかに広い範囲で安価に提供されるようになる。大店法で規制されていたような大規模資本による大型スーパーや全国に流通網を持つコンビニなどで労働を提供することと、地元商店街的な「顔の見える」関係性を重視してそこでの労働を提供することとの間に、コミュニタリアンであれば明確な違いを見出すだろうが、純粋な市場原理主義者にとってこれらの間に特筆すべき違いはない——むしろ後者のほうが評価されるかもしれない。大規模資本による「役割《ロール》とマニュアル」に基づく関係性しかもたらさない店舗のみからなる地域があってもよいし、そういうものを極力排除した地域があってもよい。それらの比率に「客観的に適正な」バランスなどというものはなく、それゆえ出店に関する規制などは常に恣意的であるほかない。このバランスがどこにもたらされるかは、BIおよび規制の撤廃が並行して導入される場合には、人々の真に自発的な選択の結果として決定される。

　最後に、市場の外部性や社会的な諸価値は「市民」としての義務を自覚した諸主体によって担保されるのであり、この市民性を人々にどう埋め込んでゆくか、またはどう発揮させるかが課題であり、そのための諸施策を考えることこそが現代の社会改良の最も確実かつ迅速な解法であると信じる人は多い（例としてReicsh［2007＝2008］）。消費者の行動を「市民」としての義務感によって掣肘すべきとの「社会的責任消費」のすすめ（典型的なのがフェア・トレードや地産地消の取り組み）や、寄付税制の優遇による第三セクター活性化の提言などはその範型だろう。消費者の消費行動を操作・誘導したり、その可処分所得の「社会的に有用な」使い方を提唱したりするだけであるべき社会の実現につなげることができるのであれば、それは安価かつ実現性の高い解法だろう。しかし、それによって実現される「あるべき」社会とは、現時点で高い可処分所得を有している人々が望ましいと考えるような社会にすぎないという面もある。いずれにせよ、そういった敷居の低い「市民主義」は私的な言説空間での啓蒙活動に過ぎず、強制力を持ちようがないので持続的に実効あるものとはなりにくい。ゆえに、公的な諸制度とはいかにあるべきかという政治哲学（規範理論）の第一義的な観点からすれば、優先度のきわめて低い、ほとんどどうでもよいお喋りにすぎない。

ただしこれは、「政治」を重視すべきであるとか、市民としての消費よりも政治活動のほうが大事だ、とか言いたいのではない。リバタリアンとして言わせてもらえば、政治（権力の行使）ほど恣意的なものはなく、政治は「最小化」されるべきである。しかし、この「最小」の政治的課題の中に最不遇者の自由（の近似としてのＢＩ）を最大化することが含まれているのだ。たしかに、市場における個人の消費のあり方や企業社会における個人の働き方を変えることによって社会を改良することが基調であるべきであり、むしろ、「社会改良」とはそのような個人の消費や労働が良くなることの謂いである。とはいえ、すでに述べたような真正の「市場」論からすれば、何が「改良」につながる行動であるかを知っている主体が存在するという想定はありえない。市場の帰結が正統性を持つのはそれが局所的知識しか持たない諸主体の局所的最適化行動の累積として、没人格的に、人格的理性の設計によらずに、自生的に、派生するからであり、それは手続き的な正当化なのである。「市民としての消費」論者たちが自分の推奨する行動を正しいと「信じる」のは構わないが、それが正しいと「知っている」と主張してはならない。彼らは、自分たちの主張はこれから市場における検証を受けるのであり、その主張と自ら推奨した行為が後になって無駄ないし誤りであったと判明する可能性を常に考慮に入れて行動せねばならない（これは間違いなく、彼らが自らの主張を通すのに「政治的権力」に訴えてはならないことを含意する）。

二〇 「労働」は「生産」とは限らない

ＢＩ論者は概して労働規制に批判的であり、それは筆者も同じである。共産党や社民党およびロスジェネ論壇で発言している人々の労働政策関連の主張は、大まかに言って、「安上がりの労働」を濫造して雇用を不安定にしてきたのが問題であり、安定的な雇用のみを合法とするよう規制を強化せよ、という趣旨だと理解している。これに対して、BI論者として三点指摘しておきたい。第一に、問題なのは雇用が不安定になったことでなく生存が不安定になったことであるという点。これは、現代において雇用の安定が生存の安定そのものであり、生存経済という「溜め」が存在しないことを浮き彫りにする。第二に、モノとサービスの効率的な配分——これは各人が必要とする財・サービスが必要なときに手に入れられるという意味であり、必ずしも市場経済に限った話をしているのではない——という観点から言えば、「労働を安価にする」——労働コストを下げる——ことこそ必要であるという点。★19 第三に、法律を改正して規制を強化するというのは最後の手段であるべきだ。

第一点と第二点をまとめて論じておく。最低賃金その他の労働基準を設けて規制することの帰結は次のとおりである。はじめに、よく指摘されるが、何らかの労働標準は労働を供給する側にとってもハードルを上げることになる。規制による労働標準はそのハードルを十分に上回るだけの労働生産性を労働者に強いることになるからだ。これによって、気軽に小遣い稼ぎを考えるような若者や専業主婦（夫）などお気楽な労働者候補を労働市場から排除することになりがちである。純粋なBI論者から言わせれば、労働市場は参入・退出が容易で、潜在的な労働者（市場で労働というサービスを提供してくれる用意のある人）をできるだけ惹きつける場でなければならない。これは労働市場（という場での活動＝いわゆる労働）をより魅力的で楽しいものとする方向性も一つの解であることを示唆するが、それは規制によって一定水準の労働基準を遍く課すことではおそらくない、というのがBI論者の立場である。現行の正規労働者への待遇がそれを望む現行非正規労働者の全てに与えられるとしたら喜ばしいことなのだろうが、現行の正規雇用者が享受している待遇と規制をあらゆる労働者に拡大適用せよと主張するのは——むろん、実際にそんな主張をしている論者はいないと思うが——おそらく不可能だろう（仮に可能であったとしてもそんな社会を目指したいとは思わないが）。むしろ、日本の現状において志向すべきは、非正規社員の正社員化ではなく正社員の非正規化であるべきなのだ。

次に、その労働条件を満たす労働を雇用できるだけの収益をもたらす売り上げを計上できる価格以下ではその財・サービスが市場に出回ることはなくなり、その価格を支払えない個人はその財・サービスを市場以外の関係性によって（家族・友人などから）調達せねばならないことになるだろう。生存経済が存在せず市場所得によって自らの生存（に必要な財・サービスの購買力）を確保せねばならない現状が、現代の市場経済社会を戯画的なものとしている。これがイノベーションを阻害し、効率性・省力化の発揮を妨げる一番の原因である。わかりやすい例が日本のコメ農家だろう。日本農政が先進国では珍しい価格維持型の農家保護を採っていることが日本農業の様々な矛盾の原因であることは多くの論者が指摘する。他の先進各国では、農家への直接補助金が採用されているので、農産物単価×販売数量としての売り上げによって農家が自らの生計を賄う必要がない。農家への直接補助政策を採った場合、農産物が多く収穫できれば需要量がある程度決まっている国内市場での価格が下がり、これは消費者にとって恩恵となる。また、国外にも競争力のある価格で輸出できるようになる。日本では価格維持政策が採られているために価格の大きな変動はなく生産量を調整するのみとなっており、その結果、減反や作り過ぎた際の廃棄処分などこの上なく反生産的なことをさせられる。つまり、日本の農家は、需要も価格もほとんど所与であるがゆえに、できるだけ生産性を発揮しない努力をしている。高付加価値化と称してコメの価格を上げる口実を模索した時期もあったが、そのような高付加価値戦略を取れるのは、消費者にブランドとして認知されるごく一部の生産地だけである。日本の農業は国内需要に対しては供給能力が過剰であるものの国際競争に打って出るには供給能力が低すぎる。最近になってようやく農水省も日本産農作物の積極的な輸出を口にするようになってきたが、日本の農家が国外の農家と競争するには明らかに農家の数は過剰であり、集約して生産性を上げねばならないのは必然的な流れである。農家はこれまで作り過ぎのリスクを嫌って生産性を意図的に抑えてきたが、彼らに生産性を発揮させるためには価格維持政策から直接補助金への転換が求められる（ただし、これは価格維持か直接補助かという現状での話であって、BIが実行された場合には農業補助金は廃止すべきである。農業の多面的機能といった外部性の問題は措くとしても、生産性の低い農業活動というものは家庭菜園と同じく趣味であり消費活動である）。コメ農家と労働者をアナロジーで捉えるとしたら、コメ一単位の市場価格に対応するものが、労働者が勤めている企業が生産する財一単位の市場価格となる。労働者の賃金は最終的に消費者が購入する価格に転嫁されるだけであり、「安上がりの労働」批判の結論は、「企業は労働者に生活賃金《リビング・ウェイジ》を支払え」ではなく、「国家が市民の生存を保障せよ」であるべきなのだ。

最後に、第三点と絡めて、派遣規制を例に、労働規制一般に関するリバタリアンな個人主義的BI論者としての見解を述べておく。筆者は個人的には共産党支持者のつもりなのだが、雇用規制に関する共産党的な問題認識やロジック、やり方はまったく評価していない。共産党的な「やり方」とは、個別具体的な企業が派遣労働者を（とくに製造現場で）どれだけ酷使しているかを国会で取り上げ、（1）規制の徹底を求める、とともに、（2）低質な雇用それ自体を生じなくさせるために雇用法制の強化を求める、というものである。

リバタリアン的BI論者からみて（1）が問題であるのは、その実現のために労働監督当局の権限・

資金・マンパワーの強化を伴うことである。そして、経営者たちが適切な基準の「働かせ方」を遵守しているかどうかをチェックするだけの、まさに非生産的な労働を増やすということである。（2）が問題であるのは――（1）とも関連するが――、それが労働当局ないし何らかの権威を持った有識者が「スタンダード」な働き方や働かせ方を特定できる、ないし、スタンダードな働き方が存在する（べき）といったことを暗黙に想定していることだ。働き方は諸個人の「生き方」の大部分を規定する――働き方を選択することとは人生の時間の大部分の使い方を選択することである――ので、何らかのスタンダードな働き方が提示される際にはその背後に何らかのスタンダードな人生像がしばしば暗黙のうちに想定されている。経営者団体の推奨してきた「多様な働き方」とは「多様な働かせ方」に過ぎなかったし、労働者たちの良質な働き方の選択肢が実質的に増えたわけではなく、不安定で魅力のないジョブの選択肢が増えただけであった、等々については同意する。しかし、それが製造業への日雇い派遣を「禁止」するロジックになるわけではないはずだ。日雇い派遣が禁止されたことで、それまで日雇い派遣で生計を立てていた人々はそれまでの彼らの生き方を「禁止」される。たとえ大部分の人が選ばないとしても、選択肢はより多いにこしたことはない。日雇い派遣の禁止という措置は、日雇い派遣で働き続けることはスキル獲得機会の逸失であり、将来における選択肢（ジョブ獲得機会）の減少を招く、といった派遣労働者たちの人生を――お節介にも――慮ってのパターナリスティックな決定である。ある個人の時点1における選択肢を意図的に狭めることがその個人の時点2における選択肢を拡げることになる、というのは典型的なパターナリズムであり、「スキルを積む機会」云々を根拠とした派遣労働規制はまさにこのパターナリズムに依拠している。むろん、「パターナリズム」はアプリオリに悪いものではない。それどころか、いわゆる「自己決定」に対する政府の介入や現代における政府の役割をリベラルな人々にとっても説得的に擁護しうるのはパターナリズムのみであろう（じっさい、ＢＩでさえも十分に「パターナリスティック」な思考の産物である）。しかし、問題なのは雇用規制の強化を謳う人々が自らの主張がパターナリズムに基づいていることを自覚していない点だろう。パターナリズムに説得力があるのは、当事者でない有識者の方が当事者にとって何が善いことであるかをよりよく知っていることが自明な場合である。しかし、その人の目標とする人生像を知らずしてある個人の選択が当人にとって善いか悪いかを有識者が判断するのだとしたら、何らかのスタンダードな人生像を勝手に想定しているとしか考えられないではないか。

　派遣や請負で働いていてはスキルが身に付かないという物言いにこそ、「スタンダード」な――多くの人が「健全」で望ましいと考えるような――人生像が想定されていることが端的に窺える。こういった物言いに対しては、年功的な「キャリアの階梯」とそれに基づく人生設計がそれを望むすべての人に提供できる経済環境がいまだに存在しているとする甘い想定に基づいている、と実行可能性の観点からも批判できるが、何より、そんな雇用人生を当然視している人間にのみ都合のよい社会編成のあり方を主張しているだけである、というのが本質的な批判だろう。また「労働」が多くの場合「消費」を伴っている現代社会において、「スキル」などというものは、多くの場合、高い賃金と一定水準以上の労働条件を正当化する名分《エクスキューズ》に過ぎない。さらに、多くの人が生きてゆくために必要な財やサービスの生産と配分が希少なスキルを持った諸個人に依存しているとしたら、現在の医師不足に見られるように、それらの人材が不足したときにボトルネックとなって社会や経済の機能に深刻な停滞をもたらす。社会は多くの個人が低スキルでも回るように設計されるべきであり、「スキルの習得」など労働者の個人的な生き甲斐を満たす程度の私的な事柄と考えるべきであり、むしろ、そう言って差し支えないように社会を設計すべきなのだ。

二　ラディカルな個人主義と消極的自由

スタンダードな働き方を規定し、それを経営者に守らせるよう行政が監視することによって「労働者の保護」とするのが共産党的なやり方であるとしたら、リバタリアンなBI論者が推奨するのは労働者個人の実質的な交渉力を向上させることである。労働者の立場を強くするためには様々な戦略がありうる。労働組合を結成して団結して経営者と対峙し、労働者諸個人が「各個撃破」されるのを防ぐという「集合的交渉力」を高めるやり方がこれまで一般的だったし、個別具体的な労使関係について言えばそれはこれからも依然として必要である。しかし、経済学におけるインサイダー／アウトサイダー理論が指摘したように、この戦略はすでに雇用されている諸個人を優遇し部外者たちを排除する傾向がある。労働者の保護は、いまや、団体交渉によってではなく、「個人的交渉力」を高めることによって図られるべきなのだ。

個人的交渉力を高めるにもいくつかの方策がある。労働規制によって、諸個人が自らの経営者に要求できる待遇を規定するというのは、確かに個人的交渉力を上げる一策ではあるが、上述のように、それには労働監督当局の強化を必要とする。規制破りが発覚する可能性が高いこと、および規制破りに対する制裁の脅威が現実的かつ重大であること、が担保されなければ労働法規によっていくら「労働者保護」を謳っても、実質的な保護にはなりえないし、雇用それ自体が生まれにくくなる。さらに、これらの規制が個人的交渉力を高めるためには、労働者の側にも労働法規を楯にして経営者と渡り合えるだけの知識・能力・意欲が必要であり、労働者たちにとってかなり要求度の高い《ディマンディングな》方策である。労働者がスキルを身につけて雇用主にとって貴重な存在となることも個人の交渉力を上げるが、これも同様に労働者にとってディマンディングであるし、労働市場が流動的でないとか、ジョブそれ自体が少ないといった場合にはまったく意味がない。ベーシックインカムは、労働者諸個人に経営者との関係（雇用契約）をより容易に切る実質的な力を与えることによって何よりの「労働者の保護」として機能する。BI論者もある意味では各労働者に対して「強くあれ」と要求するのだが、その強さを個人の努力だけに求めず、BIによって外から補填するのだ。しかもその個人的交渉力は普遍的に補填されるのであり、BI水準が高ければ高いほど各人の個人的交渉力も高まり、同時に社会的な底上げが実現する（そうすることで、失業者やニート、専業主婦（夫）といった潜在的な労働者をも保護することになる）。このような主張に対して、「BI論者はBIによって労働者の交渉力が高まるというが、労働者の団結による団体交渉の場合よりも交渉力が下がるのでは」、という指摘を受けることがある。誤解されては困るが、筆者は「労働者の味方」ではない。団体交渉スキームによる労働者集団の保護からBIスキームによる労働者個人の保護へと移行することによって、交渉力の下がる労働者は間違いなく存在するだろう。その場合、むしろ、彼らは「組織労働者のエゴ」によってそのような交渉力を保持できていたことが判明するのである。

ただ、BI論者に対しては「現場」やそこに近い人々は文句を言うだろう。経営者との関係を「切る」という消極的な選択肢を与えているだけで、尊厳のある働き方や魅力ある労働環境の整備につながらないではないか、と。むろんその通りであり、多くのBI論者が、BIは万能薬ではない、ある程度の労働規制は残すべきだ、むしろBIと労働規制は相互補完的に機能する、等々と主張することだろう。「最大限に分配する最小国家」を実現する政策分析者としての立場では筆者もそのように主張するが、リバタリアンとしての筆者にはそれと少し違う回答もある。[20]その関係性が相手の意向を無視していては切られうるのだということを双方が切実に感じてはじめて、労使間で就労条件や待遇についての適切なコミュニケーションとそれに基づく合意が可能になる。たしかに、個人主義と自律性を重んじるリバタリアンといえども、各人が自律的に意思決定し、選択し、行動する主体であるために、その前提条件として能力の劣る個人をエンパワーしなければならないことには合意せねばならない。しかし、どの程度、どのようにエンパワーすればよいのかは、個人の能力や境遇、さらにはいかなる生活場面での意思決定・選択・行動が想定されているのかによって、大いに変わってくる。労働という場面において、この「どの程度エンパワーすべきか」問題についてはリバタリアンにお馴染みの概念が最も妥当な回答をもたらす。それは侵害の不存在としての消極的自由である。意に染まぬ労働を強制されないという意味で自己所有権侵害「から」自由であらしめる以上に各人をエンパワーする必要はなく、労働者には嫌な雇用主との関係を切れる実質的な自由を与えればよい、というのが結論である。

これはフェミニストがジェンダー平等の向上を企図して何らかの立法（例えば男性の育児休暇取得の義務化）を提言することに対してもリバタリアンが与えるべき回答である。個人Aが現に親密な関係にある個人Bの暴力に堪えかねているとしても、立法や規制によって個人Bの行状を改めさせることが政府のすべきことではないのだ。嫌なパートナーと関係を切れるだけの実質的自由を（BIによって）与える以上のことは必要ない。個人Aは自分の人格や意志を尊重し、かつ親密な関係を築くことができるような別の個人Cや個人Dを探すべきだろう。そんな個人がこの世に存在しない場合には諦めてもらうしかなく、立法や規制によってそのような個人を創り出すことはできないし、すべきでもない。（深刻な監視と制裁を伴わない、単に啓蒙だけを目的とした立法がそのような目的を達成するならよいではないかとの意見はありうる。そして、日本のような社会ではこのような方策が大いに有効でありうる。この種の問題はフェミニストが強調する文化的文脈の重要性や「社会の意識が変わらなければ…」といった主張には相当の妥当性があることを示唆しているが、それでも、リバタリアンが拠るべきは「差異の政治」や「アイデンティティの政治」ではなく、あくまでもラディカルな個人主義の貫徹である。）労使関係についても、一般的に然るべきと考えられる労働条件と待遇をあなたに提示してくれる雇用主は存在しないかもしれないが、そのような雇用主を公的に創り出せと要求できる権利など誰にもありはしないし、ある必要もない。そのような良心的な雇用主が新たに必要だと思うのであれば、あなた自身が起業して他人を雇うしかない。

結局のところ、パートナー間関係も労使間関係も「私的な」関係性である。その関係の個別具体的な内容がどうであるかは公的な手段が介入すべき問題ではない。「私的なことは政治的である」との物言いは、フェミニスト的思想が政治哲学に貢献する（そして、してきた）あり方を端的に示しているが、いささかミスリーディングでもある。それは適切に表現されるならば、「これまで私的とされてきたこと（のいくつか）は政治的な関心の対象となるべきだ」というものだろう。また、ジェンダー間の関係性が政治的関心の対象となるべきであるとしても、その関係性のあり方を公的な手段によって統制することが直ちに正当化されるわけではない。結局のところ、パートナー間および労使間での「あるべき関係」など具体的に規定できないし、それを規定してその遵守を求めるのは行政監視の強化と余計な労働とを創り出すだけである。

純粋なＢＩ論者は徹頭徹尾、規範的に個人主義者であるほかないはずだ。しかしそれは、様々な企業や団体・ＮＰＯなどの「集団」と自然人としての「個人」との間にトレード・オフを見出し、個人の利得のためには集団など潰れてしまえばよいと主張しているのではない。規範的個人主義者は、法人擬制説よろしく、企業や団体といった集団には「実体」などなく、自然人たる諸個人が自らの所有する生産諸要素を持ち寄って何らかの活動をする「場」であるに過ぎないと想定する。しかし、この想定はそれら法人が我々個人にとって持つ重要性を認めないことを意味するものではない。むしろ、そのように実体のない儚い存在であるにも関わらずそれら諸集団が「場」として存続する、その事実によってしか、それら法人的主体はその存在意義を立証することができないのだ。この主張は、端的に、制度や規範の進化論的な選択を称揚することへとつながり、公的な制度や政策によって人為的に存続させられている諸集団などむしろさしたる重要性はないと評価されるべきである、と主張することになる。むろん、そのような「評価」は人々のすでに涵養した選好を反映するに過ぎないものであるから、低俗な選好をもつ人々による市場的帰結とは切り離して、高尚な文化や習俗を守るために特定の集団を制度・政策的に贔屓するべきだ、との主張もありうる。しかし、そのような試みは制度の進化や集団の進化という動態的効率性の観点からはいずれにせよ徒労に終わる蓋然性が高いし、ある文化的活動や習俗の「高尚さ」の判断に特別な道徳的権威を必要とするだろう。

企業も家族も、諸個人間関係の束《バンドル》であり、個人間関係が錯綜する「場」である。それらの「場」は、諸個人の可能な限り自由な選択の結果として存続するという手続き的な証明によってしかその善性を主張することはできない。職場というものは単に所得を得るだけではない、様々なよい効果を、従業員や顧客のみならず、その地域のステークホルダーたちにもたらすのだ、効率重視の市場競争でその職場がつぶれてしまえば、そのような職場のもたらす「機能」は失われてしまうのだ、といった主張によって、その職場それ自体を維持することが正当化されるわけではない。そういった「場」のもたらす機能が重要であること、その「場」が存続することが望ましいのはたしかだろう。しかし、その職場が存続するにはその法人のキャッシュフローが回ってさえいればよいはずであり、非効率な法人による支出の大部分を占める人件費コストをBIによって大幅に下げてやる以上のことをしてやる必要はないはずだ。その職場のもたらす機能が諸々のステークホルダーたちにとって不可欠であることを手続き的に証明するチャンスを与えるそれ以上の方策はない。

二二　市場至上主義

最後に、BI論者はむしろ市場での活動を特権的に優遇していないかという指摘がありうる。筆者はこれを否定できないしするつもりもない。それは、市場というものを他のあらゆる形態の秩序より高く評価しているからだ。そして、なぜ現金給付を基調とするのかというよくあるBI批判に対して、このような市場至上主義に立たない限り、整合的な回答はありえないのではないか。例えば、BIが実行されれば、給与が低く労働条件の劣悪なジョブは無くなる、という希望的観測がしばしば語られる。しかし、それは通常言われるような、その種のジョブの賃金が引上げられる、および／または、労働条件が改善されるということではなく、文字通り、その種のジョブは「消滅」するということなのかもしれない。それまで低い労働コストのおかげで低料金でサービスを提供できていた便利屋やケア提供業者がBI導入によって賃金（延いてはサービス価格）を上げざるを得なくなった結果、客離れないし資金繰り悪化によって廃業を余儀なくされるとしよう。それまで市場で提供されていたサービスは私的な領域だけで行なわれることになる。私的な領域内でそのサービス（家事やケア）の負担が不公平なものとなることは大いにありそうであり、フェミニスト達はまさにBIは横暴な夫に口止め料を補填してやることになりかねないと批判してきた（Robeyns［1998］）。また、先ほど「現物の雇用レント」について述べたように、企業が賃金ではなく企業内福利厚生の充実によって、なるべくそこに所属する諸個人たちの間だけで排他的に利得を山分けしようとする場合、ＢＩはレントの公正分配を効果的に実行できる手段ではなくなるだろう。この二つの事例に見られるように、ＢＩ論者にとって、利得や負担の配分が家庭や企業といった私的に囲い込まれた領域で排他的に決められてしまうことほど厄介なことはないのだ。私的な領域やコミュニティとしての中間集団はそれぞれに独自の空気や利得・負担の配分原理を持っている。そこでうまく立ち回れない諸個人にとって、そこからの離脱を可能にしてくれるＢＩと、そこで提供されていた機能を代替するものを匿名ベースで購入することのできる市場とは、この上ない福音であり、最終的な拠りどころとなる。ＢＩをより上位の諸目的、特にコミュニタリアンのように、市場の「外部性」と目される諸価値・諸機能を担保するという名目で正当化することは端的に邪道であるか、誤りである。ＢＩ論者は個人主義と共同体主義の間で、また、市場主義と共同体主義との間でも、中立的であってはならない。筆者の見解としては――望むらくは論理的帰結としても――、個人主義的で市場主義的でなければ、原理的には、ＢＩ論者として整合性を欠くのだ。

注

★01　本書所収の予定だったVan Parijs［2004］の抄訳を筆者の所属する研究科のＨＰに乗せているので参照されたい。それはこれまでの学術的なＢＩ論議をこの上なく簡潔にまとめており、フィッツパトリック［Fitzpatrick 1999 = 2005］や山森［2009a］よりも手頃かつ中立的な邦語の入門文献である。

★02　私のヴァン・パリース解釈が「リバタリアン」的過ぎるという指摘はありうる。

★03　これより一三節までは齊藤［2009b］の一部を書き直したものであり、ヴァン・パリースＢＩ論の詳細はそちらを参照のこと。

★04　この方向に議論を徹底して展開したのがHamminga［1995］(quoted by Groot［2004: 70-3］)。

★05　この定義は筆者によるもので、一般的とは言えない。森村［2001］などが「自然権アプローチのリバタリアン」とよぶものと近いが、多くの自称・他称リバタリアンに共通する国家は小さいほどよいとする想定は含まれない。

★06　Roemer［1998］で想定されていた「機会の平等」もこの段階までであり、個人の実際のジョブ獲得には機会の平等原理の適用（＝努力支出に応じた分配）は忌避される。

★07　Simon［2001: 35］は明確にそのように理解している。

★08　むろん、家計をひとつの生産単位と想定する場合――これはよくなされるし理論的にもあまり破綻のない想定である――には、賃金率が高くあまり消費をしない個人からなる単身世帯は労働生産性が高い、と言えそうだ。ここで消費を考える必要があるのは、分子に来るのはあくまで「付加価値」のみだからだ。「個人」単位で付加価値生産性を厳密に計測しようとするなら、労働力再生産費としての消費は、当該個人が給料を得るという生産活動を可能にするための中間投入として分子から引かれるべきだ。このとき、配偶者のいる二人以上世帯で片働きの世帯については、その稼得者の賃金率がどれほど高くても、彼（女）個人の労働生産性が高いとは限らない。あくまで「個人」単位にこだわるのであれば、彼（女）の配偶者によって無償で提供されるサービスが分子部分から差し引かれるべき中間投入となるからだ。しかし、この無償サービスに明確な市場価格――こちらはその配偶者「個人の」労働生産性を計測する際の分子となる部分の近似と見なせる――が付けられない以上、そういった中間投入はその家計の消費によって代理指標しておくのが無難である――たとえ、その配偶者が家事をまったくしないうえに浪費癖のある個人であったとしても。消費を参照せざるをえない以上、生産単位は「個人」でなく「家計」としておくのが理論的に破綻のない選択である。これは穿った見方をすれば、労働生産性を

「個人」単位で計測することは、現行社会のあり方を前提するならば、理論的に破綻するのが目に見えているということを示唆する。また、労働生産性を云々する際、特にそれに基づいて個人間の分配の公正さを云々する際、想定されている生産単位の違いによって、各人の考える「公正な分配」はかなり異なってくる、ということも示唆されていると言えよう。

★09　進化理論は「理論」と言うよりはもっと一般的な認識枠組みである。それは、生物学に限らず、あらゆる個別ディシプリンが共有できる認識枠組みである――ダーウィンの生物進化論はスペンサーその他の社会進化論に示唆を得ていたとのハイエクの指摘、最近の進化心理学や進化経済学などを想起されたい。それは、各ディシプリンにおける諸々の進化理論の理論構成において注目されている単位の「進化」過程を、無目的的なものとして・淡々と・価値自由に、説明するための一般的な認識枠組みである。そういった諸々のディシプリンで提出される進化論的な「説明」に過ぎないものが個人行為の当為や制度ないし秩序の善悪に関する規範的判断を導くことはありえない（齊藤［2009b］）。

★10　これは間接税としてのいわゆる「消費税」ではない。消費税の問題は累進構造が入れられないことであり、おそらくは持続可能な税収最大化をもたらすものではない。この点は後述（第3部）。

★11　Nozick［1974＝邦訳 1992: 312-5頁］はたとえ社会を協業と見なすとしてもそれが社会 - 経済的な利得の再分配を必ずしも正当化することにはならないと主張するが、その際、ほとんどありえない想定――各人が各人の投入する要素の限界貢献について完全に知っているといういわゆる完全情報の仮定――に基づいている。彼自身いわゆる限界生産力命題が有用でない可能性を考察しているが、自由な市場の結果はおおむねその方向へ収斂すると述べるにとどまる。

★12　その意味ではエコノミストやアナリストの景気予測も同じであり、彼らが自分の予測が正しいことを「わかっていた」と主張するためには、自分がどのような経済諸指標に注目し、それら諸指標の変化をどのように予測し、諸指標間のウェイト付けを含めた関連付けをどのようにしているのか、といったことを明示したうえで、ほかならぬその方法論が「正しい」ことを「証明」しなければならない。

★13　とはいえ、調査によれば日本は十分に同質的な社会なので（橘木／浦川［2006: 293］）、ニーズにもとづく再分配の水準はこのUD基準にもとづいた場合でも日本では相当高くなるかもしれない。

★14　橋本祐子［2008］など。

★15　この過度なまでに一般的な市場の擁護論はほとんど反駁不可能なものであり、その意味では「ずるい」立論である。だが、橋本努が「誰もネオリベを批判できない」と指摘したように、市場原理主義者の主張というものはほとんど反証不可能な命題であり、論理的に、「本質的な」批判を受け付けないようにできているという点を、市場原理主義批判をする人たちがわかっていないことが問題なのだ。彼らは市場任せにしていたためにおきた何らかの悲劇を指摘しさえすればそれで市場原理主義が批判できたことになると勘違いしている。市場原理主義にとって、そのような悲劇は市場が動態的に進化するための材料となるに過ぎない。

★16　Van Parijs［2001（ed.）］

★17　ただ、このよくある福祉国家批判は実は妥当しないという調査結果がイエテボリ大学のロトシュタインによって報告されているらしい（宮本［2009:20-22］）。

★18　「個人主義」がなぜ擁護されるべきなのか——システム論的に言えば、数多ある諸々のシステムの中で、何ゆえ個人の心理システムが道徳的に特別視されるべき最重要の単位として見なされねばならないのか——について、規範理論は十分な説明をいまだに提出できていないように思われる。個人主義は、今のところ、共同体的・集合的な価値の称揚に対する素朴な反感の表明でしかない。個人主義や個人化こそが目指すべき方向だという主張それ自体に何らかの「基礎付け」が必要であるのか否かを含めて、この問題は本稿で扱うには大きすぎる。

★19　ただし、誤解なきを期するならば、労働を可能的には安価にするというのが正しい。BIによって労働者の交渉力が増し、ある雇用主にとっては賃金コストがBI導入以前よりも上昇するということは現実には起こりうる。労働価値説は記述的な言明ではなく規範的な言明として解釈するべきである。

★20　労働規制を積極的に評価しうる可能性もあることを指摘できるが（齊藤［2009b］）、それとて、規制がBI水準にプラスの効果をもたらすからであり、「労働者の保護」を目的とすべきではない。

第3部　日本のＢＩをめぐる言説

齊藤拓

本章では「ベーシックインカム」(「基本所得」)に関する日本語文献をできるだけ出版年順に紹介する。筆者のＢＩ研究はさきに紹介したヴァン・パリースを中心として、政治哲学に関するものだが、この分野は日本人には受けが悪く、本邦では「理念としてのＢＩ」よりも「政策としてのＢＩ」がよく語られる。そのため、筆者にとって日本のＢＩ論壇はたいした関心の対象ではなかった。また、多くの一般の人々も日本の学術レベルのＢＩ論議を眺めてそこに大した蓄積がないことにがっかりするかもしれない。これには、ＢＩを主題とする文献はその制度や理念の紹介に大部分を割かねばならない論壇未成熟の段階であったということ、(自分も含めて)ＢＩに飛びついて主張していた研究者たちが――一部を除いて――比較的若かった(つまり研究者としては未熟だった)こと、などの事情があると思われる。また、ＢＩをアカデミックに語ることは中々に困難である。政治哲学ないし社会哲学の規範的なＢＩ論が日本では敬遠される以上、アカデミックなＢＩ論は政策ツールとしての効率性を評価する実証的な方向で議論を精緻化せねばならないはずなのだが、早い段階からＢＩに目をつけた研究者たちには実証的な関心およびスキルが乏しいという傾向があったように思う。さらに言えば、ＢＩのような「ざっくりした」制度構想は精緻な計量分析のモデルを必要としない――と言うより諸変数を細かく内生化するといった複雑化をしたところで分析上の含意にとって大した意味がない――ため、モデル構築そのものへのテクニカルないしマニアックな関心に支配されがちな計量系アカデミシャンたちの食指が動かなかった、という面もあっただろう。むろん、単純に、ユートピア的な夢想を垂れ流しているという直観的な蔑視が一番大きかったとは思うが。

以上のように、「つまらない」日本のアカデミックなＢＩ論議ではあるが、これまでどのような論点がどのように語られてきたかについてある程度詳細でかつ網羅的な見取り図を提供する。それにより、これから研究をする人々の研究方針の決定に役立ったり、研究者の一部は興味深い主張を展開していることを一般読者たちが知ったりすることがあればよいと考えるからだ。さらに、最近のあまり学術的でない媒体での主張や議論も取り上げる。なお、ここで提供されるのは筆者のようなリバタリアンなBI論者から見た日本のBI論壇の「見取り図」であり、「中立的」でないことを予め断っておく。本稿の議論は巻末の文献表を参照しつつ読んでいただきたい。

財政コストの見積もり

欧州でのBIの議論をいち早く日本に紹介しその普及に努めてきたのが**小沢修司**氏である。小沢氏は講演会などでも精力的にBIの「啓蒙活動」を続けてこられたわけで、今日ここまでBIが注目されるようになったのも彼の貢献を抜きにしては語れない。彼の文献は、後期近代としての現代社会における社会的な諸関係――とりわけ家族や雇用における諸関係――が新たな保障を必要とするという時代診断と欧州のBI議論――とくにA・ゴルツの脱生産主義的なBI擁護論――の紹介とが中心になっており、独自の主張を展開しようという意識はあまりないようである。それでも、**小沢**［2002］によるBI構想のコスト計算はかなりの注目を集め、その後の日本での政策的なBI論議の参照点となった感がある（悪く言えば、一人月額八万円という数字が一人歩きした）。大雑把に説明しておくと、小沢［2002］では一人当たりBI額八万円に人口総数を掛けたものをBI総額とした場合の、二通りのコスト見積もりの方向性が示された。すなわち、（1）現行の社会保障給付費からBIによって代替可能な現金給付を廃止したうえで足りない分を追加的な財源手当てによってまかなうという可能性と、（2）現行の所得控除をすべて廃止したうえで、単純に、BI総額を現金給与総額で除してフラット所得税率を求めるという可能性、である。小沢氏は（1）については示唆しただけで、その方向性での制度スキームを追求しようとはせず、（2）に基づいて、それが実行された場合にいくつかのモデル世帯の受け取り所得がどうなるかを示し、多くの世帯で現行より改善するないしひどく悪化しないと結論した。その際の所得税率は五一・六％（二〇〇二年度）とされたが、その後課税ベースの見直しなどを伴って**小沢**［2008a］で約四五％（二〇〇八年度）と修正された。しかし、これは医療や介護など他の社会保障費や公共財をはじめとする一般歳出を考慮しておらず、小沢［2002］の書評である**成瀬**［2003］でも批判された。（1）の方向性であれば、現行の現物給付や公共財の供給はそのままに据え置いて、BIを導入した場合に新たにどれだけの負担が必要になるかのみを考慮することができる。

そこで、筆者も試みに二〇〇五年度の社会保障給付費について（1）の方向性で大まかなコスト計算をしてみたが、全国民に一律八万円給付するとしたら、公的年金の二階建て部分を廃止する場合でもBI導入のための新規コストは消費税負担で三〇%にせまり、存続させる場合には新規コストだけで四〇%近くの消費税負担が発生すると見込まれる。★01 しかも、これは静態的な数字であり、今後の高齢化を踏まえて他の社会保障費負担の伸び率をも考慮した場合、多くの政策担当者——とくに財政学プロパーたち——はほとんど絶望的な数字のように思うはずである。小沢［2002］以前、筆者も含めてBI論者たちの多くは社会・経済のあり方——働き方や消費の仕方——を現行のまま変えることなく（つまり、人々の「負担感」を変えることなく）、現時点で追加的な財政コスト問題に踏み込むことは多くの政策担当者から「BIなんてやっぱりダメじゃん」という反応をもたらすだけだと思っていたので、詳細な財政コストの試算にはあえて踏み込みたくなかったという面があった。その意味では、小沢［2002］は筆者には蛮勇ないし勇み足に映ったものであり、じっさい、その試算の想定や試算結果に対する彼の評価は楽観的過ぎるように思える。だが、BI論議を加速させるためにはやはり必要なことだったのであり、あらためて小沢氏の業績に敬意を表しておきたい。

さて、小沢［2002］以外の日本におけるBIスキームの財政コスト試算であるが、最近出版された新田・星［2009］でもBIを一律五万円とした場合に現行の財政削減と消費税増税という方向性で考察されているほか、エコノミストの**山崎元**氏や**飯田泰之**氏がブログや対談本（飯田・雨宮［2009］）などで簡単に触れている。だが、きちんとした試算は意外に少ない。そのような中でも**浦川邦夫**［2007b］はAtkinson［1995］のモデルを使って日本で可能なBI水準とその際の所得税率を提示しており、管見の限り、日本のBIを扱った文献の中で最も学術的価値のある文献である（ほかの文献が低すぎるということもあるが）。浦川［2007b］は大まかには二つの部分からなる。はじめに、完全BI（生活保護基準の一〇〇%）や部分BI（生活保護基準の七五％）を導入する場合に、労働供給の賃金弾力性（税率の上昇による労働供給量の変化）をどの程度と想定すれば、必要される税率はどの程度か、を明らかにするという試みである。この際、日本の労働供給の賃金弾力性を米欧の先行研究から示唆される平均的な値（〇・五から〇・七）と仮定した場合、完全BIに必要とされる税率は五〇％をゆうに超え、部分BIでも四〇％弱程度である。ちなみに、税率の上昇による労働供給の低下がないとした場合でも、完全BIには四〇％程度の税率が必要とされている。次に、以上をふまえて、公正に関する社会的な評価をも考慮に入れた場合に採用される最適税率がどのように変化するかが考察される。浦川［2007b］は、最終的に、貧困回避度（社会的弱者＝BIしか所得源泉のない者の追加的所得上昇に対する限界価値を稼得能力のある者のそれと比べてどの程度高く評価するかの指標）と労働供給の賃金弾力性をそれぞれどの程度と想定すれば、最適税率とその際に実現されるBI水準がどこに設定されるか、をシミュレーションしている（この際にはBI水準は外生的には与えられていない）。浦川［2007b］はBIの計量的ないし実証的な研究に関心のある向きには必読の文献であり、計量的なBI研究のありうる方向性が様々に示唆されているので大いに参考になるだろう。

フラット税

二〇〇九年一〇月放送の「朝まで生テレビ」でエコノミストの森永卓郎氏がBIを主張する人たちは消費税やフラット税に財源を求めるのがよくないという趣旨のコメントをしていた。これまで紹介した試算もすべてフラット税であったし、BI論者の多くがフラット税を「刷り込まれて」いる傾向は否定できない。**橘木・山森**［2009］で山森氏が述べているように、BI論者は労働供給のゆがみの無さゆえの「公平さ」に訴えてフラット税を支持する。これに関して筆者の立場は、第2部で示したように、森永氏に与するものかもしれない。そこでは、遺産や贈与を含めて、「個人所得への最適課税」が行なわれ、その税収歳入は一般財源として運用される。そして、概念的には、まず形式的自由保護のための公共財とベーシック・ニーズ保証のための様々な現物・現金給付費用が支出され、そのうえで残ったものがベーシックインカムとして一律給付される。この観点からすれば、第2部一〇節で述べたように、フラット税にこだわる必要はなく、結果的にフラット税が採用されるとしてもそれは様々なこと――主には就労インセンティブと徴税コスト――を考慮したうえで、それが持続的に税収を最大化させるという意味での「最適」な課税である見込みが高い場合のみである。そしてその可能性は、一〇節で述べたとおり、高くはないだろう。

課税の文脈で「最適」が言われる場合、普通は人々の税制に対する適応行動を踏まえたうえで税収を最大化させるものを意味する。それゆえ、よく言われる「インセンティブ」を考慮した「動態的に」最適な税制はやはり低率なフラット税ではないのかという疑念は残るし、多くのＢＩ論者がフラット税を志向するのもそのあたりに理由があるのだろう。ここで、「インセンティブ」を持ち出す理路、つまり、累進税に対してよくなされる「高い限界税率に直面する金持ちが働く気をなくすか海外に逃げる」という理屈について、動態的な最適課税を目指す観点から、どう考えるべきかを述べておく。まず、(所得を多く稼ぐという意味で)生産性の高い人々が働く気をなくすという批判に関しては、金持ちが所得のために働いていないことは明らかである。また、「ジョブ資産」論からすれば、「さっさと働くのをやめてくれ。あなたの占有しているジョブを別の人が占有できるようになるから」と言いたくなる。最適課税によるＢＩ論はまさに各人が労働しなくなることも想定しており、彼が働かないという選択をした(できた)という事実こそむしろＢＩの政策的成功だと主張するのだ。それによって自然なかたちで「ワークシェアリング」が達成されるからである。ただ、これは暗黙のうちに課税最低限の不在とフラット税を想定しているように思える。ここで想定された「ジョブ」がまるまる空席になるのであればよいが、現実にはそのジョブを占有したままで労働時間だけを減らす人間が多いだろう。そうなると高い所得分位に存在する人口が減って低い所得分位に人口が集中する――延いては、課税最低限以下の所得階層ばかりになる――ということが大いにありそうである。つまり、累進所得税は動態的には最適でない可能性が高いということだ。雇用の流動性を高めることと最低限所得の一律給付を並行することによって「事前的な再分配」としてＢＩが機能すると考えている人々にとって、ジョブ間や所得階層間の流動性、所得源泉の多様化はＢＩ導入の前提であり目的でもある。それらの人々にとってはやはりフラット税がよいと映るだろう。これは、ＢＩは「最低限」を保証すればそれでよく、所得分布をより平等にすること自体は目的にしていないし、すべきでもないというＢＩの設計意図の反映かもしれない。しかし、筆者はやはりこの「最低限」は不断に増大されるべきだと考えるし、たとえフラット税を選択するにしても、それさえ時間経過による所得分布の変化に応じて「最適」税率は変わるので見直しが必要となるはずだと考えている。

「動態的な最適化」といったところで、具体的にどの程度のタイムスパンを考えるのかは完全に政治的に決定せざるを得ない（恣意性を含む）事柄であり、「最適な」税制の追求とは、結局のところ、その時々の社会や政治家の判断に拠るほかない。だが、税制の変更が納税者たちの不意をつくものであってはならない。この点は（特にリバタリアンとしての筆者にとっては）狭義の自己所有権の保護によって強く要請される。であれば、「静態的な」最適課税を定期的に実行するのが考えられる最善の方法かもしれない。すなわち、日本人口の詳細な所得データを整備し、日本の人口をいくつかの所得分位に区切ったうえで——各分位に存在する人口とその平均所得を導出しつつ——線形計画法などによって各所得分位に課される最適税率を求める、というものになるだろう。橘木・山森［2009: 272-73］で橘木氏が想定しているのもおそらくこのような手法と思われる。ただ、このような手法では、どのような区切りをするのか、どの程度のタイムスパンで見直すのか、といったことは完全に政治的な決定事項として残る。その決定がやはり道徳的に恣意的であることを完全には排除できない。だが、恣意的でない税制はありえず、結局のところ、「最適」な税制の具体化をめぐって、その最適性を評価するタイムスパンをめぐって、実体的でエンピリカルな議論を必要とする。政策分析にとって政策効果の「実証」は常に後追いに過ぎず、ある税制にしても、それが「最適である」ことは実証不可能であり、実証的なデータによって可能なのはその税制が「最適であった」か否か——正確にはより最適であったか否か——を示すことだけである。その意味で、「最適な税制」などというものは現場の政策担当者たちのプラグマティックかつプラクティカルなその時々の判断の不断の累積の結果としてしかありえないのだ。

累進課税制において、ある限界税率に直面する特定の誰か——たとえば、成功者の一部——が「働く気がなくなった」と主観的な感想を述べたからといって、その税率が社会的にも「高い」と判断する政策作成者がいるとは思えないのだが、この国でなされてきた課税スケジュールの変更はその程度の理由でなされてきたのではないかと訝らしめるものだった（**立岩・村上・橋口**［2009］）。成功者の「税金が高い」という単なる不満に過ぎないものを聞いて、創造性豊かな人たちが働く気をなくしたらどうしようと心配するのは端的に馬鹿げている。新たな産業やイノベーションが生じる一因として創造性豊かな特定個人の発想や行動があったのだとしても、ひとたびそれが成功してしまえば、その後その特定個人は用なしである。イノベーションとは一度達成されてしまえばそれをもたらした発想や知識は万人の知るところとなる。そのイノベーションを達成した個人が先行者利得にとどまらす、いつまでもその新技術や知識の利得を専有できるポジションを保持するとしたら、彼はもはやあきらかな既得権益者であり、排除すべき対象である。また、「俺はすごいイノベーションを起こせるんだけど、税金が高いからする気にならないんだよね」とか言う奴がいたとして、まともに取り合う政策担当者はいないはずである。ただし、「日本では」起業する気にならないから外国でする、ということはありえるし、その起業が成功したら際の税収増と雇用増は甚大なものである可能性はある。だが、世界中のあらゆる市場で大成功を収められる見込みのある技術革新や新ビジネスモデルが思い付かれているのであれば最初から最も大きな市場（米国）で試みられるはずであるし、多くの場合、イノベーションとは個別的な市場の特性についての局所的な知識に基づいてなされる。「もしビル・ゲイツが日本にいたら……」と考えれば、誰もが新しい産業をリードするようなイノベイティブな人材の育成とそれを可能にする環境の整備を必要だと考えるだろう。しかし、それが個人所得税の税率をフラットかつ低くしておくことであるという結論には無理があるし、そう主張する人は別の政策オルタナティブよりもフラットな低所得税率の方がその目的を達成する政策として効率的であることをある程度実証的な数値を示して立論しなければならない。

BIを主張する人たちの多くがフラット税や消費税を支持する――つまり税制それ自体がある程度逆進的であることは容認する――のは、おそらく「最低限の保障」をあまねく行き渡らせることに主眼が置かれているからである。例えば、橘木・山森［2009］のタイトルに示唆されているように、BIは「貧困を克服する」ための手段として扱われている。しかし、貧困を克服するためのツールとして評価するならばＢＩは大して効率的でないというのが常識的な政策分析者の判断であろう。この意味では、湯浅誠氏をはじめとする地道な活動家の方々が「現場は既存の制度をいじっていくしかない」（荻上・芹沢［2009: 163］）としてＢＩに積極的でないのは当然であり賢明な判断である。筆者はそもそもＢＩを何らかの政策目的のためのツールとして扱うべきではないと考えている（第2部一三節および齊藤［2009b］参照）。それは、ある意味では、「最低限の保障でよい」という立場は採らない、ということでもある。それはより平等であることが望ましいというエガリタリアン的信条によるというよりは、この多様化した社会において、何が「最低限」であるかは人によって大いに異なるという事実認識による。例えば高階層の労働者たちは毎月八万円のＢＩを支給されたところで依然として自らのジョブにしがみつくだろう。それだけでは所得階層は流動化せず、ＢＩが労働市場の二極分化を温存するという批判は妥当する。階層分化それ自体は問題ではないが、そのような事態は決して「自由のレキシミン化」が達成されていると評価できるものではない。例えば、堀江貴文氏の主張に端的に窺えるが、ベーシックインカムで「最低限」さえ保障すれば、階層上位の人々は底辺で苦しむ人々の境遇について慮る道徳的責務が免除され、彼らは心おきなく自由競争を展開してよくなるのだというメンタリティがありうる。これは、とくに最近になってＢＩに言及するようになった著名人たちの発言の端々に感じられる（あくまで筆者の個人的感想であるが）。筆者も個人的にはそのようなメンタリティを否定したいとは思わない。熟議デモクラシーを唱える人々のように、「最低限」とされているものについてあなた方は本当に理解しているのか、と詰問するつもりもないし、「最低限」はわれらが熟議において形成してゆかねばならないのだ、との主張にも息苦しさを感じる。だからこそ、上層の人々に「最低限」について思い悩ませるのではなく、彼らの私的利益極大化の行動が「最低限」それ自体を持続的に上昇させる制度設計があればよいのであって、それが「個人所得への最適課税」と「二つの制約条件下でのＢＩ最大化」の組み合わせである、というのがヴァン・パリースの威を借りて筆者が主張する立場なのである（第2部参照）。また最後に、このフラット税か累進税かという論点は、「最低限の保障をＢＩで、格差縮小は教育など公共財と現物給付で」という立場（フラット税のＢＩ論者）

と、「最低限を公共財と現物給付で、格差縮小を税制と金銭給付で」という立場（累進税のＢＩ論者）に、概念的な志向性としては、分けられるのかもしれない――実際にはそう単純ではないし、筆者としても後者に分類されるのは少し違うと感じるが。

フランス／南ア／シチズンシップ

文献表に戻ろう。**都留民子**氏はフランスにおける労働・貧困・社会保障といった問題の専門家であり、都留［2000］はフランスのＲＭＩ（参入最低限所得）という公的扶助制度を扱っている。これは「参入」プログラムと公的扶助をセットにしたワークフェア的ないし参加所得的な制度なのだが、その制度の改正案として、参入プログラムを廃止して生活最低限所得（RME: revenu minimum d'existence）ないし生活所得（RE: revenu d'existence）への転換、つまり無条件のベーシックインカム化を模索する動向があることを紹介し、それに対するフランス左翼の反論を肯定的に取り上げている。それらについての筆者の感想は、「労働者」や「失業者」の立場でしかものを言っていない、というものだった。都留氏自身の見解としては、「……［無条件所得の論者たちは］貧困の実態――失業者や排除された人々・貧困者の生活状況や彼ら自身のニーズについてはまったく語っていない。……失業者たちの第一の要求は、無条件手当てというより、ＲＭＩ等の最低限所得手当の大幅な引き上げである」（206）ということのようだが、筆者の反論としては、やはり、ＢＩは「失業者」のため（だけ）の制度ではない、ということに尽きる。

新川敏光氏は政治学者で、国家論やレジーム論の観点からＢＩに注目しており、「脱生産主義」レジームへの移行の兆候として米欧のＢＩ論壇を紹介していたが（新川［2002］）、最近ではＢＩへの言及はあまり見られなくなっている。**牧野久美子**氏はアジア経済研究所在ケープタウン海外派遣員であり、南アフリカの政治・社会全般を研究している。「後進国」とされている南アで普遍的ベーシックインカムを求める精力的なキャンペーンがあり、労働組合運動や宗教団体その他多くの団体からの支持を得ているのは、ＢＩ研究者の間ではある種の意外さを伴ってよく知られていることである。彼女の諸論稿（牧野［2002；2006；2007］）はこの国でアパルトヘイト体制最後の年から始まった包括的で無拠出の老人年金スキームについて紹介している。このスキームは当該年齢カテゴリーにある南ア黒人の圧倒的多数に便益をもたらしており、南アではこれがあるという事実によって普遍的BIへの国民の理解も高く、これを足がかりにして普遍的BIへの拡充が模索されていることが窺える。ただ、「南」のBI運動が先進国で論じられているようなBI論議とはまったく違うことも牧野氏は指摘している。また、「南」のBI運動の動向については**廣瀬純**氏の論稿（廣瀬［2007］）も詳しいので参照のこと。

亀山敏朗氏は「シチズンシップ」論の観点からBIを取り上げている（亀山［2002］）。シチズンシップ論とは典型的にはT・H・マーシャルに見られる、市民（国籍保持者）として国家に要求してよいことがら（権利）とその反対給付として市民が果たすべきこと（義務）にかんする理説である。「無条件」の給付とされるBIであるが、多くの制度構想が国家によってその国民に支払われることを前提しており、シチズンシップをどのように定義するのかによってBIの「無条件」性が揺らぐことになる。また、BIについてのよくあるフリーライダー批判との関連から、この論点は政治哲学や社会的正義論とも関心を共有している。**秋元美世**氏の秋元［2008b］もこれと似たようなシチズンシップ論の観点からのBI論であり、秋元［2008a］の方はそれとは少し異なり、日本国憲法の文言とBIの整合性という観点での論考である。ちなみに、この論点は社会学者の**稲葉振一郎**氏もブログで取り上げており、菊池馨実、樋口陽一、長谷部恭男といった法学者たちが、憲法二七条一項が規定する勤労の義務と憲法二五条との関連性をどのように理解しているか、それを窺える箇所を引用している。★03 具体的には、菊池と樋口は無条件給付が日本国憲法と相容れないという解釈、長谷部は日本国憲法は無条件給付を排除していないという解釈である。この稲葉ブログに濱口桂一郎氏がコメントしており、彼によれば、二七条一項の成立過程に鑑みて立法者意思を考慮するなら現行第二五条や生活保護の根拠規定は（おそらく具体的な）「勤労の義務」とセットであると解釈すべきとのことである。さらに、**實原隆志**氏の論稿（實原［2007］）もこれと同様の関心により憲法とBIとの関係を論じている。

宮本太郎氏は政治学者。スウェーデン福祉国家に詳しい研究者として有名になったが、もっと広く比較政治学者として優秀な研究者である。筆者は学部時代に彼の講義でBIを知った。宮本氏の主張に関しては**宮本**［2009］を扱う際に詳述するが、宮本［2002］はポスト福祉国家時代の展望としてベーシックインカムかワークフェアかという――あくまで概念的志向性における――対立軸を提示し、これによって多くの人がBIを認知することになった。**田村哲樹**氏は政治哲学ないし社会哲学のBI論を扱っている数少ない研究者である。彼は公・私問題をはじめとする現代公共哲学の基本的諸問題に真っ向から取り組んでいる本格派の若手研究者の一人でもある。とはいえ、熟議デモクラシーにコミットしている彼の立場は筆者とはかなり異なる。なかでも、熟議デモクラシーのための前提条件としてBIが必要とされるという主張については、BIを手段的に扱うのは上手いやり方ではないし、参加所得を要求するほうが整合的ではないのか、という批判がありそうである。彼の言うことに個人的には共感するが、BIと熟議デモクラシーを結ぶには多くの媒介項が必要であり、彼はそれについて学術的には説明不足なのである。彼は『思想地図』や『日本の論点2010』といった比較的メジャーな媒体でBIに関する論考を発表しているので、山森氏、小沢氏と並んで有名なBI研究者と言ってよいだろう（筆者が田村氏の論稿に詳細なコメントをするとキリがないのであえて踏み込まない）。**吉原・後藤**〔2004〕は少し専門的な文献だが、さきに紹介したVan Parijs〔1995 = 2009〕の規範的な基準を満たす資源配分がナッシュ均衡として成立するかどうか、つまり諸個人が特別利他的な関心を持たず戦略的に行動した結果として成立するかどうかを検討する。**吉原**〔2009〕もほぼこれと同じ内容となっており、ここでの彼の結論は、「政府が個々人の労働時間供給量を観察できないというセカンド・ベスト的問題設定の下であっても、誘因両立的で実行可能な所得税ルールを構想することが出来て、そのルールの下で遂行される最適資源配分はベーシック・インカム制度が実現すべき配分としてふさわしい」と言えるものであること、しかも、「この配分の遂行において就労インセンティヴが損なわれているとは主張し得ない」、というものだった（吉原〔2009: 115-6〕）。ただ、吉原氏はこの結論が閉鎖経済の文脈に限られると留保を付けている。吉原氏の論稿も邦語BI文献のなかで数少ない学術的価値あるものの一つである。

フィッツパトリック（Fitzpatrick〔1999 = 2005〕）は、これだけ網羅的で見通しのよいサーベイは他分野の研究書でもそうそう見つからないだろうと思えるほど、入門書として優れた本である。BI議論を整理したものとしてこれまでのところ最も包括的な見取り図を提供していると言ってよい。ただ、その切り口には独創性もあり、BI的な政策が主張される際の政治的イデオロギーの相違に注目する。リバタリアン、福祉集合主義者（Welfare Collectivist: 戦後のヴェヴァレッジ型およびケインジアン型の福祉国家に親和的な立場）、社会主義者、エコロジスト、フェミニストという五つの政治イデオロギー的立場が、それぞれにどのようなBI的構想を選好するのかが提示される。すなわち、リバタリアンによる負の所得税（NIT: Negative Income Tax）、福祉集合主義者による参加所得（PI: Participation Income）、社会主義者による社会配当（SD: Social Dividend）、エコロジストによるBIを含んだ親エコロジー的政策パッケージ、フェミニストによるBIを含んだジェンダー平等化政策パッケージ、という五類型である。本書でフィッツパトリックが強調したかったのは、ベーシックインカムそれ自体は「中立的な」ツールであり、それがどのような理念《イデオロギー》を背景にして実行されるのか、どのような理念によって正当化されるのか、各個人にどのような法的・道徳的・政治的な地位を与えようとしているのか、こういった思想的背景の違いによって、給付の「無条件性」の解釈や、財源、単体としての無条件支払制度をさらに超える諸制度総体としての社会‐経済体制などが異なってくる、という点であった。

堅田香緒里氏は比較的早い段階から論壇誌でBIを紹介・擁護・要求してきた。山森氏との連名記事（堅田・山森［2006］）もあることから窺えるように、実践的・運動論的な関心が強いようである。BI関連の論稿がはじめて商業誌に載ったという意味で画期的だったかもしれないが、これが日本におけるBIのイメージを少しく偏向させたと思われる（これについては後述）。**小野一**氏はドイツにおけるBI論議、とくに各主要政党のBIに対する態度やその変化についてフォローしている（小野［2007a；2007b；2008］）。**齊藤**［2006］はベーシックインカム（BI）とベーシックキャピタル（BC）という給付形態の違いは、導入の動機や思想的背景だけでなく当該政策の帰結にまで大きな違いをもたらす、という趣旨の論争を紹介したものである。また、近年英米でその動きが見られる「資産ベースの福祉」という考え方についても紹介した。ほとんどがサーベイなので筆者独自の知的貢献はほとんどなく、あまり評価されなかったものの、個人的にはこの論文には話を膨らませられそうな論点が幾つも摘み残されていると思っている。一つに、BIはいわゆる「環境管理」型、BCは「規律訓練」型という権力（統治技法）の形態にそれぞれ対応しており、「自己決定かパターナリズムか」という二項対立ではなく、それぞれの型が優勢となるべき政策領域を特定すべきであるという論点。二つに、最近では金融教育を初等教育レベルで導入すべきとの声が聞かれるが、ＢＣや資産ベースの福祉という考え方はまさにこのような規律を内面化させる訓練プログラムとして導入すべきだろうし、民法的な市民社会の原理もこのころに教えるべきであること。三つに、国家は戸籍にかえて社会保障番号や納税者番号を統合した金融口座を新生児が生まれた段階で提供し、国家からの給付と国家への税はすべてここで決済するという構想もありえること。最後に、本稿の時点ではそう示唆しなかったが、ＢＣはわれわれが現時点で内面化している規範体系とも十分に合致しうる具体的政策プログラムであり、ＢＩはわれわれの規範体系を問い直す視座を与えてくれる政策構想であること。

橘木・浦川〔2007〕は、それ自体広く読まれ多くの研究者に参照される価値のある文献であるが、ＢＩ論壇にとっても大きな意義があった。社会保障分野の重鎮でかつ影響力ある主流派経済学者である橘木氏がＢＩにはじめて言及したことにより、ＢＩの認知度を高め、ＢＩに付きまとっていたユートピア的雰囲気と胡散臭さをある程度払拭するという重要な役割を果たしたのではないか。ネオリベからの「転向」が反響を呼んだエコノミスト中谷巌氏も本書でＢＩに注目するようになったと書いている。**『海外社会保障研究』**でのＢＩ特集は社会的に目立った反響をもたらさなかったものの、社会保障研究者の間ではＢＩの認知度を高めたと思われる。なかでも、日本に部分ＢＩを導入した場合のジニ係数に与えるインパクトを分析した**山本克也**〔2006〕とスウェーデンの「フリーイヤー」と呼ばれるＢＩ類似制度を紹介した**両角道代**〔2006〕が参考になる。**原田康美**〔2007〕はフランスでのＢＩ（「普遍手当」）論議の詳細な紹介である。とくに、フィリップ・クィリオンが提示した「普遍手当」論の分類枠組を援用して、各「普遍手当」の位置関係を明確にしている。その分類枠組による「普遍手当」論は四つの系譜に分類され、各系譜は「普遍手当」を正当化するロジックにおいて明確な差異があり、その差異は各論者の「社会の変容」とりわけ「労働の位置」の変容に対する理解と態度の相違を反映していると示唆している。**福間聡**氏の福間〔2007a〕はＢＩを主題としているわけではないが、ロールズ道徳哲学をカント的構成主義という観点でメタ倫理学的に分析した、研究者仲間の間では非常に評価の高い本格的研究書である。とはいえ、田村氏の場合と同じ理由によって福間氏の文献に関する踏み込んだコメントはしないでおく。

「生きていることは労働だ！」

フランスやイタリアの社会思想を中心に扱う雑誌『VOL』のBI特集は、いわば主流のBI文献――英米系の政治哲学や近経のツールを使ったBIの分析――の動向もある程度紹介しつつ、それらとはかなり趣を異にするフランス左翼の思想家・社会学者・経済学者などによるBI論やBI批判が中心となっている。また、これらの論者の思想に同感的と思われる日本人研究者たちの座談会にもかなりの分量が割かれている。思想家の**東浩紀**氏がTBSのラジオ番組「文化系トークラジオLife」のなかで、BIはこういった左翼的なイメージを払拭しなければ人々に受容されないという趣旨のコメントをしていたが、いくつかの興味深い論考を例外として、筆者も東氏と同じような感想を持った。労働生産性が上がり過ぎ、かつ、他者の消費なしには自分の生産がありえない完全な分業社会である現代の先進諸国において、「労働」と呼ばれているものの多くは、お遊び、「自分探し」、人生というどうしようもない無聊をやり過ごす暇つぶし、等々であるように思えていた筆者にとって、BIという制度構想を聞いたとき、ほとんど直観的にそれが必然的で妥当な方向性だと思われた。それゆえに、この『VOL』誌執筆陣の中心メンバーである山森氏や堅田氏がはじめはBIに反感を感じたと述べていたのは意外だった。彼らは運動家として（ないし運動論の観点で）BIを見ようとする傾向があり、弱者の声としてBIを要求している。その結果、賃労働を否定しつつも、それ以外の「労働」には（無意識のうちに）特権的な地位を与えようとしていると見えてしまう。

一般的に、「BIは個人の生存の無条件な肯定である」と理想化されるし、実際そのように主張されることも多いのだが（堅田・山森［2006］）、そのわりにはと言うべきか、むしろそうであるがゆえにと言うべきか、その手の論者たちは「労働なくして分配なし」という原理を否定することに躍起になる。その際の主張の仕方は二つのパターンに分かれる。一つは「生産への貢献」や「労働」をしていない個人など存在しないという（屁）理屈でBIを正当化するもの。もう一つは、市場での「生産」を明示的に持ち出さないまでも、何らかの「社会的に有用な活動」に対して承認を与えるための手段としてBIを擁護するものである。

前者は**ネグリ＝ハート**（Hardt and Negri［2000＝2003］）の非物質的労働論や、レギュラシオン理論による現代の蓄積体制の診断からBIを擁護した**ルカレリ&フマガッリ**（Lucaleri and Fumagalli［2008］）の認知資本主義論などであるが、これらは資本主義的蓄積体制の変化（フォーディズムから認知資本主義へ）によって人間のあらゆる活動が「生産」に組み込まれるようになった点を強調する。ネグリの、非物質的労働の蔓延はマルティテュードが万人のための社会的賃金と所得保障を要求する「潜勢力」となる、という論理は筆者にとってはたいへん疑わしくほとんど理解不能だった。これは筆者の理解力の問題かと思ったが、彼の思想に理解のある論者から見ても彼の主張には論理的飛躍があるとせざるをえないようである（宇仁［2003］、内藤［2009a: 50］）。あらゆる商業的企てに「資本の論理」を見て取る幼稚さがもはや現代の精緻化された資本主義に対して人々が抱く実感に合致しないというだけでなく、その認識枠組みがミクロ的基礎において完全に誤っているとしか思えない。L&F［2008］の認知資本主義論は、ネグリよりはるかに精緻化された分析を展開しているが、その主張にミクロ的基礎付けがないという点は同じである。現代のフランス政治哲学を専門とする**萱野稔人**氏によるBI批判（萱野［2009］）も似たようなミクロ的基礎の誤りを共有しているように思われ、この認知的傾向は筆者がここで批判している論者たちの共通項であるようなので、L&F［2008］の内容について少し詳しく紹介しつつ問題と思える点を指摘しておく。

彼らによれば、ポスト・フォーディズムの新たな資本主義的蓄積体制において特に重視されるべき「生産」活動は、「学習とネットワークの経済」に投入される四種類（ハードウェア・ソフトウェア・ウェブウェア・ネットウェア）の認知的インプットのうち、ウェブウェアとネットウェアにおけるインプットである。これらに対しては報酬が支払われるとは限らないのでBIが要求される（べきだ）、というのが彼らの主張である。つまり、この「非物質的生産に基づく経済システムにおいては、生産性増大はもはや分配されない」ので、「このようなフレームワークにおいて、BIは、先ほど言及した四つのインプットのコンビネーションが生み出す社会的生産性への補償となる」（ibid.: 83）ことが期待されている。彼らのBI論は

「補償」という言葉を使いながらも、規範的な主張ではなく、彼らに言わせれば、認知資本主義という蓄積体制を安定させるためには、倫理的な観点とは無関係に、必然的にBIが必要となるそうである。[★04]

しかし、「補償」であるからには、認知資本主義における新たな生産要素の生産性を測定することが必要なはずであり、彼らもその必要があると述べているのだが（ibid.: 83）、それを測る手法がBIである根拠はなにも示されていない（筆者の見解としては、そんなものが「客観的に」、つまり規範的議論を経由することなく、測定できるとは考えられない）。例えば、『週刊少年マガジン』連載中の久米田康治「さよなら絶望先生」では、引きこもりのアニヲタが2ちゃんねると思しき掲示板に書き込みをしながら「われわれは日本アニメのクオリティを維持する労働をしているのだ」という趣旨の発言をする場面がある。ウェブウェアやネットウェアへの支払われないインプットに対する「補償」とは、彼らへの賃金としてBIを要求することなのだろうか？　だとしても、やはり彼らの貢献分がBI額と見合っているかどうかは分からないはずである。L&Fの主張やネグリ＝ハートの非物質的労働論は――あくまでもこの部分だけを取り出せばであるが――このように、漫画家にギャグにされてしまう程度のものに思えてしまう。「こういったもの言いをギャグとして片付けてしまう通俗的な認識をこそ問題とするべきではないか」とかいうベタな反論にお目にかかることは流石にないだろうが、その反論は一応の考慮には値する。このニートのもの言いが何らかの客観的な指標に基づいて一定の妥当性があることを示せる可能性はあるからだ。ただ、そんなことをわざわざやろうとする人はいないだろう。いないのは、誰もが、このアニヲタの「貢献」など取るに足りないと思っている証左であり、「分配」や「再分配」とはそもそも人々が何を正しいと思うかに依存する。これらがギャグとして消費されている以上、「あらゆる活動は労働である」とのネグリ＝ハート的なレトリックは少なくとも今の日本において有効性が低いようである。結局のところ、「ディーセントな生活水準は資本と労働との妥協の強度に依存する」（ibid.: 87）という彼らの思い込みがある種の認知的バイアスとなっているように思える。「労働と資本の対立」という構図でしかものを見ないその姿勢は、現代社会を分析するうえではそれこそ認知的な利得を失うばかりである。その思い込みを聞くかぎり、彼らがBIを主張しているのは単に

労使闘争で労働側の交渉力を上げるツールとして機能することを期待しているだけなのではないかと思えてしまう。★05

次に、「社会的に有用な活動」に承認を与える手段としてのBI擁護論は、フェミニストや共同体主義者など、原理的には参加所得を支持するものの、プラグマティックな――参加のモニタリングがコスト高であるといった――理由でBIを支持するものである。この立場に立つ人々は市場での生産（付加価値の創造）の前提となる社会的に有用な「労働」を幅広く認定し、「労働」していない者など存在しないという理路でBIを正当化しようとする。この「あらゆる活動は労働（生産への貢献）である」との物言いはむろんレトリックであり、それを主張している人々もいわばネタとしてそう言っているだけなのだろう。山森［2009a］の第3章は「生きていることは労働だ」と題されており、BI的な所得保障を要求した様々な弱者たちの運動を紹介しているが、それらはいずれも必死に生きている人々であり、その主張にはわれわれが耳を傾けざるを得ないような実存的な力がある。しかし、このような人々の声を動員しても、BIを原理的に正当化したことにはならない。また、このレトリックが有効であるか否かはその時々のメディア状況や社会 - 経済的文脈に依存する。アーヌスン（Arneson［2003: 97］）は Van Parijs［1995］★06の表紙に描かれている爽やかなサーファーのイメージがBIに対する人々の感受性を歪曲させるものだと指摘し、これがテレビの前でダラダラしているカウチ・ポテト野郎のイメージだったらどうだろうかと批判した。カウチ・ポテト野郎へのBIを正当化できなければ原理的にBIを擁護したことにはならないのだ。

山森［2009a］の「すべては労働である」とのもの言いが何を意図しているか正確には定かでないが、そこで紹介されている運動の事例（障害者団体や貧困家庭の主婦）を見るかぎり、「すべては有償労働を直接的・間接的に支援する活動である」とのメンタリティの表明であると捉えるのが自然だろう。であれば、それは有償労働を可能にするような、支払いを受けることはないが「社会的に有用な活動」を認めよという参加所得支持者のメンタリティと同じものであると思える。であるなら、彼はBIではなく参加所得を主張するか、モニタリング・コストを考慮してセカンド・ベストとしてBIを要求しているのだと留保をつけるべきではないだろうか。むろん、ここで、何が社会的に有用な活動であるかは分からないという事実があり、価値の多元性を擁護するためには絶対に参加所得ではなくBIでなければならないのだ、という反論はありえる。福間［2007b: 166］やフィッツパトリックが「怠惰なサーファー」もそれを見ている人たちに有償労働への活力を与えているのだ、とか、サーファーたちは生の様式に関する実験をしているのだ、とか主張しているのがその典型だろう。筆者も個人的には彼らと同じようなメンタリティを持っているし、自由な社会は一定程度のフリーライドやパラサイトを許容しなければならないというのも事実である。だが、こういった「積極的」な承認は際限なく拡張され、直観的に馬鹿げた主張にまで至る傾向がある。例えば、「消費するだけの子供たちもその存在が両親に働き甲斐を与えている」というのはその当人たち（の心理）にとっては事実だろうし、直感的な訴求力もあるかもしれない。しかし、「引きこもりニートは、反面教師として、ああはならないぞという活力を勤労者たちに与えるという社会的に有用な活動をしている」というもの言いに説得力はあるだろうか？　ここまで来るとほとんどスピリチュアルの世界であり、付き合いきれない。リバタリアンとしての立場からは、BI受給権に対応する義務は「消極的」義務でよいと考えている。

　たしかに、「すべては有償労働を直接的・間接的に支援する活動である」といった言明や、ネグリの非物質的労働論のように「生産労働と再生産労働の区分が失効する」といった主張を客観的に否定することは不可能である。有償労働や生産労働がすでに行なわれてしまっている以上、それ以外の活動がその有償労働や生産労働を可能にしたり動機付けたりしたのだと言えてしまうからだ。けっきょく、「生きていることは労働だ」は、BIがない状態からBI導入を要求する運動のためのレトリックとしてはよくできている。そこでは論理的整合性がどうであろうと人々を感情的に動員することが必要だからだ。しかし、BIが導入された後には、その物言いは無用の長物となる。そこでは誰がどのような「労働」をしていようが、すべての人が無条件で一律額BIを受け取るという事実は変わらないのだから。つまり、「生きていることは労働だ」は各人の感情に訴えてBIを導入するためのレトリックではあっても、BIを原理的に正当化するものでもなければ、その水準について何かを言いうるものでもないだろう。

　ベーシックインカムを学術的に語ることが難しいの

は、このような主観的な価値観や人生観に巻き込まれ、果てはスピリチュアル話まで出てきて、「世の中をそういう風に見ればもっと楽に生きられるよね」といった心理主義に退行しかねないからである。それゆえ、BIが語られる際には、できるだけ「労働」という主観的なカテゴリーではなく「生産」と「消費」という客観的に通用するカテゴリーが用いられるべきだろう。山森的なBI要求のレトリックがオミットしているのは、生きるには消費せねばならないというこの上なく自明の事実である。「すべては労働である」と言いたいのであればそう言ってもかまわない。だが、その労働は「生産」であるとは限らないし、「生産」以上の「消費」を伴っているかもしれない。ある所与の社会的な生産水準において、各人はどの程度、生産への寄与とは独立の消費（BI）を許されるのか、学術的なBI論議において重要なのはこの「生産」-「消費」関係のみであり、「労働」云々は主観的な価値観の問題なので私的なお喋りの場で語ればよいことだろう。

経営者のBI論／消費税／他給自足社会

以上のような「運動」系のBI論者たちが、労働者を救うために、あるいは公正な社会を追求するために資本制社会変革の具体的手段としてBIを語っていたとするなら、**ヴェルナー**（Werner［2007＝2009］）は、ドイツ有数の流通企業の経営者による現行体制の更なる貫徹を説いたBI擁護論と言えるのかもしれない。彼の主張のポイントのうち強調すべきと思われるのは、（1）消費税によるBI論である点、（2）貨幣をフェティッシュ化するBI論は誤りであることを強調している点、の二つだろう。この二点は実際には彼の全体的主張において相補的に絡み合っているものの、以下ではあえて分けて説明する。

まず、消費税によるBI論である点について。日本でも消費税によるBIを主張する論者はいるし、中谷巌氏［2008: 329-331］の「還付金つき消費税」もそれに類するものだろう。消費税を擁護する論拠は様々あり、所得税よりも経済活動をゆがめない、所得を申告しない者からも取れる、別の意味で公平である、税収が安定している、等々が思いつく。ヴェルナーの主張は、あらゆる課税は終局的には商品価格に転嫁される、というものであり、課税の経済活動に対する影響を問題としていると言えるだろう。法人税や社会保障関連の企業負担がその企業が販売する財・サービスの価格に転嫁されるというのはよく指摘されるが、所得税や社会保険料の個人負担分もまた従業員給与の上昇圧力となるので商品価格の上昇によってカバーされることになるはずである。むろん現実には、課税負担をどの企業がかぶるかはその時々の企業間の力関係に依存している。そしてその際に価格転嫁されないとしたら、その負担をかぶった企業に所得源泉を持つ個人（経営陣や従業員、株主）の購買力低下というかたちで負担が帰着する。結局のところ、課税の負担は個人が購買力の低下というかたちで引き受けることになる。課税負担というものは終局的にはやはり諸個人が負うのだから、所得税よりも最終的な消費の段階で課税するほうが分かりやすく公平だ、というのがヴェルナーの立場である。また、この見解から容易に推測されるように、ヴェルナーは法人課税に反対であり、とくに法人所得に対する課税は、経営者たちに非効率な生産活動を奨励してしまうので、愚の骨頂であると主張している。

　所得税を軽減し消費税の比重を高めるというのは欧州での趨勢となりつつあるが、やはり逆進性をどう軽減するかが消費税擁護論の成否にとっての鍵である。逆進性を根拠とした消費税批判に対しては、生涯を通して見れば消費税はさほど逆進的でないという消極的な弁護論もあるが、実際に逆進性を低減する方策としてよく言及され現実にも行なわれているのが生活必需品に対する軽減税率である。ただ、その線引きに恣意性が伴うことや、当初の利点とされていたシンプルさが損なわれるといったことが懸念される。例えば、ベルギーでBI導入を政策綱領の目玉に掲げている政党ヴィヴァント［Vivant］が示した詳細な段階的BI導入プログラムでは、二六品目の消費財・サービスの分類があり、それぞれに異なる税率が課されている（〇%から七〇%まで）。ヴィヴァントは「社会的に望ましくない」財・サービスに高率の課税ができるのもこの方式の利点の一つであると主張しているが、リベラルな中立性の観点からは容易に首肯できるものではない。次に、消費税の逆進性を低減する方策として、中谷［2008］の還付金つき消費税のように、消費税アップにBI的な無条件給付を組み合わせることがある。納税の部分だけを見れば逆進的でも、給付とセットで見た場合にはより「弱者に優しい」制度になるのだ、と主張されるわけである。たしかに、「最低限」の所得を遍く提供することが目的であれば消費税は理に適っているのかもしれない（フラット所得税か累進所得税かという論点を見た際に確認したとおり、ここでも、一方には一律の最低限所得保障をとりあえず提供し格差については教育や訓練など諸他のプログラムで対応するべきだという志向性と、他方で税制は再分配機能をも果たすべきだという志向性との分岐があることを指摘できるだろう）。とくにBI給付に使途限定した特別目的税としての消費税は、最低保証所得水準をその時々の社会の消費水準と連動させることになるので、普遍的な購買力の定期的提供という政策理念を余すことなく体現するようにも思える。だが、消費税だけで十分な水準のBIをまかなうことはおそらく困難である。先述のヴィヴァントにしても、消費税を基盤的な税に据えることを謳いながらも、月当たり一二五〇ユーロを超える個人所得に対する五〇％課税や法人税、資産税を残しており、消費税のみをBIの財源とはしていなかった。結局のところ、筆者が消費税中心ではダメだと思う理由は、「逆進的であるから」ではなく、「累進的でないから」、つまり、税収を最大化しないから、である。たしかに、例えば、あらゆる現金を廃止して電子決済とし、消費の際に所得の違いに応じて個人間で消費税率を変えるといった具合に、「累進的な消費税」というものも技術しだいでは可能だろう。だがその場合、所得税との違いは曖昧となり、消費税でなければならない理由が見出せなくなる。ここにおいて、このような累進的か逆進的かといった問題関心だけでは「goods に対する課税から bads に対する課税へ」といった一部の消費税論者が強調している論点が見落とされてしまうことが分かる。この論点はヴェルナーBI論の第二の特徴とも関連している

第二の、貨幣をフェティッシュ視することに対する戒めという点は、ヴェルナーが現代の高度分業社会を「他給自足」社会であると規定していることによく現れている。私たちは貨幣やキャッシュカードを食べるわけではなく、われわれが自らの望む生を送るうえで必要となるのはモノとサービス（他人の労働）であるはずだ。多くの人がそんな事は言わずもがなであると思うだろうが、われわれの日常的思考が貨幣のフェティッシュ視にどうしようもなく支配されていることはたしかである。例えば、ヴェルナーが「……年金は私たちが過去に払い込んだものに左右されるのではなく、将来の価値創造や生産力がどの程度になるかに左右される……」と述べるとき（Werner［2007 = 2009: 181］）、多くの人が、それは「積み立て方式」ではなく「賦課方式」を採用した場合の話でしょ、というツッコミを入れるのではないだろうか。しかしここでヴェルナー

が言わんとしているのはそんなことではなく、たとえ年金の方式が積み立てであろうと賦課であろうと、あなたがその年金を使うその時に、稼動年齢にある人たちがどの程度の労働を──あなたに対するサービスという直接的形態をとるのであれ、あなたが消費するモノの生産という間接的形態をとるのであれ──供給してくれるのか、に依存してあなたの年金の実質的な購買力は左右される、ということである。これを認識するならば、節税や消費の抑制によって「自己責任」で老後に備えるという家計レベルの最適化行動が必ずしも賢明でないことは明らかだろう。われわれはいまだに、農業生産をもっぱらとしていた「自給自足」の時代のように、あるものを「生産」してそれを少しずつ「消費」するといったイメージで、「生産」なくして「消費」なしという常識を内面化している。だが、ヴェルナーから言わせればそれは間違いなのであり、現代の高度分業社会は「他給自足」の社会なのである。そこでは、他人の「消費」なくしては自分の「生産」がありえない。「生産なくして消費なし」は個々の家計については真であるとしても社会全体についてはそうではない。その意味では、日本の政権交代後によく聞かれるようになった「民主党は分配を論じるだけで成長戦略がない」という批判も自給自足的エートスに拠っている面が多分にある。社会にとって必要なのは物質的な意味での「生産」というよりは、個々の家計がモノとサービスのやり取りを市場で行なうというその行為自体であり、個々の家計にとっての生産(労働を売って所得を得ること)と消費(所得を使って物やサービスを購入すること)が市場で円滑に行なわれていればそれでよいのである。この、各人が望むような生を送るために必要なのはモノとサービス(他人の労働)なのだという見解に立てば、BIはより訴求しやすくなる可能性がある。あなたはBIに反対することによって少ない納税で済み、BIが導入される場合よりも高い手取り所得を得ることができる。しかし、高度な知識とモチベーションが要求される現代の生産現場において、無理やり働かされていると感じているような意識の低い労働者を動員したところであなたが消費する財・サービスの品質が低下するだけであり、名目所得が高くなったところでその実質的な購買力はBI導入の場合よりも下がっているということがあるのかもしれない(むろん、そんなことが起こる可能性は高くないだろうし、それを実証的に示すこともできないが)。

最後に、彼自身が明示的に述べているわけではないものの、このヴェルナーの「自給自足社会から他給自足社会へ」という認識は彼が所得税ではなく消費税を選択していることに関連していると思われる。所得税は家計が生産単位だった「自給自足」時代の発想にふさわしい税制であり、何が「生産」であるかがはっきりしている時代の税制である。これに対して、現代社会では何が「生産」であるかは判然としない一方、何が「消費」であるかは、そしてどのような「消費」が社会にとって害悪であるかは――少なくとも比較的には――判然としている。社会にとって明らかに害悪であると見なされるものに課税するほうが、社会にとって有益である蓋然性が高い活動に課税するよりも、賢明であるし公正であると考えるのはそれなりに合理的なことであろう。

自発性／コモンズ／コミュニタリアン

宮台・堀内［2008］ではBI構想に否定的な見解が述べられているが、この対談での宮台氏の発言を見るかぎりBIを誤解しているか理解不足ではないかという印象を受ける。★07 しかし、最近の宮台氏のBI的なものに対するする態度はかなり肯定的なものになっている。宮台氏は、現在、日本初のニュース専門インターネット放送局ビデオニュース・ドットコムを立ち上げたビデオ・ジャーナリスト神保哲生氏と共に「マル激トークオンデマンド」という番組を運営している。これは時事問題の解説とアナリシスを展開するという番組であり、今のところおそらく日本で最も上質な報道系討論番組である。そこでの発言では負の所得税や給付つき税額控除などに対して概ね好意的である。宮台氏がBI的なものを支持するのは、彼が真正の右翼思想の本義としている「内発性」を重視しているからだと思われる。愛国が大事だと声高に叫んで国家権力よって愛国的態度を強要する連中が「ヘタレ右翼」であるように、労働は尊いのだと叫んで国家権力を動員して労働を強要したり労働に特権的な地位を与えたりする連中は労働の価値を貶めているだけなのである。**武川編著**［2008］は本邦初のBIを主題とした論文集である。有名な研究者による論文だけでなく、菊地［2008］や鎮目［2008］など若手研究者による精力的な研究も含まれている。とくに**鎮目**［2008］は各国の年金制度を分類して比較分析した結果をもとに「ベーシックインカム型の基礎年金を成立させる決定要因」について論じている興味深い論考である。

元田厚生氏の論考（元田［2008］）は本書における筆者や立岩と同じような問題意識、つまり「此の世の分け方」をどうするべきかという問題意識、にもとづく論考である。自然資源や生産手段のリバタリアン的専有が倫理的にも論理的にもありえないとして、どのような解法を志向するかという際に、左派リバタリアン的な「補償を条件として専有（私有化）を認める」という方向と「万人の共通所有［common ownership］としておく」という方向とがあるとしよう。筆者が前者であるのに対して、本人はこのように括られることに不本意かもしれないが、元田氏の立場はどちらかといえば後者のようである。筆者がコモンズ的な方向性をあまり評価しないのは、それが事実上は特定共同体による私的所有になることが多いからである。コモンズはその使用方法についてある程度の共通了解と合意が成立している仲間内でしか十全に機能しない。その共通了解を知らない人間は常識のない奴として排除される。とはいえ、私的所有か公的所有かというのは程度問題である。Van Parijs［1995 = 2009: ch. 1］で定義されているように、現実には純粋私的所有も純粋公的所有もありえず、生産手段の私的所有に対する公的規制の「範囲」と「深度」に応じて私的所有「的」な体制（資本主義）と公的所有「的」な体制（社会主義や共産主義）とにざっくりと分けられるだけのことである。この認識があれば、「共産主義の某国と日本とは経済体制が違うのだからうまくやっていけるわけがない」といった日本のメディアでいまだに垂れ流されている意味不明のたわ言を耳にする機会も減るだろう。**福士**［2009］は、保守的なコミュニタリアンとは一線を画する「ラディカルな」コミュニタリアン思想にコミットする著者が、BIだけではダメであり、参加所得によって各人が社会に参加する「完全従事社会」こそが目指すべき方向性であると主張している。

二〇〇九年の盛り上がり

二〇〇九年にはいると、年初から年越し派遣村などが注目を集め、現行諸制度の行き詰まりが蔽うべくもなくなったためか、BIは商業メディアでも頻繁に取り上げられるようになった。『週刊金曜日』［2009］のような左寄りの雑誌だけでなく、三大経済紙のひとつ『週刊ダイヤモンド』の特集記事［2009］でも取り上げられた。さらに当誌ではエコノミストの山崎元氏がコラムでBIに好意的な発言を度々している。また、扶桑社の『SPA!』（5/5・12合併号）では長野県中川村の**曽我逸郎**村長が田舎での就農支援としてＢＩを熱望していることを紹介していた。健康な若年・壮年世代について言えば、全国一律給付のＢＩが田舎暮らしに有利であることは明らかである。過疎化に対処するためにはその地方に産業がなければならず、企業を誘致して雇用を提供しなければ若者たちが都会に流れて地方はさびれる、というこれまでの「常識」は思い込みに過ぎなかったことが示唆されている。その地方に物質的な意味での「生産」を行なうものとしての産業がなければならないわけではない。また、雇用を配分するよりも購買力を直接地方に分配するほうがよほど賢明であり、購買力さえあれば財・サービスを提供してくれる資本は寄って来るので企業誘致などしなくても地方が寂れるとは限らない。多くの人がこのような思いを抱くようになったわけである。ただ、ＢＩはあらゆる人々に対して田舎暮らしを奨励するわけではなく、飯田泰之氏ほか多くの人が指摘するように（荻上・芹沢編［2009: 190］）、地方でのインフラ（特に病院など）の整備は抑制して年寄りはインフラの整った都市で暮らすよう誘導すべきである、という見解もある。いずれにせよ、どこで住むかはその当人たちの自由であり自己責任であり、ＢＩはその機会のみを与える。

以上のような雑誌記事もさることながら、山森亮氏が**山森**［2009a］を新書で出したことが今般のＢＩ論議の高まりにとって大きかったようである。先述の東浩紀氏もこの本については褒めていたほどである。日本語のＢＩ入門書としては一番のお勧めであり、素人への情報提供という観点では価格と平易さの点で今のところこれが一番だろう。そのうえ、単に中立な入門書にとどまっておらず、ＢＩ的な制度を求めた弱者たちの運動に焦点を当てている点に山森氏ならではのＢＩ観やＢＩへの思い入れが窺える。また、ベーシックインカムを警察や教育のような普遍的現物給付とアナロガスに考えてはどうかという示唆に筆者としては共感できる部分がある。公共財や準公共財についての常識的な理論（排除性がどうとか競合性がどうとかいう話）に従えばＢＩのような現金給付を公共財と見なすことはありえないが、ＢＩそのものが公共財というよりも、その社会の成員はその社会の生産水準のうちの一定割合を消費する無条件な権利を享受できるのだという点を制度的に担保すること、そのことが万人に与える安心感それ自体が公共財と見なせるのだと主張するのであれば、それほどとっぴな意見ではない。この公共財としてのＢＩという解釈は一般的に理解されにくいようであり、それは橘木・山森［2009］で橘木氏が「どうして金持ちにもＢＩをやるのか」としつこく食い下がっていた点によく表れている。ＢＩ論者から見れば、橘木氏は貧困プログラムや再分配プログラムの性能を評価する態度でＢＩを評価しているという印象が強いのだ。ある人がたとえ現時点でどれだけ多額の所得を稼いでいるとしても、彼は自分のジョブを嫌っているかもしれないし、それ以外のジョブに対する適性はまったく無いかもしれないではないか。彼が現時点でどれだけの稼得能力があろうと、彼もまた自らの望む生を送るための最低限の自由を近似するものとしてのＢＩを受け取れなければならない。以上のように、全体的に見て山森［2009a］は非常によい本であるが、同じＢＩ研究者としてあえて文句を付けるとしたら、「ＢＩ論者」の枠を拡げ過ぎてはいないかと感じる。経済学のビッグネームをいろいろ取り上げて彼らをＢＩ論者と括ることに無理矢理感があるのだ。およそまともな経済学者であれば、労働供給関数や市場均衡賃金を導くモデルの背景には労働者たちが一定の退却領域［fall-back position］を備えていることが前提されていることは認識しているはずなので、それを担保するためにＢＩ的なものの必要性に触れることはいわば当然である。ゆえに、それを以って彼らをＢＩ論者に含めることには首を傾げたくなる。そのようなわけで、ＢＩ論者とは、ベーシックインカム的な――つまり支給要件をこの上なく緩和した――金銭給付がこれからの我々が目指すべき社会にとって不可欠かつ中心的な役割を演じるはずだとの信念と見通しを持ってＢＩ導入を主張している人々に限定すべきである、というのが筆者の意見である。

著名人たちのＢＩ論

二〇〇九年は研究者や学者以外の著名人たちもＢＩに言及するようになった。[★08] ベーシック・インカム研究所の**新田ヒカル**氏のブログでも紹介されているとおり、外資系投資銀行の計量分析家（クオンツ）として著名な**藤沢数希**氏や、[★09] 経済評論家の**勝間和代**氏、脳科学者の**茂木健一郎**氏、精神科医の**和田秀樹**氏などである。[★10] **堀江貴文**氏は堀江［2009］の中でベーシックインカムについてかなり紙幅を割いて言及している。筆者は個人的には堀江氏の主張やメンタリティに共感できる部分は多いものの、「ＢＩ論者はネオリベである」と批判する人たちが格好の叩きネタに持ってくるような主張内容になっている点がやや残念であり、もう少し慎重な言い回しはないものかと思うところだ。アルファ・ブロガーを自認する**小飼弾**氏のBI論は、BI部分については一〇〇%の相続税によってまかなうというもの。その他の政府歳出については、世帯全体の所得を世帯員数で割った額にシンプルな課税をするという形態の所得税と法人に対する登録料などが挙げられている。「所有から利用へ」とか「社会相続」(=「生きているうちにはあまり税金を払わず、死んだときにドンと払う」)など、研究者でない立場からの自由な発想と用語で氏独自の社会構想が語られている。彼の説明によると、「まず、ベーシック・インカム公社あるいはベーシック・インカム庁のような、再分配を行なう機関を設立し、ベーシック・インカムを実現します。仮称BI公社は、たとえば不動産を遺して亡くなった人の財産を、現金化して再配分するようなことに従事します。すべての遺産はここに集まるわけです」(小飼［2009: 042］強調は原著者)とのこと。少し気になるのは、死んだ人間の「遺したもの」を一〇〇%国が収用するという点についてである。論点は二つ。第一点は、一般論として、一〇〇%の相続税は、動態的に見た場合、相続税収を最大化しない可能性が高いということ。ここには、被相続人が子孫に財産を残す動機をもたないので自らの財産を大切に扱ったり増大させたりする傾向性を失ってしまうという懸念と、被相続人が過剰消費に奔るという懸念の二つがある。後者については、国民経済レベルでの貯蓄率が低下し延いては投資が過少になるのではというマクロ経済学者の心配は措くとして、彼の消費は他の人々の生産なのだから彼にはどんどん消費してもらえばよい、あるいは、生前贈与が奨励されて消費性向の高い若年層にカネがシフトするから問題ない、と片付けてよいのかもしれない。ただ、前者の懸念は、相続による財産の継承が現代の豊かさを達成した主因であるという可能性を完全否定できない限り、排除しきれない。それと関係して第二点として、不動産を含めて具体的なモノを国が管理するというのはかなりコストがかかる可能性がある。「あとは野となれ山となれ」的に、ゴミ同然のものや負債となるような遺産(たとえば産業廃棄物まみれの土地)を遺して死んでいく輩も出るかもしれない。リバタリアンたちはこれを「共有地の悲劇」とみなし、「自分のものでないものを大事にする奴はいないのだから、やはり各人が所有することが望ましいのだ」と主張することだろう。また、ある家系に継承されている金銭以外のモノや不動産は、それをどのように使えば最も生産的であるかについてのノウハウを持っている個人が受け継いだほうが社会のためになる、そしてそのようなノウハウを持つのは往々にしてその家系の個人である、というのは大いにありそうなことである（ただし、客観的に大した価値のないそれらのモノや土地に最も高い価値を見出すのはそのようなノウハウの持ち主であろうから、BI公社が競売をすれば最善だということになるので、小飼氏の構想もそのように具体化されるなら支持できる可能性がある）。

二〇〇九年のBI論議の活発化は「ベーシックインカム・実現を探る会」の発足にも見て取れる。今年三月に発足するBIENの日本支部★11が京都で研究者を中心としているのに対して、この団体は東京で社会人を中心に活動しており、これまでにBIに関する多くの公演を開催済みである。そこでの講演録はHPで公開されている。これまでにまとまった論稿を提出している公演者は古山明男氏と関曠野氏の二人である。**古山**［2009］はフリースクールの主催者として教育を実践してきた古山氏がBI導入の社会的な教育効果について熱く語っている。ちなみに、**新谷**［2008］はBIに対する人びとの直観的な反応を聞き取り、その後BIに関する議論を経た後ではBIに対する意見分布が違ったという事例を紹介してBIの教育的効果を論じている。**関曠野**［2009］はいわゆる「貨幣創造によるBI論」である。二〇〇七年夏に始まる不況への対応として出てきた（マスコミ論調では非常に不評だった）定額給付金やいわゆる「政府紙幣」のような構想も、BI論壇の中では主流でないとはいえ、語られてきた。それが関氏の研究しているクリフォード・ダグラスの社会クレジット運動をはじめとする諸種の貨幣創造型BI論である。ただ、最近の政府紙幣論のような軽佻浮薄感のある主張と貨幣創造型BI論とを同列に論じるべきではないかもしれない。Huber and Robertson［2000 = 2001］による貨幣創造型BIの提案は、国家（ないしその代理人としての中央銀行）が独占している貨幣鋳造権（いわゆるシニョレッジ権）を市民に取り戻す構想として規範的な含みを持っていた。それに対して、現代の日本や欧州に見られるように、生産性が上昇し（過ぎ）てモノ余りとなりがちなデフレ経済では、貨幣発行によるBI論は、デフレギャップを埋める分だけは貨幣を新たに刷ってばら撒いてしまったほうが世のためになる、という純粋にプラグマティックな議論として受容される傾向にある。じっさい、

「政府紙幣」をめぐる論議では規範的な見地での反発はほとんどなかった。このような再分配を伴わないBI論は、概して各人の主観に拠るがゆえに終わりのない規範的な論争を避けられるという利点がある。いずれにせよ、モノやサービスの供給(およびそれを効率化する方法)は急激に増大しているにもかかわらず貨幣(およびそれを獲得する手段)はそれに応じて増えるわけでないという状況において、BI的な制度構想は「時代の要請」として当然に求められてくるし、少なくともそれについて議論することは無駄ではないはずだ、という認識も広まるはずであり、その際の議論のネタとしてこのようなタイプのBI論は魅力的だろう。むろん、この再分配を伴わないBI構想で調達可能な財源はデフレギャップを埋める分だけである。最後に強調しておくが、関氏のBI構想は主流の経済論壇でいま論じられている政府紙幣や国債発行ではなく、利子を生まない通貨を発行してBIの財源とするという提案である(2ちゃんねるでよく言われている「減価マネー」によるBIは関氏の所論ではなく、古山氏などの所論である)。

二〇〇九年のBI論議の盛り上がりは、**飯田泰之**氏のような評価の高い経済の専門家がラジオ番組や著書ではっきりとBI支持を打ち出したことも大きく貢献していると思われる。それまで財政上の実行可能性に関して「できるわけがない」と思い込んでいた多くの人々が「飯田さんほどの経済学者が言うなら、ひょっとして……」と聞く耳を貸す気になったのかもしれない。飯田氏の主張はそれほどまとまってはいないものの、荻上・芹沢編[2009]や飯田・雨宮[2009]などで展開されている。彼の立場をざっくり言えば、教育以外はできる限りお金で代替し(荻上・芹沢編[2009: 272])、「最低所得保障、景気安定化、あとは放置です」(同[274])というもの。中央政府はマクロ経済政策のみを行ない、旧通産省のような個別産業を行政指導する「成長戦略」論は無駄であるとばっさり斬り捨てている。明示的な累進課税強化の提案、労働者や市民を守るためには規制や現物給付ではなく所得保障をという主張、市場への信頼、グローバル化に対する肯定的見解、個人主義的エートス等々、筆者にとってここまで共感できるBI論者はほかに見当たらない。それゆえ、筆者としては飯田氏の主張にはほとんど文句の付け所がないのだが、ひとつだけ飯田氏の議論に不安を感じるとしたら、「成長の質」に関する考慮が薄いのではないかという点である。医療・介護・環境など「ニーズに基づく」配慮をして公共財や現物給付を提供することによって経済を一定程度方向付けたうえで実現する「経済成長2%」と、各経済主体が短期的な利潤最大化によって方向付けられた場合に実現する「経済成長2%」とでは、そのとき実現している社会の実相は大きく異なっているはずなのだ。[★12] だからこそ、さきに紹介したヴァン・パリースのBI論ではBIの最大化(経済成長)より優先的に、ニーズに基づく配慮としてのUD基準が提示されていたわけである。むろん、飯田氏が「成長の質」について言及しないのは、氏が自らを道具主義的な実証経済学者と規定し、規範は扱わないし人々の内面には踏み込まないという禁欲的な立場を明確にしていることを考えるなら、首尾一貫した態度である。飯田氏とてやみくもに成長がなければならないと主張しているわけではなく、「どのような成長をしたいのか」という方向性を示唆してくれ、と述べているのである。それが可能であるか否か、可能であるとしたらどのような方策によるのか、それを提示するのが自分の仕事である、と。飯田氏の一連の主張に対して経済成長優先主義のレッテル張りをするのではなく、われわれがいまや「どうすれば経済成長できるのか」ではなく「どのように経済成長したいのか」を問題とすべき時にきていることを自覚すべきであろう。

最後に、『現代思想』で連載されている立岩真也[2005-]のBIに関する論稿やヴァン・パリースに対するコメントについては、ここで扱いきれないほど多様な論点が含まれているのでそれらに関するリプライと考察は後日別稿で論じることとする。[★13]

BI批判

日本ではBI論議はまだ導入段階であり、BIの考え方を紹介するついでに通りいっぺんのBI批判の論点が列挙されたり、思いつき程度のBIに対する懸念が表明されたりすることはよくあるが、日本語文献のまとまったBI批判はそれほど多くないのが現状である。そんななかで、はっきりとアンチBIの立場を取っている堀田[2009a]、萱野[2009]、濱口[2009]の主張を詳しく見ておく。

堀田[2009a]はケア労働にまつわる諸問題はBIでは解決できないことを論じている。堀田氏はまず「ケア労働の位置が問題となる理由」(213-4)が三つ——①多くの人がやりたいとは思わないダーティ・ワークである、②ケアされる側を裨益する積極的な態度が期待されている、③雇用者と労働者が直接的な利害関係にないので貨幣費用負担者＝ケアされる個人ではない――あることを確認したうえで、「私たちは、ケア労働に従事したいと積極的に思う人が存在していることに期待している」ことに問題があると指摘する。その問題とは、やりたくない人が実際のケア行為負担を回避することを可能にする、貨幣費用負担を抑えることをも可能にする、という二点である（214）。そのうえで、〈誰もが納得していて労働が調達できるならばよい〉という言い方を全面的に認めないのだとすれば、別の態度で対応・評価する必要があるだろう。」（214）という堀田氏の基本的な立場と本稿の問題意識が表明される。以下、彼によるＢＩ批判の主張内容を列挙してみる。

・「基本的な生活が保障され、人々が自らかけがえのないと思うものを差し出さずにすむとして、そこで各人が自発的に提供しようとするもの同士で取引した結果として決まる交換比率が適正な評価であるといえるほど、ことは単純ではないだろう。」（219）

・「ベーシックインカムは再分配であり、市場の分配において格差が生じない限り不要である。再分配の前提は、市場で分配される労働条件・職業選択機会・所得の格差である。」（219）

・「……いずれにしても、労働市場における「二極分化」の是正方策であり、既存の労働市場の競争では十分に金を得る仕事に就けない人々がその主な対象である」。（219）

・「……ベーシックインカムを「自由な選択」を保障するものとして評価する議論において、その自由には、既存の労働市場において優位にある職につく自由は含まれない、ということになる。なぜなら、基本的な生活が保障されたとしても、そこで保障される自由とは「働くか働かないか」の自由であり、どこで何をして働くかに関する選択の自由ではないからである。」（221）

・ＢＩによって低スキルできつい労働の賃金上昇やワークシェアが進むとしばしば主張されるが、高賃金の雇用機会そのものがますます減少しているし、ＢＩはそもそも能力の格差を是正しないので、そうはいかないと思われる（221-2）

・ＢＩによって介護労働分野へさまざまな人が参入し多様な雇用可能性の基礎がつくられる、という立論は「既存の労働市場では選択肢をもたない人々を、低賃金でケア労働に従事させようとする議論として読まれるべきだろう」(222)。

以上のようなBI批判を展開した後、堀田氏は各ジョブに伴う負担に関する「公正な評価」とはいかにして可能となるのかを論じる。「労苦を正しく評価するためには、これらの[各人の職業選択の幅における]格差を解消する必要があるだろう。人々に開かれた選択の幅をすべて等しくすることは不可能である。価値観の違いを埋めることもできない。とすれば、どのような仕事にどの程度の負担があり、それがどの程度の報酬に値するかを適正に決めるためには、まずは自らがその仕事を実際に経験し評価する必要があるだろう」と述べた後、このように言える仕事は底辺の仕事のみであり、低スキルの労働者が高品位のジョブを「経験」することはできない点を自ら指摘する。そして以下が彼の結論である。

「自分ならばどの程度の対価で「それ」をするのか。その対価設定の理由は何か。自分が「やってもよい」と思う額と、誰かほかの人に「やらせてよい」と思う額は同じか。異なるとすればそれはなぜか。何にどれくらいの労苦や負担があり、それが何に値するのかを評価するためには、おそらく、各自が自らの位置に留意しつつ、こうした問いに具体的に答えを出す必要があるだろう。」(224)

堀田氏のこの結論は政策的インプリケーションとしては「すべての人に底辺のジョブを経験させよ」という職業体験教育のようなものになると思われる。それに対して感じるニワトリを殺す授業の気持ち悪さに似た直観的嫌悪は措くとして(むしろ、それは堀田氏流の挑発なのだろう)、筆者の反論は、それらのジョブを「経験」したとしても人々の効用関数はそもそも違う、ということだ。たしかに、「私たちは、ケア労働に従事したいと積極的に思う人が存在していることに期待している」。だが私はそこに本質的な不正義を認めることはできない。そのように思う選好を形成したことがその人にとって明確に誤りだったとは言えないだろう。また、堀田氏は労働市場を含めて、「市場」というものをわかっていない。「ケア労働」と一括りにできるものなどないし、時間経過と技術発展に伴って特定の「労働」の内容はさまざまに変容するし、どんどん新しい「労働」が生じてくるので、「底辺の労働」と名指すことのできるものなどない。

萱野[2009]はBIに対して明示的に三つの批判点

を挙げている。①ＢＩは、カネを労働と生産活動から切り離し、カネを稼ぐために働くという基本原則を壊す。これは金融資本主義のネオリベ的発想と親和的である。②ＢＩは個人に支給することで経済を通じて個人を共同体から解放すると賛美されているが、貨幣経済の原理で動いていなかった世界にまで貨幣の支配力を高めることになる。③ＢＩは、承認の問題を解決しないどころか、その問題を悪化させるおそれがある。そもそも賃金労働の意義は、経済的合理性だけでないのであり、多くの人はカネを稼ぐことではじめて社会的承認を得て、自分の存在価値を実感できる。ＢＩをやるぐらいなら、公共事業で雇用を増やしたほうがをまだマシである。

私が萱野［2009］を知ったのは2ちゃんの掲示板で叩かれていたのをたまたま目にしたからだった。フランス政治哲学の若手研究者がＢＩについて何を語るのか期待していたのだが、読んでみて2ちゃんで叩かれていた通りの内容にがっかりした。①についてはネオリベを批判しておけば何か言ったことになるといまだに信じている能天気さに呆れる。（ただ、萱野氏ほどの論者がありがちなネオリベ批判をするとも思えないので、彼が「ネオリベ」によって何を意味しているのか、その真意を踏まえないことにはなんとも言えない面もある。）②については、それの何が悪いのかさっぱり理解できない。これまで親密圏でしか提供されていなかったサービスが市場でも提供され、より多くの人がそのサービスを享受できることの何が悪いというのか？　しかもそのサービスを提供する側にしても、ＢＩ水準が高ければ高いほど、そのサービス提供が強いられたものである程度は低くなるのである。③について言えば、例の「丸山真男を引っ叩きたい」論文に発する赤木君問題において、左翼の有名論客たちがトンチンカンな反論を連発するなかで、ただひとり問題の本質が若者たちの承認の欠如にあることを指摘して評価を上げた萱野氏だけに、「言うと思ったよ」という感じがある。たしかに、「社会的包摂」による各人の承認というのは現代の社会科学において最も重要なテーマとなっている。ただ、リベラリズムの政治哲学に馴染んでいる者から見れば、あまりに安易に「承認」が口にされているように映る。次に見る濱口［2009］も、ＢＩ論者には「働くことが人間の尊厳であり、社会とのつながりであり、認知であり、生活の基礎であるという認識」が欠けていると述べて承認を強調しているし、政治学者である宮本太郎氏でさえ、宮本［2009］では秋葉原連続殺傷事件にかなりの紙幅を割いて若者の承認欠如への対応が急務であると急き立てている。

「承認の分配」問題には、概念的には、（1）そもそも承認の分配がなされるべきか否か、（2）なされるべきとしたらどのような手法を取るのか、という二つの層があるだろう。筆者自身は、（2）において妥当な手法が無いように思えるため、（1）において承認の分配などそもそもありえない／あるべきでない、と結論しているつもりだ。何らかの承認プログラムはそれが承認プログラムと銘打たれた時点で承認を与えうるものではなくなる。結局のところ宮本［2009］のように、穏当な政策志向の研究者の結論は、承認を与える蓋然性の高い財である雇用をリーズナブルな手法で提供する、というものになる。萱野氏は、BI論者が働くことの価値を経済的合理性でしかみていないと批判するが、政策担当者が経済合理性を放棄することなどありえない。承認を与えるためであればいかなるコストもいとわない、などということはありえない。そして、そのコストがリーズナブルであるかどうかを判断できるのは、その承認手段（雇用）を実際に与える人、つまりは個々の雇用主でしかありえない。最後に、公共事業で雇用を増やしたほうがまだマシという点についいて。そんな「ママゴト労働」で承認を得られる人はむしろ少数派であり、給付と引き換えにそのママゴト労働に従事させられたと恥辱を感じるのが普通である。この際、その公共事業の給与が最底辺の市場ジョブの給与より良いとしたら政府は無駄遣いをしたことになるし、低かったら低かったで、市場でジョブを得られなかった人たちを安くこき使ったことになり、その公共事業なるものは懲罰的なワークフェアでしかない。ここにおいて、萱野氏の承認に関する主張はBI批判になっておらず、彼はむしろ、BIを実現したうえで望む人々に対してのみ政府が公共事業での就労を——対等な使用者‐雇用主関係として——提供せよ、と主張すべきであることが分かるだろう。萱野氏は二〇〇九年一二月五日放送の「文化系トークラジオＬｉｆｅ」でもＢＩについて質問され、ＢＩに反対する理由として、労働によってカネを稼ぐことの重要さを否定すべきではないと考えるからだと述べていた。私もそれには全く同意である。市場労働こそが最も大きな承認の源泉であることは現状において事実であり、筆者のような市場主義者はむしろそうあるべきだとさえ考えている。また、市場労働以外にも承認を得る機会はたくさんあると主張するいわゆる左翼オルタナティブの立場に対しては大いに懐疑的であるべきだ。しかし、「労働によってカネを稼ぐ」ことが尊いのは、人びとが、真に自発的な行動が支配する市場において、自分の希少な購買力のなかから当該労働そのものないし当該労働の産物を購買したという結果だからなのである。政府部門が財・サービスを購入する際にもそれは同じことである。他の労働の売り手たちと競争しつつ、対等な立場で政府と対峙した結果として自分の労働力が購買されるからこそ、その労働には価値が認められるのである。

EUの労働法制の専門家でありhamachanブログで良質な情報を発信し続けている**濱口桂一郎**氏のBI批判（濱口［2009］）の主要な批判点は三つである。一つ目は、ヴァン・パリースの「資産としてのジョブ」を引き合いに出しながら、雇用という椅子の数が恒常的に不足することはないと述べ、環境負荷の少ない生産やサービス活動によって雇用を拡大すべきと主張する。彼に言わせれば、今求められていることは、社会的に有用であるが支払いの少ないジョブを「公的な介入によって是正することである」。濱口氏がジョブは重要なものであるからすべての人に保障されるべきであると考えながらもヴァン・パリースの「資産としてのジョブ」論を認めないのは、ジョブが土地と同じような希少な資産であることを認めないからと思われる。彼がヴァン・パリース理論のこのうえなく皮相な理解に基づいて述べているのは本書を見ていただければ明らかである。そもそもヴァン・パリースの議論は有業者と無業者との間の格差だけを問題としているのではない。ヴァン・パリースのギフトの公正分配としての社会正義論は、個人が生存へのアクセスを有しているか否かだけでなく、そのアクセスがどれだけ容易であるかまでも考慮する。たとえば、「無理のない努力をすれば獲得することのできるジョブが人数分存在するのであれば、そのジョブに就く努力もせずにBIを要求することは勤労者に対するフリーライドであり許されない」というのがワークフェアを推奨する人々の直観的な主張だろう。しかし、労働条件も仕事内容も魅力的なジョブをすでに手に入れておきながら無職の人間に対して、「魅力のない仕事でも生存に十分なのだからとにかく就け」と言う有職者の言い分をそのまま肯定することなどできないし、そのジョブに就くことが「無理のない努力」であるかどうかを決めるのはその当人であるべきなのだ。ヴァン・パリースはあらゆるジョブがレントを含んだ資産だと述べているのではない。ヴェルナーのBI論を紹介した際にも述べたが、現代の「労働」には、就労内訓練（OJT）ならぬ「就労内消費（OJC）」も多く含まれている。ある人が多くの消費を含むジョブを占有することは他の人々にとっても貴重なものの占有を伴っているのであり、他の人々にとって機会費用を生じている。そのとき、占有者はその機会費用に見合ったレンタル料を支払わねばならないのであり、このレンタル料はその希少なジョブを占有することによって得られる市場所得への最適課税によって決定されるのである。

　濱口［2009］によるBI批判の二つ目は、先述の通り、BI論者には「働くことが人間の尊厳であり、社会とのつながりであり、認知であり、生活の基礎であるという認識」が欠けている、というものである。筆者が萱野氏や濱口氏のような主張をする論者たちに対して指摘しておきたいのは、資本主義社会においてディーセントな雇用を要求するということは、それを用意してくれる雇用主の存在を前提している、ないし、具体的な誰かにそのような雇用主であることを期待しているのだ、ということである。そのような雇用主が存在しない場合こそ最後の雇用者《ラスト・リゾート》としての政府の出番である、と考えるのは大きな間違いである。そうすることによって、政府は需要のないサービスに対して無駄金を払い、さもなければBIとして分配されていたはずの財源を縮小させたことになるのである。または、政府によって雇用されることを望む「高価な嗜好」の持ち主たちに「労働」という名の賃金付き暇つぶしを提供したことになるのである。

　最後に、濱口氏の三つ目のBI批判は、BI論者たちは労働中心主義を排除することによって、無意識的に「〝血〟のナショナリズム」を増幅させる危険性がある、というものだ。まず常識的で素朴な指摘として、BI受給権は一定期間の合法的居住を要件とすると想定しているBI論者が大半であり、BIが「血の論理」に彩られているというのは完全な妄想である。だが、それ以上に筆者が指摘しておきたいのは、「労働者」を代弁して何かを主張する人々は、ミクロ社会での公正さ、つまり目に映る範囲での公正さを追求するあまり、往々にして近視眼的になっているという点である。濱口氏はBI論壇においてグローバル・ジャスティスが真摯に追及されていることを知らないのだろう。彼はBIがネオリベ的であると指摘しているのだが、「ネオリベ」が安全な叩きの対象であると考えていること自体、彼が目に見える範囲の公正さしか追求していないことを反映している。[★14] ネオリベ的な市場原理主義のグローバル展開は国家間格差を縮小させる傾向がある。先進国で生産されていたものは途上国で生産されるようになり、途上国には市場の拡大に伴ってそれを維持するための諸々の政治的・社会的な秩序も同時に形成され、購買力を持った中間層が生まれる。先進諸国における諸々の労働規制や労働者保護施策は事実上の保護主義として機能し、人件費の安い途上国が競争力を発揮できるタイプの製造業部門や農業部門が途上国で発展することを阻害している。濱口氏は日本人と移民労働者との間でＢＩ受給資格に差が出ることの不公正さを指摘するが、先進諸国内での様々な労働者保護規制を撤廃して完全なグローバル競争を展開するなら、そもそも移民たちは日本に来る必要などなかったかもしれないのだ。世界大での自由市場競争こそがグローバル格差を解消する最善な手法であるとまでは言わないが、グローバル化をより進めることがグローバル・ジャスティスの前進にとって不可欠であることは疑いようがない。[★15] 宮台・堀内［2008］が指摘するように、われわれには「グローバル化に棹さしつつ抗う」態度が必要なのであり、ＢＩはそのための手段であるしネオリベ的なＢＩ擁護はそのような態度そのものである。

終わりに

最後に**宮本**［2009］を紹介する。本書はＢＩについてもかなりの言及があるが、新しい社会保障の模索を扱っている部分のほうに見るべき価値がある。宮本氏は「雇用と社会保障を結び付ける」ことが重要であると主張し――これは「就労と所得を切り離す」ことをスローガンとしているＢＩ論者からすれば反動的な印象を受けるかもしれない――、「殻の保障」から「翼の保障」へを提唱する。これはスウェーデン型雇用保障を定式化したエコノミストのレーンが使った言葉であり、労働市場の流動化を前提として新しい仕事に道を拓いてゆくことが目指されている。宮本氏の提唱する「排除しない社会」は「交差点型」の社会であるとされ、「四本の橋による参加支援」が謳われている。如何に「参加」するかといえば、労働市場への参加である。労働市場と、（1）教育、（2）家族、（3）失業、（4）体とこころの弱まり・退職、との間に四つの橋を架けねばならないとされているのである。つまり、学齢期と人生の最終盤以外の全生涯にわたって、各人には労働市場へ参加するための橋が用意されていなければならないのだ。宮本氏の提言が旧来型の労働中心主義と違うのは、この橋が双方向型であることと、「誰が橋を架けるのか」に関して政府と企業だけを想定していない点だろう。

筆者は本章で紹介した文献の中でこれをもっとも評価している。というのも、意外に思われるだろうが、前章で素描した「最大限に分配する最小国家」という理念の政策的インプリケーションとしてこの宮本[2009]が最もふさわしいのではないかと思うからだ。ただし、筆者がこの政策的インプリケーションを導く理念は宮本氏のそれとはかなり異なると思われる。市場中心社会から撤退することを目指す左翼オルタナティブに懐疑的で、かつ、できるだけ多くのモノとサービスが市場に出回ることがよいのだと主張する筆者の導く政策的インプリケーションが宮本氏の提唱するような労働市場中心の社会保障の整備と親和的であることは容易に理解してもらえるだろう。だが、宮本氏のようないわば王道の主張のどこが「分配する最小国家」なのかという批判はあるだろう。

この点について、ノージックが言ったような意味で字義通りに解釈するのであれば、「分配する最小国家」の看板に偽りがあることは認める。だが、リバタリアン的理念の中核にあるものを現代社会の文脈において純化した結果が筆者の立場なのである。リバタリアンの理念の中核とは「消極的自由」の擁護である。消極的自由を有名なバーリンの定式化になる「〜からの自由」として理解するのはミスリーディングである。妥当な解釈としては、「私的な自由」、つまり個人にとっての自由な行為領域の確保を言ったものであると解釈すべきである。これまでリバタリアンを自称してきた連中は自らの文脈において「私的な領域」の明確なイメージを持っており、それを自明な「私的領域」と措定したうえで消極的自由を称揚してきたのである。だが、現代において「私的な領域」の終局的な単位は個人でしかありえない。諸個人は侵されることのない自由な領域を持つべきである。このとき、自由というものは、リバタリアンたちが主張したのとは裏腹に、大きさがあるのだ。この個人的自由の大きさを不断に最大化させてゆくことこそ、「最大限に分配する最小国家」の意味である。

このような主張は、ネオリベ改革からのバックラッシュが継続中の「行き過ぎた個人主義」が戒められるようになっている昨今では、「でも、個人の価値と共同体の価値との間でのバランスを取ることが大切ですよ」といった反応に遭う。個人的価値と共同体的価値の「バランス」というのは日本の知識人がお茶を濁すときによく使うマジックワードである。だが、そのような「バランス」は、空気が支配しがちなこの社会で空気が読める奴らにとって快適なバランス点であるに過ぎない。個人的価値と共同体的価値というものは、その間でのバランスを考慮せねばならないような並立的関係にはない。それはバランスの問題ではなく、端的に優先順位の問題である。そして、共同体的価値なるものは個人的価値に資する限りにおいて存在する、手段的な――優先順位の低い――価値でしかない。たしかに、諸種の共同体が活発であることはよい。そしてそのような共同体に参加を促す「お節介」な人々がいるのもよい。現代の多くの人たちがそのようなお節介を心待ちにしているということもあるだろう。だがそれは、そのような共同体の存在や活動がＢＩ――個人的自由の近似――を押し上げる限りにおいてである。ＢＩが高ければ高いほど、各人は嫌な共同体から逃げる自由も大きくなるのだから。宮本氏の言葉を借りるなら、ＢＩは「殻の保障」にも「翼の保障」にも使えるものである。そして、その使い方は各人の選択によるべきなのだ。

★注

01　全国民に一律八万円として、ＢＩ給付総額は**一二二・六兆円**（①）である。ここから現行の社会保障給付費のうちＢＩで代替できるものを差し引く。国立社会保障・人口問題研究所の発表による「社会保障給付費（二〇〇五年度）」総額八七・九兆円のうちＢＩによって代替できないと思われるものは「高齢」の現物給付部分、「障害」、「労働災害」のうち遺族に対する現金給付以外の部分、「保健医療」、「家族」の現物給付部分である。これら以外の部分、つまり新規コストから差し引くことのできる部分の合計は、公的年金の二階部分を廃止する場合は四九・七五兆円（②a）、廃止しない場合は二六・五三兆円（②b）である。なお、井堀［2008］の見積もりを参考に、特別会計を含めて現行の政府予算のうち間違いなく削減できる「歳出の無駄」を一四・五兆（③）

と仮定した（井堀［2008］を選んだのは信頼のおける研究者のうちでもっとも控えめな見積もりであるからだ。それゆえ、この「歳出の無駄」はもっと大きく見込める可能性がある）。ゆえに、①から②と③を差し引いた額がＢＩ導入の新規コストとなり、最終的に、ＢＩ導入の新規コストは、公的年金の二階部分を廃止する場合で五八・四一兆円、廃止しない場合で八一・六三兆円である。これを消費税でまかなう場合に必要となる消費税率はそれぞれ、**約二八％**および**約三九％**である（内閣府の国民経済計算によると二〇〇五年度の「国内家計最終消費支出」は二七八・九兆円であったが、二〇〇五年度の実際の消費税収が一〇・四九兆円だったことに鑑みて、実質的な消費税の課税ベースは約二一〇兆円弱だったと推定し、新規コストをこの課税ベースで除した）。なお、二階部分を廃止する場合には現在企業が負担している部分が浮くことも注記しておく。

★02　これはあくまでも「概念的には」である。現実にはすべての政策は常にすでに並行して実施されているし、そこには税収そのもの（延いては一人当たりＢＩ額）を増大させるような産業政策や雇用政策も含まれる。

★03　http://d.hatena.ne.jp/shinichiroinaba/20060921/p2 http://eulabourlaw.cocolog-nifty.com/blog/2006/09/post_90fd.html

★04　「あるパラダイムから別のパラダイムへのシフトはＢＩ導入が依拠すべきモチベーションを変化させる」(ibid.: 74)。

★05　筆者のレギュラシオン学派に対する評価は色眼鏡によるものである可能性が高いので、彼らの主張を虚心に眺めたい向きには、L&F［2008］を中心にポスト・フォーディズムの生産体制について概観している内藤［2009b］を参照することを勧める。

★06　Van Parijs［1995 = 2009］の主要な目的は「マリブのサーファたち」への所得保証を完全否定したロールズに反論することだった。

★07　http://www.ritsumei.ac.jp/acd/gr/gsce/d/b03m.htm　この対談記事に対して反論めいたことを書いたので関心のある向きは参照されたい。

★08　http://blog.basicincome.jp/?cid=46800

★09　http://qualiajournal.blogspot.com/2009/06/basic-income.html　彼は「ＢＩの導入は勤労倫理を弱めるだろ

うが、場の量子論における繰り込み［renormalization］と概念的に似たステップでＢＩを経済システムの中に組み込むことは可能だろう」と述べている。よく分からない喩えだが、個々人の勤労倫理が毀損されたとしてもマクロな経済が毀損されることはないように導入することが可能だと言いたいのだろう。

★10 http://ameblo.jp/wadahideki/entry-10306175439.html　和田氏の主張では、ＢＩは過少消費対策。財源としては累進税の強化・相続税の強化・脱税の取締り。

★11 http://basicincome.gr.jp/index.htm

★12 この「経済成長の質」といった青臭く理想主義的な印象を抱かせる論点がそれなりに学術的な考慮に値することを示唆してくれた阪南大学の下地真樹氏に感謝する。

★13 勁草書房から出版予定の本で扱うつもりである。

★14 むろん、目に見える範囲の公正さを追求することは大事であるし、個別具体的な労使関係の改善はそのような地道な労働運動抜きにはありえない。筆者にも労働運動に従事している友人がおり、その精力的で地道な活動にかねてから尊敬の念を寄せている。しかし、そのことと彼のロジックが説得的であるか否かは別問題である。

★15 このような主張については近く翻訳が出版されるPogge［2008＝2010］を参照されたい。

あとがき

「あとがき」に別の本の「あとがき」を引用する人はいないだろうと思うが、『税を直す』（立岩・村上・橋口［2009］）の「あとがき」に次のように記した。

『現代思想』の二〇〇五年一〇月号から「家族・性・市場」という題で連載を始めさせてもらった。当初はその題の通りのことを書いていたのだが、だんだんと、その手前、あるいはその周辺のことを考えねば、ということになり、まだ続いてしまっている。［…］立命館大学グローバルCOEプログラム「生存学創生拠点――障老病異と共に暮らす世界へ」と呼ばれるものが二〇〇七年度から始まっている。第2部を担当した村上と橋口は立命館大学大学院先端総合学術研究科の、もうすぐ後期課程を修了しようとしている大学院生であり、日本学術振興特別研究員であり、COEのメンバーでもある。本書はそのプログラムの「成果」の一つである。

本を編む方が本を書くよりも大変なことのように思っている。ただ、時間がなかったり非力であったり自分でできないことがたくさんある。そんな部分、あるいは私が考えつかないようなことを、考えたり、調べたり、書いてくれたら、あるいは頼んで応じてもらえたら、集めて、本にすること

をこれからはしていこうと思う。［…］

本書でもすこしだけ出てきたことだが、ベーシックインカムという案では無条件の給付が主張されるという。そのことと労働とはどのように関係するのだろうか。さきの連載で私もすこし考えてみた。ベーシックインカムについて論文や翻訳（Van Parijs ［1995 = 2009］）のある齊藤拓と、米国・英国のワークフェアについて研究している小林勇人が、やはりさきの長い名称の研究科の修了者［…］としている。その人たちに書いてもらい、同じ連載でワークフェアや労働の義務について考えた数回の文章をやはり書き直して加えたものが、青土社から刊行される次の本になるだろうと思う［…］。そしてまた、働くことに金を払うとか払わないとか、そんなことを考えても仕方がなかろうとも思えるし、そうでもないかもしれないとも思える主題がある。やはりその連載で何回か書いたものがある。その文章でも言及しているが、この主題について、COEの企画をいっしょにやっている堀田義太郎（日本学術振興会特別研究員・PD）の『現代思想』論文がある。次の次は、他になにか加えるかもしれないが、そんな本になるかと思う。」

そんなわけで、『税を直す』から約半年がたって、この本を出してもらった（次は、払う／払わないといった主題の本が先になるかもしれない）。私（立岩）の第1部は、もっと詰めねばならないと思うところがいくつもあるのだが、まずはここまで、とさせてもらった。

そしてこのたびは、共著の「大変なこと」に至る前の段階で、本書は刊行される。第2部・第3部を担当した齊藤はさきの長い名称の大学院に博士論文を提出し、修了した研究者であり、さきの長い名称のCOEプログラムの研究員でもある。その原稿は、刊行計画から逆算した本当のぎりぎりの最終日に到着した。それをそのまま収録した。（思いの他分量があったので、立岩［2009f］［2009h］等の短文を含む「政権交代」関連の文章と『税を直す』の解説的な文章他を収録して立岩担当の第2部とすることを取りやめた。）同意できる部分とともに、異論を言いたいところもあるはずだが、このたび、その時間はなかった。互いの主張を付き合わせて議論することは今後の仕事として残される。それは実り多いことであるのか、そうでもないのか、それもわからないのだが、ともかく、この主題について、さらに社会政策の全般について、議論するべきことはいくらもあるのだから、議論がさらに活発になることを願っているし、また私たちもそれに参与していければと考えている。

COEプログラムの資金提供者である納税者の皆さまに感謝します。また『現代思想』連載の担当・栗原一樹さんと本書の編集を担当してくださった青土社の水木康文さんに感謝します。

二〇一〇年二月

立岩 真也

文献表
（著者名アルファベット順）

※　http://www.arsvi.com →「ＢＩ」にはこの文献表に対応するページがあり、そこから、著者や本の価格等についての情報が得られる。ホームページで全文を読める文章もある。オンライン書店から本を買うこともできる。
※　〈〉内の数字は、その文献が言及されている頁数を表わす。

阿部 志郎・右田 紀久恵・宮田 和明・松井 二郎 編　2002　『講座・戦後社会福祉の総括と二十一世紀への展望：思想と理論』，ドメス出版

Ackerman, Bruce/Alstott, Anne　1999　*The Stakeholder Society,* Yale University Press.

秋元 美世　200803　「権利の観点から見たベーシック・インカム構想の意義について」，『茨城大学政経学会雑誌』78:29-40〈294〉

秋元 美世　20081005　「シティズンシップとベーシック・インカムをめぐる権利の理論」，武川編［2008:63-84］〈294〉

天田 城介　2010　「〈老い〉をめぐる政策と歴史」，『福祉社会学研究』7（福祉社会学会，発売：東信堂）〈73〉

Arneson, Richard J.　1989　"Equality and equal opportunity for welfare", *Philosophical Studies,* 56-1:77-93.〈241〉

Arneson, Richard J.　2003　"Should surfers be fed ？", in Reeve and Williams (eds.) 2003]: 95-110.〈301〉

Atkinson, Anthony 1995 *Public Economics in Action: The Basic Income/Flat Tax Proposal,* Oxford University Press.〈287〉

安積 純子・尾中 文哉・岡原 正幸・立岩 真也　1990　『生の技法——家と施設を出て暮らす障害者の社会学』，藤原書店→ 1995　増補改訂版，藤原書店〈30〉

安積 遊歩　2009　『いのちに贈る超自立論——すべてのからだは百点満点』，太郎次郎社〈31,32〉

Barry, Brian　1996　"Real Freedom and Basic Income", *Journal of Political Philosophy,* 4-3:242-276.

Buchanan, Allen 1996　"Choosing Who Will Be Disabled: Genetic Intervention and the Morality of Inclusion", *Social Philosophy and Policy 13-2*(Summer 1996).〈187〉

「病」者の本出版委員会 編　1995　『天上天下「病」者反撃——地を這う「精神病」

者運動』，社会評論社〈14,36〉

文藝春秋　20090917 「ベーシックインカム——今週のキーワード・論争を読み解くための重要語」，『日本の論点 PLUS』http://www.bitway.ne.jp/bunshun/ronten/ocn/sample/keyword/090917.html

文藝春秋　2009「データファイル　BI はいまの生活保障制度とどう違うのか」，『日本の論点 2010』，pp. 372-73

Callinicos, Alex　2003　*An Anti-Capitalist Manifesto,* Polity Press ＝ 2004　渡辺 雅男・渡辺 景子 訳，『アンチ資本主義宣言——グローバリゼーションに挑む』，こぶし書房〈94〉

Caillé, Alain ／谷口清彦 訳　20070501 「しかるべく 20 世紀と決着をつけるために」，『VOL』2:80-92（特集：ベーシック・インカム——ポスト福祉国家における労働と保障）

De Wispelaere, Jürgen and Stirton, Lindsay　2005　"Many Faces of Universal Basic Income", *Citizen's Income Newsletter, Issue 1*, 2005:1-8.

Doyal, Len, and Gough, Ian　1991　*A Theory of Human Need,* Basingstoke, Macmillan. 〈242〉

Dworkin, Ronald　2000　*Sovereign Virtue: The Theory and Practice of Equality,* Cambridge: MA, Harvard University Press. 〈242〉

江原 由美子　1991 「家事労働を「強制」するメカニズム——補足に対してコメントする」，小倉・大橋編［1991:115-122］〈40,46〉

江原 由美子・小倉 利丸　1991 「女性と労働のねじれた関係——フェミニズムと身体搾取論はどこで交差するか」（対談），小倉・大橋編［1991:66-107］〈40,44,46〉

江原 由美子・山崎 敬一編　2006 『ジェンダーと社会理論』，有斐閣

Esping-Andersen, Gosta　1990　*The There Worlds of Welfare Capitalism*, Cambridge: Polity Press ＝ 2001　岡沢 憲芙・宮本 太郎監訳，『福祉資本主義の三つの世界——比較福祉国家の理論と動態』，ミネルヴァ書房〈120〉

Etzioni, Amitai　2008　"A Community-based Guaranteed Income", *Foundation for Law, Justice and Society policy brief*, Oxford. 〈263〉

Farina, Francesco, Frank Hahn & Stefano Vanucci eds. 1996　*Ethics, Rationality and Economic Behavior,* Oxford University Press.

Fitzpatrick, Tony　1999　*Freedom and Security: An Introduction to the Basic Income Debate,* Macmillan Press. ＝ 2005　武川 正吾・菊地 英明訳，『自由と保障——ベーシック・インカム論争』，勁草書房〈278,295〉

藤森 克彦　20061200 「イギリスにおける市民年金構想」，『海外社会保障研究』157:16-28（特集：ベーシック・インカム構想の展開と可能性）

福間 聡　2007a 『ロールズのカント的構成主義：理由の倫理学』，勁草書房

——— 2007b 「福祉社会の可能性」，栢植他編［2007:158-169］〈72〉
福士 正博 2004 「基本所得の意義——エコロジーの視点から」，『歴史と経済』，46-4:19-33
——— 2009 『完全従事社会の可能性——仕事と福祉の新構想』，日本経済評論社〈308〉
Fumagalli, Andrea ; Lucarelli, Stefano／木下 ちがや 訳 2007 「認知資本主義下におけるベーシック・インカムと対抗権力」，『VOL』2:38-51（特集：ベーシック・インカム——ポスト福祉国家における労働と保障）
古山 明男 20090712 「ベーシック・インカムのある社会——労働と教育の根本的転換」，古山明男講演録 http://bijp.net/transcript/article/98〈322〉

Gauthier, David 1986 *Morals by agreement,* Oxford: Clarendon Press. = 1999 小林 公訳，『合意による道徳』，木鐸社〈224〉
後藤 弘子 編 1999 『少年非行と子どもたち』，明石書店
後藤 玲子 2009 「訳者解説２」，Van Parijs［1995 = 2009:435-470］〈28〉
——— 2010 「償いでもなく、報いでもなく、必要だから——公的扶助の〈無条件性〉と〈十分性〉を支援する」，『福祉社会学研究』7（福祉社会学会，発売：東信堂）〈73〉
Groot, L.F.M. 2004 *Basic income, unemployment and compensatory justice*, Boston : Kluwer Academic Publishers.〈279〉

濱口 桂一郎 2009 「失業者と非労働者を区別しないベーシック・インカム論の落とし穴」，『日本の論点2010』，pp.368-71〈314,317,319,320〉
Hamminga, Bert 1995 "Demoralizing the Labour Market: Could Jobs be like Cars and Concerts ? ", *Journal of Political Philosophy,* 3-1:23-35.〈279〉
原田 康美 2007 「フランスにおける「普遍手当」論——「ベーシック・インカム」論のフランス的コンテクスト」，『東日本国際大学福祉環境学部研究紀要』3-1:75-91〈297〉
原田 泰 2009 「書評『ベーシック・インカムの哲学』」，『エコノミスト』87-55(4062)
Hardt,Michael and Negri, Antonio 2000 *Empire*, Harvard University Press. = 2003 水嶋一憲他訳，『帝国——グローバル化の世界秩序とマルチチュードの可能性』，以文社〈299〉
橋口 昌治 2007 「『ニート』議論で語られないこと——なぜ、まだシンドイのか」，『言語文化研究』19-2:61-65〈24〉
——— 2008 「偽装雇用の実態と抵抗」，『コア・エシックス』4:277-290（立命館大学大学院先端総合学術研究科）〈24〉
——— 2009a 「働くこと、生きること、やりたいこと——「新時代の日本的経営」における〈人間の条件〉」，『生存学』1:70-83（発行：立命館大学生存学研究センター，発売：生活書院）〈24〉

――――　2009b 「若者の労働運動――首都圏青年ユニオンの事例研究」,『コア・エシックス』5:477-485〈24〉
――――　2009c 「格差・貧困に関する本の紹介」, 立岩・村上・橋口［2009:242-311］〈24〉
橋本 努　2009a 「書評：フィリップ・ヴァン・パリース『ベーシック・インカムの哲学――すべての人にリアルな自由を』」,『週刊東洋経済』6215:138
――――　2009b 「ベーシック・インカム論」,『生活経済政策』154 (November, 2009): 27-30
橋本 祐子　2008 『リバタリアニズムと最小福祉国家――制度的ミニマリズムをめざして』, 勁草書房〈281〉
林 達雄　2001 「エイズと人間の安全保障――疫病と特許重視の時代の健康と医療」, 勝俣編［2001:189-212］〈93〉
――――　2004 『エイズとの闘い――世界を変えた人々の声』, 岩波書店〈93〉
Hayek, F. A.　1949 "The Meaning of Competion" in Individual and Economic Order, Routledge & Kegan Paul.＝1986 「競争の意味」, 田中秀夫編訳,『市場・知識・自由自由主義の経済思想』, ミネルヴァ書房〈257〉
樋口 明彦　2004 「現代社会における社会的排除のメカニズム――積極的労働市場政策の内在的ジレンマをめぐって」,『社会学評論』217: 2-18　http://slowlearner.oops.jp/paperarchives/higuchi_akihiko_social_exclusion_2004.pdf〈145〉
樋口 也寸志　20070331 「テロリストに対する行動の経済学的アプローチ――基本所得はテロを防ぐ政策として有効か？」,『コア・エシックス』3:421-431
平岡 公一　1989 「普遍主義－選別主義論の展開と検討課題」, 社会保障研究所編［1989:85-107］〈117〉
――――　1991 「普遍主義と選別主義」, 大山・武川編［1991］〈117〉
――――　2003 『イギリスの社会福祉と政策研究』, ミネルヴァ書房〈117,119〉
廣瀬 純　20070501 「ベーシック・インカムの上下左右――運動なきＢＩはつまらない」,『VOL』2:66-78（特集：ベーシック・インカム――ポスト福祉国家における労働と保障）〈294〉
堀江 貴文　2009 『「希望」論』, サンガ〈310〉
星野 信也　2000 『「選別的普遍主義」の可能性』, 海声社〈119〉
――――　2004 「社会的公正へ向けた選別的普遍主義――見失われた社会保障理念の再構築」,『福祉社会学研究』1 http://www008.upp.so-net.ne.jp/shshinya/Shakaitekikousei20031.pdf〈119〉
堀田 義太郎　2008 「ケアと市場」,『現代思想』36-3(2008-3):192-210〈144〉
――――　2009a 「ケア・再分配・格差」,『現代思想』37-2(2008-2): 212-235〈314〉
――――　2009b 「介護の社会化と公共性の周辺化」,『生存学』1: 265-278
Huber, J. and Robertson, J.　2000 *Creating New Money: A Monetary Reform for the Information Age*, New Economics Foundation. ＝ 2001　石見尚・高安健一訳,『新しい貨幣の創造――市民のための金融改革』, 日本経済評論社〈312〉

伊田 広行 「「ベーシック・インカム」について——生活保護制度の拡充（制度変革）型のＢＩへ」「研究会・職場の人権」第124研究会（2010.1.23），ベーシック・インカム構想を検証する——労働と生活・人権の視点から，小沢修司報告へのコメント http://blog.zaq.ne.jp/spisin/article/1255/
五十嵐 守 2007 「階層の「再生産」としての格差と貧困をこえて——ベーシックインカムを考えよう」，『現代の理論』11:26-33（特集 異議申し立て）
飯田 泰之・雨宮 処凛 2009 『脱貧困の経済学』，自由国民社〈287,313〉
井堀 利宏 2008 『「歳出の無駄」の研究』，日本経済新聞出版社〈323〉
入江 公康 20070501 「能動的賃金、回帰する政治——賃金闘争史をベーシック・インカムに」，『VOL』2:100-107（特集：ベーシック・インカム——ポスト福祉国家における労働と保障）
石川 准・倉本 智明 編 2002 『障害学の主張』，明石書店
伊藤 大一 2003a 「ブレア政権による若年雇用政策の展開 若年失業者をめぐる国際的な議論との関連で」，『立命館経済学』52-3 http://ritsumeikeizai.koj.jp/all/all_frame.html?stage=2&file= 52303.pdf〈145〉
———— 2003b 「イギリスにおける「アンダークラス」の形成」『立命館経済学』52-2 http://ritsumeikeizai.koj.jp/all/all_frame.html?stage=2&file= 52204.pdf〈145〉

實原 隆志 2007 「労働と福祉を分離する理論的可能性について」，『長崎国際大学論叢』7:143-153〈294〉

亀山 俊朗 2002 「市民社会と新しい社会政策——ベーシック・インカム論に向けて」，『年報人間科学』23分冊2:229-245〈294〉
———— 2003 「社会政策の変容とシティズンシップのゆくえ」，『年報人間科学』24分冊2:251-268
金子 充 2006 「〈なまけもの〉の豊かな生を約束する——自由と連帯の福祉構想」，『人間の福祉』19:113-124（立正大学社会福祉学部）
金子 充・堅田 香緒里・平野 寛弥 2009 「社会政策における「普遍主義」の再検討——シティズンシップ論の視角から」，日本社会福祉学会第57回全国大会理論第3分科会報告 http://homepage3.nifty.com/kanekoju/kanekoju3.pdf〈117〉
堅田 香緒里 2005 「基本所得の構想——分け前なき者の分け前を登録すること『情況』III- 6-9:148-161（特集 フリーター、ニート——階級闘争の焦点）
———— 2006a 「すべてのひとに無条件で——ベーシック・インカム研究会という実践」，『インパクション』153:44-47（特集 接続せよ！ 研究機械）
———— 2006b 「働かざる者食うべからず？——ベーシック・インカムという構想」，『論座』137:94-99（KOIZUMI vs. U-40）
堅田 香緒里・白石 嘉治 2007 「ベーシック・インカムを語ることの喜び」，『VOL』2:94-99（特集：ベーシック・インカム——ポスト福祉国家における労働と保障）

堅田 香緒里・山森 亮　2006 「ベーシック・インカム 分類の拒否――「自立支援」ではなく、ベーシック・インカムを」,『現代思想』34-14:86-99（特集：自立を強いられる社会）〈36,296,298〉
柏葉 武秀　2008 「倫理学は障害学に届きうるのか――リベラリズムとディスアビリティ」, 障害学会第5回大会　於：熊本学園大学　http://www.jsds.org/jsds2008/2008html /d_kashiwaba.htm、http://www.jsds.org/jsds2008/2008_genko/d2- kashiwaba_genko.txt〈188〉
片山 博文　2008 「環境財政構想としてのベーシック・インカム」,『桜美林エコノミックス』55:61-67
勝俣 誠　編　2001 『グローバル化と人間の安全保障――行動する市民社会』, 日本経済評論社, NIRA チャレンジ・ブックス
川越 敏司　2008 「経済学は障害学と対話できるか？」,『障害学研究』4:33-62（特集 障害学と経済学の対話）
川口 貴美　1997 「フランスにおける最低所得保障と社会的・職業的参入」,『静岡大学法政研究』2-1(1997.8), pp.43-144
萱野 稔人　2009 「（インタヴュー）」,『談』85:33-49〈299,314,316,317〉
菊地 英明　2006 「ヨーロッパにおけるベーシック・インカム構想の展開」,『海外社会保障研究』157:4-15（特集：ベーシック・インカム構想の展開と可能性）
――――　2008 「ベーシック・インカム論が日本の公的扶助に投げかけるもの――就労インセンティブをめぐって」, 武川編［2008:115-133］〈307〉
北 明美　2008 「日本の児童手当制度とベーシック・インカム――試金石としての児童手当」, 武川編［2008:160-193］
北田 暁大　2003 『責任と正義――リベラリズムの居場所』, 勁草書房〈185〉
小林 勇人　2004-「ワークフェア関連文献表」
http://www.ritsumei.ac.jp/˜ps010988/workfare.html〈145〉
――――　2006a 「初期ワークフェア構想の帰結――就労要請の強化による福祉の縮小」,『コア・エシックス』2:103-14（立命館大学大学院先端総合学術研究科）〈145〉
――――　2006b 「カリフォルニア州 GAIN プログラムの再検討――ワークフェア政策の評価にむけて」,『社会政策研究』6:165-83（『社会政策研究』編集委員会編集, 東信堂）〈145〉
――――　2007a 「ワークフェア構想の起源と変容――チャールズ・エヴァーズからリチャード・ニクソンへ」,『コア・エシックス』3:133-42〈145〉
――――　2007b 「冗談でも、本気ならなおさら、Don't Kill Me!――ニューヨークのワークフェア政策の「現実」」,『VOL』2:108-115（特集：ベーシック・インカム――ポスト福祉国家における労働と保障）
――――　2007c 「ニューヨーク市のワークフェア政策――就労「支援」プログラムが受給者にもたらす効果」,『福祉社会学研究』4:144-164（福祉社会学会, 東信堂）〈145〉
――――　2008 「ワークフェアの起源と変容――アメリカにおける福祉改革の動

態についての政策分析」，立命館大学大学院先端総合学術研究科博士論文〈145〉
小飼 弾　2009 『働かざるもの、飢えるべからず。』，サンガ〈311〉
小泉 義之　2006 『「負け組」の哲学』，人文書院〈33〉
小泉 義之／白石 嘉治・矢部史郎（聞き手）　20070501 「ベーシック・インカムの「向こう側」」（インタビュー），『VOL』2:56-65（特集：ベーシック・インカム——ポスト福祉国家における労働と保障）

Lafargue, Paul　1880　*Le droit a la paresse.* = 1972　田淵 晋也訳，『怠ける権利』，人文書院→ 2008　平凡社ライブラリー〈44〉
Lazzarato, Maurizio ／中倉 智徳訳　20070501 「所得を保証すること——マルチチュードのための政治」，『VOL』2:20-28（特集：ベーシック・インカム——ポスト福祉国家における労働と保障）
Locke, John　1989　*Two Treatises of Government.* = 1968　鵜飼信成訳，『市民政府論』，岩波文庫
Lucaleri, Stephano and Fumagalli, Andrea　2008　"Basic income and productivity in Cognitive Capitalism", *Review of Social Economy,* 66-1:71-92.〈299〉

牧野 久美子　2002 「ベーシック・インカム・グラントをめぐって——南アフリカ社会保障制度改革の選択肢」，『アフリカレポート』34:8-12〈293〉
————　2006 「南アフリカにおけるベーシック・インカム論（特集：ベーシック・インカム構想の展開と可能性）」，『海外社会保障研究』157: 38-47〈293〉
————　2007 「「南」のベーシック・インカム論の可能性」，『現代思想』35-11:156-165（特集＝社会の貧困／貧困の社会）〈293〉
松本 麻里　2007 「彼女らが知っていること、知っていたこと」，『VOL』2:125-128（特集：ベーシック・インカム——ポスト福祉国家における労働と保障）
松永 公隆・潮谷 有二　2007 「イギリスにおける障害者の就労支援に関する一研究」，『純心人文研究』13:113-151
三澤 了　2009 「障害者の地域生活と所得保障のあり方」，『障害学研究』5:31-35（特集 障害と分配的正義——ベーシック・インカムは答になるか？　2007年9月・障害学会第4回大会の記録）
見田 宗介　1996 『現代社会の理論——情報化・消費化社会の現在と未来』，岩波書店〈212〉
宮台 真司・堀内 進之介　2008 「民主主義の危機から、危機の民主主義へ——ゼロ年代的議論からの考察」（対談），『論座』158:130-145〈307,321〉
宮本 章史・諸富 徹　2009 「所得再分配と税制——ワークフェアから普遍主義的給付へ——」，齋藤編［2009:128-152］
宮本 太郎　2002 「福祉国家再編の規範的対立軸——ワークフェアとベーシックインカム」，『季刊社会保障研究』38-2:129-137〈145,294〉
————　2004a 「社会的包摂への三つのアプローチ——福祉国家と所得保障の再編」，『月刊自治研』46:20-29（特集　所得保障と社会的統合——社会的統合と

ベーシックインカム)〈145〉
———— 2004b 「ワークフェア改革とその対案——新しい連携へ?」,『海外社会保障研究』147:29-40(特集:ワークフェアの概念と実践)
———— 2004c 「就労・福祉・ワークフェア——福祉国家再編をめぐる新しい対立軸」,塩野谷他編[2004:215-233]
———— 2005 「ソーシャル・アクティベーション——自立困難な時代の福祉転換」,『NIRA 政策研究』18-4:14-22
———— 2008 「座談会補論 ベーシック・インカム資本主義の3つの世界」,武川編[2008:237-242]
———— 2009 『生活保障 排除しない社会へ』,岩波新書〈281,294,318,321, 322〉
森村 進 2001 『自由はどこまで可能か』,講談社学術新書〈279〉
森村 進 編 2009 『リバタリアニズムの多面体』,勁草書房
森岡 正博 編 1994 『「ささえあい」の人間学』,法藏館
両角 道代 2006 「修正された「ベーシック・インカム」?——スウェーデンにおける「フリーイヤー」の試み」,『海外社会保障研究』157:29-37(特集:ベーシック・インカム構想の展開と可能性)」〈297〉
元田 厚生 2008 「ベーシック・インカム論争を前進させるために」,『経済と経営』39-1(128):1-15〈308〉
Murphy, Liam B. and Thomas Nagel 2002 *The Myth of Ownership: Taxes and Justice*, Oxford Univ Pr = 2006 伊藤 恭彦訳,『税と正義』,名古屋大学出版会〈80〉
村上 慎司 2006 「優越なき多様性について(On undominated diversity)」, Workshop with Professor Philippe Van Parijs, 於:立命館大学衣笠キャンパス→ 2007 報告書〈184〉
———— 2008a 「ベーシック・インカムと衡平性—— Philippe Van Parijs の議論を中心に」,第2回ベーシックインカム日本ネットワーク準備委員会,於:同志社大学〈184〉
———— 2008b 「福祉政策と厚生経済学の架橋についての試論」,『経済政策ジャーナル』5-2:55-58(日本経済政策学会)〈184〉
Murray, Charles 2006 *In our hands: a plan to replace the welfare state*, Washington, D.C.: AEI Press.〈262,263〉
Murray, Charles 2008 "Guaranteed Income as a Replacement for the Welfare State", *Basic Income Studies: An International Journal of Basic Income Research*, 3-(2): Article 6.〈262〉

ナーヴソン 2009 「第一章 なぜ自由か?」,森村編[2009:1-25]〈97〉
内藤 敦之 2009a 「最後の雇用者政策とベーシック・インカム——ポスト・ケインジアンと認知資本主義の比較」,『大月短大論集』40:37-64〈299〉
———— 2009b 「認知資本主義論——ポスト・フォーディズムにおける新たな労働」,進化経済学会第13回大会(於岡山大学)http://www.e.okayama-u.ac.jp/jafee/paper/b13.pdf〈324〉

中谷 巌　2008　『資本主義はなぜ自壊したのか：「日本」再生への提言』，集英社〈253,303,304〉
成瀬 龍雄　2003　「論評 全国民一律最低限所得保障 ベーシック・インカム構想との可能性――小沢修司著『福祉社会と社会保障改革――ベーシック・インカム構想の新地平』によせて」，『賃金と社会保障 』1341:48-56〈227,287〉
――――　2008　「読者ノート　経営者の立場からの基本所得の構想――ゲッツ・W・ヴェルナー『ベーシック・インカム――基本所得のある社会へ』を読む」，『大原社会問題研究所雑誌』601:63-69
中倉 智徳　2007　「訳者解説・「創造と協同の社会」の可能性を発明する――「所得を保証すること」によせて」，『VOL』2:27-28（特集：ベーシック・インカム――ポスト福祉国家における労働と保障）
Negri, Antonio　1978　*Marx outre Marx*, Manifestolibri. ＝ 2003　清水 和巳・小倉 利丸・大町 慎浩・香内 力訳『マルクスを超えるマルクス――『経済学批判要綱』研究』，作品社〈44〉
Negri, Toni／和泉 亮訳　2007　「無条件かつ普遍的な所得保証へ――アンドレ・ゴルツ『現在の貧困、可能なるものの豊さ』をめぐって」，『VOL』2:30-36（特集：ベーシック・インカム――ポスト福祉国家における労働と保障）
西岡 正義　2004　「最低限所得保障（Basic Income Guarantee）について」，『創発』2:11-20（大阪健康福祉短期大学）
新田ヒカル・星飛雄馬　2009　『やさしいベーシック・インカム：貧困のない社会を実現する理想の社会保障』，サンガ〈287〉
野口 裕二・大村 英昭 編　2001　『臨床社会学の実践』，有斐閣
野崎 泰伸　2007a「生活保護とベーシック・インカム」，『フリーターズフリー』1:282-292　http://www.arsvi.com/2000/0706ny2.htm〈116〉
――――　2007b　「価値判断と政策――倫理と経済のダイアローグ」，障害学会第4回大会シンポジウム「障害と分配的正義――ベーシックインカムは答になるか」http://www.arsvi.com/2000/0709ny2.htm〈116〉
――――　2008　「ベーシック・インカム／生活保護／働く／働かない」，研究会於：同志社大学　http://www.arsvi.com/2000/0801ny.htm〈144〉
――――　2009　「価値判断と政策――倫理と経済のダイアローグ」，『障害学研究』5:22-30（特集 障害と分配的正義――ベーシック・インカムは答になるか？2007年9月・障害学会第4回大会の記録）〈117〉
Nozick, Robert　1974　*Anarchy, state, and utopia*, New York : Basic Books ＝ 1992　嶋津 格訳，『アナーキー・国家・ユートピア――国家の正当性とその限界』，木鐸社〈280〉
Nussbaum, Martha C.　1990　"Aristotelian Social Democracy", in R. Bruce Douglass, Gerald M. Mara and Henry S. Richardson　eds.［1990］*Liberalism and the Good* (New York, Routledge): 203-252.〈242〉
――――　2006　*Frontiers of Justice : Disability, Nationality, Species Membership,* Harvard University Press.〈188〉

小笠原 浩一・武川 正吾編　2002 『福祉国家の変貌――グローバル化と分権化のなかで』，東信堂，シリーズ社会政策研究 2
荻上 チキ・芹沢 一也編　2009 『経済成長って何で必要なんだろう？』，光文社〈292,309,313〉
小倉 利丸　1988 「「マルクス主義フェミニズム」と「総撤退論」」，『新地平』1988-5,1988-6 →小倉・大橋編 ［1991:229-253］〈45〉
――――　1990 『搾取される身体性――労働神話からの離脱』，青弓社〈40,41,44〉
――――　1991a 「身体搾取論の問題構成――対談に先立っての問題提起」，小倉・大橋編 ［1991:57-65］〈40,45〉
――――　1991b 「家事労働からの総撤退を――対談への補足として」，小倉・大橋編 ［1991:108-114］〈40,41,45〉
小倉 利丸・大橋 由香子編　1991 『働く／働かないフェミニズム――家事労働と賃労働の呪縛？！』，青弓社〈36,37,39〉
小倉 利丸・立岩 真也　2002 「情報は誰のものか」（対談），『現代思想』30-11(2002-9):66-79〈93〉
岡部 耕典　2006 『障害者自立支援法とケアの自律――パーソナルアシスタンスとダイレクトペイメント』，明石書店
――――　2008 「関係性構築の消費／自由を担保する所得――ダイレクトペイメントとベーシックインカム」，経済と障害の研究（READ）プロジェクト研究会 http://www.eft.gr.jp/money/080927DP&BI_READ-ken.doc〈184〉
――――　2009 「「すべての人に対する基礎年金」としてのベーシック・インカム」，『障害学研究』5:17-21（特集 障害と分配的正義――ベーシック・インカムは答になるか？　2007 年 9 月・障害学会第 4 回大会の記録）
小野 一　2006 「書評 Yannick Vanderborght/Philippe van Parijs: Ein Grundeinkommen fur alle? Geschichte und Zukunft eines radikalen Vorschlags（ベーシック・インカム論の到達点を示した入門書）」，『ロバアト・オウエン協会年報』31:144-152
――――　2007a 「もうひとつの「赤と緑」の実験――社会政策、特にベーシック・インカムをめぐる議論を中心に」，『工学院大学共通課程研究論叢』2007:61-76.〈296〉
――――　2007b 「第 17 回ウトポス研究会報告　現代ベーシック・インカム論の系譜とドイツ政治」，『ロバアト・オウエン協会年報』32:101-113〈296〉
――――　2008 「現代ベーシック・インカム論の系譜とドイツ政治」，『レヴァイアサン』43:113-128, 2008/ 秋〈296〉
大山 博・武川 正吾編　1991 『社会政策と社会行政』，法律文化社
小沢 修司　2000a 「アンチ「福祉国家」の租税 = 社会保障政策論――ベーシック・インカム構想の新展開」，『福祉社会研究』1:2-11
――――　2000b 「貧困・社会的排除との闘いの新局面と 21 世紀「福祉国家」の課題」，『経済科学通信』94(Dec. 2000):554-560
――――　2001 「ベーシック・インカム論と福祉社会の展望～所得と労働の関係性をめぐって～」，『福祉社会研究』2:40-49

――――　2002 『福祉社会と社会保障改革――ベーシック・インカム構想の新地平』，高菅出版〈116,286,287〉
――――　2003a 「労働と生活の変容とベーシック・インカム構想」，『経済科学通信』103:19-26
――――　2003b 「"労働を中心とした福祉社会"で良いのか――連合「21世紀社会保障ビジョン」の考察と対案」，『賃金と社会保障』1337・1338:32-42
――――　2004 「ベーシック・インカム構想からの思考――日本における導入の姿とその効果」，『月刊自治研』46:30-40
――――　2005a 「「市民労働」とベーシック・インカム――多様な働き方による豊かな福祉社会へ」，『月刊自治研』47:27-34
――――　2005b 「ベーシック・インカム構想にみる「就労」と「福祉」の転換」，『福祉社会研究』（京都府立大学福祉社会学部）6:11-19（特集 福祉社会フォーラム ワークフェア社会を巡って――『就労』と『福祉』の転換と交錯）
――――　2006a 「ベーシック・インカム構想にみる「就労」と「福祉」の転換，『福祉社会研究』6:11-19（福祉社会フォーラム「ワークフェア社会を巡って――『就労』と『福祉』の転換と交錯」報告2）
――――　2006b 「これからの社会保障とベーシック・インカムの可能性」，『経済科学通信』112:31-36（特集 切り崩される社会保障）
――――　2007 「「持続可能な福祉社会」とベーシック・インカム」，『公共研究』3-4:46-63（特集：「福祉と環境」の統合――「持続可能な福祉社会」への理念と政策）
――――　2008a 「日本におけるベーシック・インカムに至る道」，武川編［2008:194-215］〈286〉
――――　2008b 「座談会補論 「ワークフェアとベーシック・インカム　福祉国家における新しい対立軸」に寄せて」，武川編［2008:243-246］
――――　2009a 「ベーシック・インカムによる新しい社会保障の姿」，『部落解放』611:43-50（特集 社会的セーフティネットを考える）
――――　2009b 「貧困・低所得に抗するベーシック・インカム戦略――これからの社会保障を考える」，『生活協同組合研究』401:11-16（特集 経済危機とくらし）

Pogge, Thomas　2008　*World Poverty and Human Rights* 2nd ed., Polity Press ＝ 2010　立岩 真也監訳，『なぜ遠くの貧しい人への義務があるのか――世界的貧困と人権』，生活書院〈93,182,188,325〉

Rawls, John　1971　*A theory of justice*, Cambridge, Mass. : Belknap Press of Harvard University Press. ＝ 1979　矢島 鈞次監訳，『正義論』，紀伊国屋書店〈244〉
――――　1974　"Reply to Alexander and Musgrave," *Quarterly Journal of Economics, 88.* → Rawls & Freeman［1999:232-253］〈73〉
――――　1985a　"Justice as Fairness: Political Not Metaphysical," *Philosophy and Public Affairs 14.* 〈187〉

──── 1985b "A Kantian Concept of Equality", J. Rajchman & C. West eds. *Post-Analytic Philosophy*, Columbia University Press. 〈187〉

Rawls, John & Freeman, Samuel Richard 1999 *Collected Papers*, Harvard University Press.

Reeve, Andrew ／ Williams, Andrew (eds.) 2003 *Real-Lebertarianism Reassessed: Political Philosophy after Van Parijs*, Basingstoke : Palgrave Macmillan.

Reicsh, Robert B. 2007 *Supercapitalism: The Transformation of Business, Democracy, and Everyday Life,* Knopf. = 2008 雨宮 寛・今井 章子訳,『暴走する資本主義』, 東洋経済新報社〈265〉

Robeyns, Ingrid 1998 "Hush money or emancipation fee ? A gender analysis of basic income", in: R. van der Veen and L. Groot (eds.) *Basic Income on the Agenda. Policy Objectives and Political Chances*, Amsterdam University Press, pp. 121-136.〈278〉

Roemer, John 1998 *Equality of Opportunity*, Cambridge, Mass: Harvard University Press.〈233,279〉

齋藤 純一編 2009『自由への問い 1 社会統合──自由の相互承認に向けて』, 岩波書店

齋藤 純一・宮本 太郎 2009「対論 自由の相互承認に向けて」, 齋藤編［2009:1-18］

斉藤 龍一郎 2010「南の国々から広がる地球規模疾病負荷（ＧＢＤ）との闘い」,『現代思想』38-3(2010-3)〈93〉

齊藤 拓 2004「世界規模のベーシック・インカム」http://www.ritsumei.ac.jp/acd/gr/gsce/d/b03003.htm

──── 2006「ベーシックインカムとベーシックキャピタル」『コア・エシックス』2:115-128〈28,35,296〉

──── 2008a「ベーシックインカム論者から見た日本の格差論議」,『社会政策研究』8:130-152〈28〉

──── 2008b「ＢＩ論者から宮台・堀内への反論──リバタリアンの「ベーシックインカム論」http://www.ritsumei.ac.jp/acd/gr/gsce/d/b03m.htm〈28〉

──── 2009a「ベーシックインカム（BI）論者はなぜ BI にコミットするのか？──手段的な BI 論と原理的な BI 論について」,『コア・エシックス』5:149-159〈49〉

──── 2009b「訳者解説」, Van Parijs［1995 = 2009:307-434］〈28,29,49,50,52,59,185,279,280,281,292〉

──── 2009c「Philippe Van Parijs のベーシックインカム論とその政治哲学」, 立命館大学大学院先端総合学術研究科博士論文〈28〉

里見 賢治 2002「社会福祉再編期における社会福祉パラダイム──普遍主義・選別主義の概念を中心として」, 阿部他編［2002:73-132］〈117,119,121〉

関 曠野 20090308「生きるための経済──なぜ, 所得保証と信用の社会化が必要か」, 関曠野講演録 http://bijp.net/sc/article/27〈312〉

社会保障研究所編　1989 『社会政策の社会学』, 東京大学出版会
社会経済生産性本部　2008 『生産性白書 2008 年版』, 東京 : 社会経済生産性本部〈203,204,205〉
清水 浩一　20061100 「書評 : トニー・フィッツパトリック『自由と保障——ベーシック・インカム論争』」,『社会福祉学』47-3:75-77
Silvers, Anita　1998 "Formal Justice", Silvers et al. ［1998］〈187〉
Silvers, Anita ; Wasserman, David ; Mahowald, Mary B. 1998 *Disability, Difference, Discrimination Perspectives on Justice in Bioethics and Public Policy*, Rowman & Littlefield.
Simon, Herbert A.　2001 "UBI and the Flat Tax", in Van Parijs eds. ［2001:34-38］〈279〉
Singer, Peter　1993 *Practical Ethics*, 2nd Edition, Cambridge Univ. Press. = 19991025 山内友三郎・塚崎智監訳,『実践の倫理　新版』, 昭和堂〈187〉
新川 敏光　2002 「福祉国家の改革原理——生産主義から脱生産主義へ」,『季刊社会保障研究』38(2):120-128〈293〉
新谷 周平　2008 「ベーシックインカム構想と勤労倫理」,『日本教育学会大會研究発表要項』67:142-143〈312〉
新党日本　2009 「日本『改国』宣言」http://www.love-nippon.com/PDF/mani3.pdf
塩野谷 祐一・鈴村 興太郎・後藤 玲子編　2004 『福祉の公共哲学』, 東京大学出版会
白石 嘉治　2007 「不安定を保証する——ベーシック・インカムと新しい貧者たちの闘い」,『未来』489:10-13
杉野 昭博　2004 「福祉政策論の日本的展開 ——「普遍主義」の日英比較を手がかりに」,『福祉社会学研究』1〈117〉
鎮目 真人　20081005 「基礎年金制度の類型とその決定要因——ベーシック・インカムとの関係に焦点を当てて」, 武川編 ［2008:134-159］〈307〉

橘木 俊詔・浦川 邦夫　2006 『日本の貧困研究』, 東京大学出版会（第 8 章「社会的排除とベーシック・インカム構想」, pp.281-305）〈281,297〉
橘木 俊詔・山森 亮　2009 『貧困を救うのは、社会保障改革か、ベーシック・インカムか』, 人文書院〈288,290,291,309〉
武川 正吾編　2008 『シティズンシップとベーシック・インカムの可能性』, 法律文化社〈307〉
武川 正吾　2008 「21 世紀社会政策の構想のために——ベーシックインカムという思考実験」, 武川編 ［2008:11-42］〈192〉
武川 正吾・宮本 太郎・小沢 修司　2004 「座談会　ワークフェアとベーシックインカム——福祉国家における新しい対立軸」,『海外社会保障研究』147:3-18（特集 : ワークフェアの概念と実践）→武川編 ［2008:217-236］
竹内 章郎　1993 『「弱者」の哲学』, 青木書店〈43〉

――――　1999　『現代平等論ガイド』，青木書店
田村 哲樹　2004　「熟議民主主義とベーシック・インカム――福祉国家「以後」における「公共性」という観点から」，『早稲田政治経済学雑誌』357:38-62（特集 脱国境化時代における社会形成理念：公共性の可能性――公平・福祉・効率性をめぐる法学・政治学・経済学の対話）
――――　2008a　「シティズンシップとベーシック・インカム」，武川編［2008:85-111］
――――　2008b　「民主主義のための福祉――「熟議民主主義とベーシック・インカム」再考」，『思想地図』2:115-142
――――　2009　「ベーシック・インカムは流動化社会で生きていくための「足場」となる」，『日本の論点 2010』，pp. 364-67
立岩 真也　1994　「夫は妻の家事労働にいくら払うか――家族／市場／国家の境界を考察するための準備」，『人文研究』23:63-121（千葉大学文学部）〈38〉
――――　1997　『私的所有論』，勁草書房〈31,33,50,54,58,70,71,135,163〉
――――　1998　「分配する最小国家の可能性について」，『社会学評論』49-3(195):426-445（特集：福祉国家と福祉社会）〈26,120,250〉
――――　1999　「子どもと自己決定・自律――パターナリズムも自己決定と同郷でありうる，けれども」，後藤編［1999:21-44］〈120〉
――――　2000a　「遠離・遭遇――介助について」，『現代思想』28-4(2000-3):155-179,28-5(2000-4):28-38,28-6(2000-5):231-243,28-7(2000-6):252-277 → 立岩［2000b:221-354］〈119〉
――――　2000b　『弱くある自由へ――自己決定・介護・生死の技術』，青土社〈93〉
――――　2000c　「たぶんこれからおもしろくなる」，『創文』426(2000-11):1-5 → 立岩［2006b:17-25］
――――　2001a　「国家と国境について」（1～3），『環』5:153-164,6:153-161,7:286-295
――――　2001b　「なおすことについて」，野口・大村編［2001:171-196］〈185〉
――――　2001c　「所有と流通の様式の変更」，『科学』71-12(2001-12 832):1543-1546（創立 70 周年記念特集：あなたが考える科学とは）→立岩［2006b:200-209］〈93〉
――――　2001d　「できない・と・はたらけない――障害者の労働と雇用の基本問題」，『季刊社会保障研究』37-3:208-217 →立岩［2006b:171-191］〈93,145〉
――――　2002a　「ないにこしたことはない、か・1」，石川・倉本編［2002:47-87］〈185,186〉
――――　2002b　「労働の分配が正解な理由」，『グラフィケーション』123（富士ゼロックス）→立岩［2006b:153-161］〈36,93〉
――――　2003a　「パターナリズムについて――覚え書き」，野家啓一（研究代表者）『臨床哲学の可能性』，国際高等研究所報告書　http://copymart.mediagalaxy.ne.jp/iiasap/itiran_17.html
――――　2003b　「家族・性・資本――素描」，『思想』955(2003-11):196-215　資料〈38,94〉

——— 2004a 『自由の平等——簡単で別な姿の世界』，岩波書店〈43,74,85,93,126,135,144,168,169,185〉
——— 2004b 「北田暁大『責任と正義——リベラリズムの居場所』について」，現代倫理学研究会　於：専修大学〈185〉
——— 2005a 「ニートを生み出す社会構造は——社会学者立岩真也さんに聞く」（インタビュー），『Fonte』168:7（不登校新聞社）→立岩［2006b162-170:］
——— 2005b 「自由はリバタリアニズムを支持しない」，『法哲学年報』2004:43-55→立岩［2006b:229-243］〈70〉
——— 2005c 「限界まで楽しむ」，『クォータリー あっと』2:50-59→立岩［2006b:108-125］
——— 2005- 「家族・性・市場」，『現代思想』連載〈10,16,28,33,36,37,46,71,76,84,142,144〉
——— 2006a 「質問」http://www.arsvi.com/0w/ts02/2006072.htm，Workshop with Professor Philippe Van Parijs　於：立命館大学〈28,37,144〉
——— 2006b 『希望について』，青土社〈24,70,80,144〉
——— 2006c 「書評：小泉義之『「負け組」の哲学』」，『図書新聞』2791:5〈33〉
——— 2006d 「自由主義及び修正的自由主義に就いて」，『情況』第3期7-6(2006-11･12):68-87（特集：諸倫理のポリティックス）〈37〉
——— 2006e 「ケアとジェンダー」，江原・山崎編［2006:210-221］〈38〉
——— 2006- 「人間の条件」，理論社　http://www.rironsha.co.jp/special/ningen/index.html〈187〉
——— 2007 「ベーシックインカムは答なのか」，障害学会第4回大会シンポジウム「障害と分配的正義——ベーシックインカムは答になるか？」
——— 2008- 「身体の現代」，『みすず』連載〈145〉
——— 2008a 『良い死』，筑摩書房〈118,146〉
——— 2008b 「争いと争いの研究について」，山本・北村編［2008:163-177］〈119〉
——— 2008c 「繰り返しすぐにできることを述べる」，『神奈川大学評論』61:66-74（特集：「『生きにくさの時代』のなかで——ソリダリティへの眼差し」）〈185〉
——— 2008- 「身体の現代」，『みすず』2008-7(562):32-41～毎月連載〈145〉
——— 2009a 「二〇〇八年読書アンケート」，『みすず』51-1(2009-1･2 no.568):57-58,〈71〉
——— 2009b 「「目指すは最低限度」じゃないでしょう？」，立岩・岡本・尾藤［2009:9-47］
——— 2009c 『唯の生』，筑摩書房〈187〉
——— 2009d 「ベーシックインカムは答になるか？」，『障害学研究』5:31-35（特集 障害と分配的正義——ベーシック・インカムは答になるか？　2007年9月・障害学会第4回大会の記録）
——— 2009e 「所有」，『環』38(Summer 2009):96-100〈48,70〉
——— 2009f 「選挙はあった。しかし」，時事通信配信〈329〉
——— 2009g 「軸を速く直す——分配のために税を使う」，立岩・村上・橋口

［2009:11-218］〈21,35-36,73,79,90,107-108-118〉
──── 2009h 「政権交代について」,『京都新聞』2009-9-17〈328〉
──── 2010a 「監訳者あとがき」, Pogge［2007＝2010］
──── 2010b 「この時代を見立てること」,『福祉社会学研究』07（福祉社会学会, 発売：東信堂）〈73〉
──── 2010 『身体の現代』（仮題）, みすず書房
立岩 真也・堀田 義太郎 2010 『（題名未定）』, 青土社〈145〉
立岩 真也・小林 勇人 2010 『（題名未定）』, 青土社〈144〉
立岩 真也・村上 慎司・橋口 昌治 2009 『税を直す』, 青土社〈9,79,227,291,327〉
立岩 真也・岡本 厚・尾藤 廣喜 2009 『生存権――いまを生きるあなたに』, 同成社
Titmuss, Richard Morris 1968 *Commitment to Welfare*, George Allen & Unwin＝1971 三浦 文夫 監訳,『社会福祉と社会保障――新しい福祉をめざして』, 東京大学出版会〈96,115,117,121〉
土屋 貴志 1994 「障害が個性であるような社会」, 森岡他［1994:244-261］〈186〉
柘植 尚則・田中 朋弘・浅見 克彦・柳沢 哲哉・深貝 保則・福間 聡 2007 『経済倫理のフロンティア』, ナカニシヤ出版
都留 民子 2000 「［補論］最低限所得あるいは所得保障のあり方についての論議」『フランスの貧困と社会保護――参入最低限所得 (RMI) への途とその経験』, 法律文化社, pp. 196-213〈293〉
──── 2004 「フランスの参入最低限所得（RMI エレミ）をめぐる論議」,『月刊自治研』46:41-52

上野 千鶴子・中西 正司編 2008 『ニーズ中心の福祉社会へ――当事者主権の次世代福祉戦略』, 医学書院
上野 千鶴子・立岩 真也 2009 「労働としてのケア」（対談）,『現代思想』37-2(2008-2):38-77〈35〉
宇城 輝人 2007 「労働と個人主義――ロベール・カステルの所説によせて」,『VOL』2:116-124（特集：ベーシック・インカム――ポスト福祉国家における労働と保障）
宇仁 宏幸 2003 「ネグリの「非物質的労働」概念について」,『現代思想』31-2:119-129.〈299〉
浦川 邦夫 2007a 「ベーシック・インカム構想――究極の社会保障の可能性と現実的課題 視点・49」,『Int'lecowk』61(11・12):40-42（国際経済労働研究所）
紹介：トニー・フィッツパトリック『自由と保障――ベーシック・インカム論争』, 塩野谷 祐一・鈴村 興太郎・後藤 玲子編『福祉の公共哲学』, 小沢修司『福祉社会と社会保障改革――ベーシック・インカム構想の新地平』
──── 2007b 「ベーシック・インカム論に関する政治経済学的考察」,『国民経済雑誌』196-6:93-114〈287,288〉

Vallentyne, Peter　2003　"Self-Ownership and Equality: Brute Luck Gifts, Universal Dominance and Leximin", in Reeve and Williams　(eds.) 2003, pp. 29-52. 〈196,241〉

Van Parijs, Philippe　1995　*Real Freedom for All-What (if Anything) Can Justify Capitalism?,* Oxford University Press. = 2009　後藤 玲子・齊藤 拓訳,『ベーシック・インカムの哲学――すべての人にリアルな自由を』, 勁草書房〈13,16,26,27,30,36,37,47,48,53,143,147,148,149,152,153,185,191,196,201,217,246,295,301,308,324,328〉

――――　1996　"Free-Riding Versus Rent-Sharing: Should Even David Gauthier Support an Unconditional Basic Income ? ", in Francesco Farina, Frank. Hahn & Stefano Vanucci (eds.), *Ethics, Rationality and Economic Behavior* (Oxford: Oxford University Press): 159-81. 〈52,223,224,225〉

――――　2001　"Real Freedom, the Market and the Family: A Reply to Seven Critics" , *Analyse & Kritik, 23*: 106-131. 〈230,281〉

――――　2003　"Difference Principles", in Freeman, Samuel (eds) 2003. *The Cambridge Companion to Rawls* (Cambridge: Cambridge University Press): 200-240. 〈214,233〉

――――　2004　"Basic Income ―― A Simple and Powerful Idea for the Twenty -First Century", *Politics & Society* 32-(1):7-39. = 20080430　齋藤 拓・後藤 玲子訳,「ベーシックインカム――21世紀を彩る簡潔で力強い観念」,『社会政策研究』8:87-129〈278〉

――――　2006　"Five Questions on Political Philosophy", in *Political Questions*, Morten Ebbe Juul Nielsen ed., Automatic Press ／ VIP, pp. 99-104. 〈195〉

Van Parijs, Philippe eds.　2001　*What's wrong with a free lunch?*, Boston, Mass.: Beacon Press.

Walzer, Michael　1983　*Spheres of Justices: A Defense of Pluralism and Equality,* Basic Books. = 1999　山口晃訳,『正義の領分』, 而立書房〈145〉

Werner, G. W 2006 *Ein Grund fur die Zukunft : das Grundeinkommen*, Freies Geistesleben. = 2007　渡辺 一男訳『ベーシック・インカム：基本所得のある社会へ』, 現代書館〈211〉

――――　2007　*Einkommen fur alle : Der dm-Chef uber die Machbarkeit des bedingungslosen Grundeinkommen*, Kiepenheuer & Witsch. = 2009　渡辺一男訳,『すべての人にベーシック・インカムを：基本的人権としての所得保障について』, 現代書館, 〈303,305〉

White, Stuart　2004　"Social Minimum", by Metaphysics Research Lab, CSLI, Stanford University, "Stanford Encyclopedia of Philosophy", viewed 29 Janualy 2009, http://plato.stanford.edu/entries/social-minimum/〈242〉

矢部 史郎　2007　「魂の戦争が始まる」,『VOL』2:52-54（ベーシック・インカム――ポスト福祉国家における労働と保障）

山森 亮　2002　「市場・脱商品化・基本所得」, 小笠原・武川編［2002:53-71］

――――　2003　「基本所得――多なる者たちの第二の要求によせて」,『現代思想』31-02(2003-02):130-147（特集：『帝国』を読む）
――――　2004a　「基本所得と福祉国家―― Philippe Van Parijs の自由論を中心に」『経済セミナー』597:34-38（特集 1　福祉国家と厚生経済学）
――――（Yamamori, Toru）　2004b "Basic Income and Capability Approach: On Recognition and Deconstruction for Difference", 31 July 2004 version for the BIEN 10th Congress, 19-20 September 2004, Barcelona.
――――　2007a　「「生きていることは労働だ」――運動の中のベーシック・インカムと「青い芝」」, 障害学会第 4 回大会シンポジウム「障害と分配的正義――ベーシックインカムは答になるか」→山森［2009d］
――――　2007b　「書評：租税原理神話を超えて――マーフィー&ネーゲル『税と正義』におけるベーシック・インカムの提言」,『思想』1002:118-125.
――――　2009a　『ベーシック・インカム入門――無条件給付の基本所得を考える』, 光文社新書, 296p.　ISBN-10: 4334034926　ISBN-13: 978-4334034924 882　［amazon］／［kinokuniya］〈301,309,310〉
――――　2009b「ベーシック・インカムの手前で…――二つの当事者運動によるシンポジウムに参加して」,『週刊朝日』114-19(4942):95-97　（朝日ジャーナル創刊 50 年 怒りの復活・（未来への処方箋 2009）〈301〉
――――　2009c　「ベーシックインカムの可能性――第 60 回「サロン de 人権」記録」,『人権問題研究』9:91-104
――――　2009d　「生きていることは労働だ――運動の中のベーシック・インカムと「青い芝」」,『障害学研究』5:8-16（特集 障害と分配的正義――ベーシック・インカムは答になるか？　2007 年 9 月・障害学会第 4 回大会の記録）
――――　2009e　「ベーシック・インカム――生きていることがすなわち労働」（インタビュー）,『We』162:4-18
山森 亮・萱野 稔人・酒井 隆史・渋谷 望・白石 嘉治・田崎 英明　20070501　「ベーシック・インカムとはなにか」（対談）,『VOL』2:4-19（特集：ベーシック・インカム――ポスト福祉国家における労働と保障）
山森 亮・岡部 耕典・野崎 泰伸・三澤 了・立岩 真也　2009　討論・質疑応答,『障害学研究』5:8-16（特集 障害と分配的正義――ベーシック・インカムは答になるか？　2007 年 9 月・障害学会第 4 回大会の記録）
山本 克也　2006　「「所得再分配調査」を用いた Basic Income の検討」,『海外社会保障研究』157:48-59（特集：ベーシック・インカム構想の展開と可能性）〈297〉
山本 崇記・北村 健太郎編　2008　『不和に就て――医療裁判×性同一性障害／身体×社会』, 生存学研究センター報告 3, 198p.［51］
山崎 元　2009a　「定額給付金は本当にダメなのか？――山崎元のマネー経済の歩き方・288」,『週刊ダイヤモンド』97-6(4264):69
――――　2009b　「どちらがいいか、「モノ」と「カネ」――山崎元のマネー経済の歩き方・300」,『週刊ダイヤモンド』97-19(4277):133
――――　2009c　「発想法としての「ベーシックインカム的」――山崎元のマネー

経済の歩き方・320」,『週刊ダイヤモンド』97-39(4297):145
矢野 秀利　2009「ベーシック・インカムと社会保障への影響――新しい所得税制と社会保障との統合の可能性」,『関西大学社会学部紀要』40-2):71-94（特集：ダイナミック・メンテナンスの観点での社会システムデザイン）
横井 敏郎　2006「若者自立支援政策から普遍的シティズンシップへ――ポストフォーディズムにおける若者の進路と支援実践の展望」,『教育學研究』73-4:432-443（特集：青年の進路選択と教育学の課題）
吉田 幸恵　2010「精神障害者の語りと生活をめぐる一考察――「支援」は何を意味する言葉か」,『Core Ethics』5〈32〉
吉原 直毅　2007「ワークフェア（Workfare）とベーシックインカム（Basic Income）」http://www.ier.hit-u.ac.jp/˜yosihara/rousou/ronsou-13.htm〈184〉
――――　2008『労働搾取の厚生理論序説』, 岩波書店, ISBN:4000099140 5460［amazon］／［kinokuniya］〈71〉
――――　2009「ベーシック・インカムの実行可能性――福祉社会の経済学・10」,『経済セミナー』2009-2・3(646):107-117　http://www.ier.hit-u.ac.jp/˜yosihara/semi200901.pdf〈295〉
吉原 直毅・後藤 玲子　2004「「基本所得」政策の規範的経済理論――「福祉国家」政策の厚生経済学序説」,『経済研究』55-3:230-244　http://www.ier.hit-u.ac.jp/˜yosihara/ronsou-9fukusikokkaseisaku.pdf〈184,295〉

（不明）2004「書評『福祉社会と社会保障改革――ベーシックインカム構想の新地平』小沢修司著」,『週刊社会保障』58(2266):30
（不明）2008「書評：トニー・フィッツパトリック『自由と保障――ベーシック・インカム論争』」,『経済科学通信』118:98-100
（不明）2009「紹介：武川正吾『シティズンシップとベーシック・インカムの可能性』」,『週刊社会保障』63(2527):28

2004　社会政策学会本部事務局「新しい社会政策の構想――20世紀的前提を問う」,『社会政策学会誌』11　法律文化社
2004　週刊社会保障「展望 ベーシック・インカムという発想」,『週刊社会保障』58(2303):39
2007『VOL』2, 以文社, 296p.
2009「ベーシック・インカム――貧困脱出の切り札」,『週刊金曜日』17-9(755):10-17,「各党に問う 緊急アンケート」,『週刊金曜日』17-9(755):15-17〈308〉
2009「特集　あなたの知らない貧困」,『週刊ダイヤモンド』97-12(4270):30-69〈308〉

立岩真也（たていわ　しんや）
1960年生まれ。東京大学大学院社会学研究科博士課程修了。現在、立命館大学院先端総合学術研究科教授。専攻：社会学
著書：『私的所有論』勁草書房1997、『弱くある自由へ―自己決定・介護・生死の技術』青土社2000、『自由の平等―簡単で別な姿の世界』岩波書店2004、『ＡＬＳ―不動の身体と息する機械』医学書院2004、『希望について』青土社2006、『所有と国家のゆくえ』（稲葉振一郎との共著）ＮＨＫブックス2006、『良い死』筑摩書房2008、『流儀―アフリカと世界に向かい我が邦の来し方を振り返り今後を考える二つの対話』（稲場雅紀・山田真との共著）生活書院2008、『唯の生』筑摩書房2009、『生存権―いまを生きるあなたに』（岡本厚・尾藤廣喜との共著）同成社2009、『税を直す』（村上慎司・橋口昌治との共著）青土社2009他

齊藤拓（さいとう　たく）
1978年生まれ。立命館大学グローバルCOEプログラム「生存学」創成拠点リサーチ・アシスタント。専攻：政策科学。業績：共訳書としてヴァン・パリース『ベーシック・インカムの哲学』（勁草書房、2009年）。

ベーシックインカム
分配する最小国家の可能性

2010年3月25日　第1刷印刷
2010年4月10日　第1刷発行

著者――立岩真也・齊藤拓
発行者――清水一人
発行所――青土社
東京都千代田区神田神保町1－29市瀬ビル〒101-0051
［電話］03-3291-9831（編集）　03-3294-7829（営業）
［振替］00190-7-192955
印刷所――ディグ（本文）
方英社（カバー・扉・表紙）
製本所――小泉製本

装幀――高麗隆彦

ISBN978-4-7917-6525-6　Printed in Japan

税を直す

立岩真也＋村上慎司＋橋口昌治

医療崩壊、介護問題、失業、格差、貧困……。迫りくるさまざまな難題を解決するためには財源が足りないと言われる。だが税制を見直せば、消費税増税なしでも財源を確保することは可能だ——。あらゆる反論を吟味し導き出された財源問題への画期的提言。裏付けとなる「税率変更歳入試算」及びこれまでの貧困問題の論調を総覧する「格差貧困文献解説」を付す。

四六判上製 350 頁

希望について

立岩真也

過剰労働、ニート、少子高齢化社会、安楽死、私的所有、愛国心……さまざまな局面で国家や組織を駆り立て、私たちを容赦なく追い込む近年の社会状況。はたしてそこにはどれだけの閉塞的前提があるのだろうか？　現象と要因そして先入観を丹念に解きほぐし、一人ひとりがより生きやすい社会に向けて構想する、立岩社会学のエッセンス。

四六判上製 332 頁

弱くある自由へ
自己決定・介護・生死の技術

立岩真也

ひとは強くなければいけないのか。安楽死、遺伝子治療、介護保険、臓器移植……生と死をめぐり決断を迫られる私たちは、なにを決定できるのか。「自由」とはなにか、「自己決定」とはなにか。暗黙のうちに与えられる前提を厳密な論理で問いつめ、自己と他者、個人と国家を再検討し、新しい社会関係の可能性を探る社会学の到達点。

四六判上製 382 頁